Lothar von Seltmann

Henry Dunant – Visionär und Vater des Roten Kreuzes

Eine Romanbiographie

Lothar von Seltmann

Henry Dunant

Visionär und Vater des Roten Kreuzes

Eine Romanbiographie

SCM Hänssler

SCM

Stiftung Christliche Medien

Bestell-Nr. 395.017
ISBN 978-3-7751-5017-0

SCM Hänssler im SCM-Verlag GmbH & Co. KG · 71088 Holzgerlingen
Internet: www.scm-haenssler.de
E-Mail: info@scm-haenssler.de
Umschlaggestaltung: krausswerbeagentur.de, Herrenberg
Titelbild: © Henry-Dunant-Museum Heiden
Bilder im Innenteil: © Deutsches Rotes Kreuz: 4, 5, 13, 14, 15, 18
© Henry-Dunant-Museum Heiden: 1, 2, 3, 6, 7, 8, 9, 10, 11, 12, 16, 17, 19, 20, 21, 22
Satz: typoscript GmbH, Kirchentellinsfurt
Druck und Bindung: CPI – Ebner & Spiegel, Ulm
Printed in Germany

Inhalt

… ich war mir damals wie immer bewusst,
dass ich nur ein Werkzeug in der Hand Gottes
gewesen bin.

Henry Dunant in seinen Lebenserinnerungen

Teil I
1828 – 1855

Waisenkinder im Park

»Henri! Henri! Wo steckst du nur wieder, mein Junge?«

Die lauten Rufe der Mutter nach ihrem Sohn blieben ohne Antwort. Aber wie sollte der Junge ihren Ruf in dem fröhlichen Kinderlärm, der das weite Gelände erfüllte, auch hören? Mit einer tiefen Freude im Herzen und einem glücklichen Lächeln auf ihrem hübschen Gesicht schaute Anne-Antoinette Dunant, geborene Colladon, von der Terrasse des Haupthauses hinüber in den schönen Park. Ihr geliebter Mann Jean-Jacques hatte ihn vor ein paar Jahren auf dem Landgut La Monnaie hier draußen vor der Stadt in Montbrillant anlegen lassen. Vor einiger Zeit hatte er ihn für einen Nachmittag in der Woche für die Kinder des Waisenhauses von St. Gervais geöffnet. Dieser Teil von Genf, der ehrwürdigen Stadt am See, der nach ihr benannt ist, war eine Arbeitervorstadt mit maroden Gebäuden in schmutzigen, verwinkelten Gassen und mit einer Bevölkerung, die von Wohlergehen und Wohlstand nur träumen konnte.

Anne-Antoinette war stolz auf ihren Mann, dem als angesehenem Mitglied des städtischen Rates, als ehrenamtlichem Armenpfleger und Verwalter der Almosenkasse seiner Stadt das eltern- und mittellose Völkchen besonders am Herzen lag. Der erfolgreiche, fromme Kaufmann fühlte sich für seine Schützlinge und ihre Betreuer verantwortlich. Sich um ihr Wohl zu kümmern, betrachtete der Mittvierziger als eine heilige Pflicht. Und nicht nur die städtischen Gelder sollten für die Waisenkinder sinnvoll und gut verwendet werden, nein, auch sein eigener Wohlstand und Überfluss an irdischen Gütern sollte ihre Lage ein wenig verbessern helfen. Zudem war es Jean-Jacques Dunant ein Anliegen, ihnen die unverbrüchlichen Wahrheiten seines evangelisch-calvinistisch geprägten Glaubens zu vermitteln und ihnen die Erfahrungen weiterzugeben, die er selbst mit seinem Gott gemacht hatte, dem Geber aller guten Gaben. Seine Frau, zwölf Jahre jünger als er, unterstützte ihn dabei mit großem Eifer und Einsatz. Sie bemühte sich, diese armen Kinder ähnlich zu lieben, wie sie ihre eigenen liebte, und sie war für sie da, wo immer sie sie antraf – heute eben hier auf dem eigenen Gelände. Sie hatte die Zeit dazu, weil sich Isabelle, ihr freundliches Kindermädchen, in dieser Nachmittagsstunde um die dreijährige Sophie-Anne und den einjährigen David kümmerte. Die junge Hausangestellte hatte sich mit den beiden in einen ruhigeren Teil des weitläufigen Geländes zurückgezogen, und in der Küche bereitete derweil Jungfer Claire die kommende gemeinsame Mahlzeit vor, damit sich die Hausherrin des Landgutes La Monnaie ihren kleinen Gästen widmen konnte.

Anne-Antoinette Dunant rief noch einmal erfolglos nach ihrem Sohn, raffte dann ihren weiten Rock ein wenig hoch und stieg die Stufen der Freitreppe zum Hof hinunter, um zu den Kindern hinüberzugehen. Henri hatte die fröhliche Schar eigentlich herbringen sollen, wie er das immer gegen Ende des Nachmittags tat. Aber heute hatte er seine Pflicht offenbar vergessen. Der Junge vermochte den Ruf der Mutter wohl auch gar nicht zu hören. Es war laut und lebhaft im Park, und die Kinder ließen sich ohnehin nur ungern in ihren Spielen stören. Sie hatten doch nur einmal in der Woche die Gelegenheit, hier draußen unter den noch jungen edlen Laub- und Nadelbäumen und im bereits üppig wuchernden Gesträuch nach Herzenslust zu laufen und zu springen, Fangen und Verstecken zu spielen, ihre Bälle und Reifen zu treiben und dabei den Mief und die bedrückende Enge ihres traurigen Heims und das strenge Regiment ihrer Aufsichtspersonen für ein paar Stunden zu vergessen. Jetzt aber ging die Zeit leider schon wieder zu Ende, und die Kinder sollten bei Kuchen und heißer Schokolade, bei Obst und Saft und mit der wie immer zum Abschluss erzählten oder vorgelesenen Geschichte wieder zur Ruhe kommen, ehe ihre Betreuer sie in die Stadt zurückholten.

Die junge Frau Dunant rief noch ein paarmal in den fröhlichen Kinderlärm hinein den Namen ihres Ältesten, der zwar gerade erst vier Jahre alt, in seiner geistigen Entwicklung jedoch schon viel weiter war. Aber der kleine Henri reagierte nicht, auch nicht auf das bald sehr energische »Jean-Henri!«, wie er eigentlich hieß. Mit vollem Namen wurde der Junge allerdings nur im besonderen Ernstfall angesprochen.

Aber wo steckte er nur? Der Mutter blieb nichts anderes übrig, als ihr Kleid gerafft zu halten und den Knaben irgendwo unter den anderen Kindern im weitläufigen Park zu suchen. Dabei kam ihr zunächst ein anderer Henri entgegen.

»Sie haben mich gerufen, Madame?«, fragte der blonde Lockenkopf höflich und verbeugte sich vor seiner Gönnerin.

»Dann heißt du wohl auch Jean-Henri wie mein Junge?«, fragte die Frau und reichte dem kleinen Kerl die Hand.

»Jawohl, ich heiße Jean-Henry, und ich schreibe meinen Namen englisch, mit Ypsilon«, bestätigte der Junge.

»Aber mein Henri hat am Ende ein schweizerisches i und ist ganz sicher jünger als du. Außerdem hat er schwarzes Haar und wird zumeist einfach Henri gerufen«, gab die Frau mit einem freundlichen Lächeln zurück.

»Ich bin zwar ein wenig klein geraten, aber ich werde trotzdem schon acht, Madame«, antwortete der Junge brav und verbeugte sich wieder.

»Du bist wohl zum ersten Mal hier in La Monnaie?«

»Ja, Madame. Ich bin neu in unserem Heim, seit meine Eltern bei einem bösen Unglück in den Bergen ums Leben gekommen sind. Ich habe sonst niemanden, der sich um mich kümmert.« Dann schaute der Junge zu der Frau auf und sprach weiter, sodass die Frau zunächst keine Möglichkeit hatte, auf den traurigen Tatbestand zu reagieren: »Es ist sehr schön in Ihrem Park. Viel schöner als bei uns im Heim in St. Gervais. Darf ich einmal wiederkommen?«

Anne-Antoinette Dunant reichte dem Jungen die Hand: »Das mit deinen Eltern tut mir sehr leid, Jean-Henry. Du darfst selbstverständlich immer dabei sein, wenn die anderen Kinder auch hier sind, mein Junge. Ich hoffe, du hast immer Freude daran und kannst deine Traurigkeit dabei ein wenig vergessen.«

»Das werde ich sicher, Madame. Darf ich Ihnen helfen, Ihren Henri zu suchen? Wie sieht er aus?«

Die Frau ließ den Rocksaum herunter und strich dem Jungen über seine blonden Locken: »Mein Henri ist ein wenig kleiner als du, trägt ein weißes Hemd und hat fast schwarze Locken. Komm, großer Jean-Henry mit englischem Ypsilon, gehen wir und suchen den kleinen mit dem schweizerischen I.«

»Warum dürfen wir eigentlich in Ihrem schönen Park spielen, Madame?«, fragte der Junge, während er neben seiner Gönnerin herlief und dabei unter den anderen Kindern nach dem kleinen Henri mit den dunklen Haaren Ausschau hielt.

»Nun, mein Junge, wir Dunants möchten euch Kindern ein wenig Freude machen. Ihr in eurem Heim habt es nicht so gut wie meine Kinder hier draußen. Wir sind Christen, Jean-Henry. Wir lieben den Herrn Jesus Christus. Seine Liebe lässt uns das tun. Der Herr Jesus liebt uns, und er möchte, dass wir seine Liebe an andere weitergeben. Er möchte auch, dass wir unseren Reichtum mit denen teilen, die arm sind. Und ihr in eurem Kinderheim seid nun mal arme Wesen, denen es an allem fehlt, während wir hier draußen reich beschenkte Leute sind. Auch der Reformator Johann Calvin, dieser große Sohn unserer Stadt, hat vor bald dreihundert Jahren die Christen schon gelehrt, dass sie so handeln sollen. Und wir handeln gerne so, weil wir von Gott gesegnet sind und viel haben an

Gut und Geld. Deshalb dürft ihr Kinder in jeder Woche für einen Nachmittag nach hier kommen und in unserem großen Garten nach Herzenslust spielen und toben und euch so richtig satt essen an den guten Dingen, die unsere Köchin für euch vorbereitet.«

Der Neue unter den Waisenkindern blieb nach dieser Antwort kurz stehen, verbeugte sich wieder vor Frau Dunant und sagte: »Von dem Jesus weiß ich nicht viel, Madame, und auch nicht von dem Johann Calvin, oder wie der Mann heißt. Ich bin erst kurze Zeit in dieser Stadt. Meine Eltern gehörten zur katholischen Kirche. Aber trotzdem vielen Dank dafür, Madame, dass Sie das so machen, und vielen Dank dafür, dass ich auch hier sein darf.« Dann schaute er sich wieder um und zeigte bald in eine bestimmte Richtung. »Dort hinten, der kleine dunkelhaarige Junge im weißen Hemd bei Emile und dem Mädchen, das könnte Ihr Jean-Henri sein. Entschuldigung, Sie sagen ja nur Henri. Zu uns Heimkindern gehört der nicht, also muss es Ihr Junge sein. Ich laufe hin und hole ihn.«

Ohne eine Antwort der Frau abzuwarten, rannte Jean-Henry über die Wiese hinüber zu den üppig blühenden Rhododendren, wo er den kleinen Henri entdeckt hatte. Der saß dort im Schatten der Sträucher im Gras und erzählte wort- und gestenreich zwei anderen Kindern offenbar irgendeine Geschichte.

Momente später kam Jean-Henry zurück mit seinem kleinen Namensvetter an der Hand, gefolgt von dessen beiden Zuhörern von eben. »Hier bringe ich Ihren Sohn, Madame.«

»Gut gemacht, mein Junge«, bedankte sich die Frau und wandte sich an ihren Henri, dessen Augen strahlten und dessen Wangen glühten und der sich gerne von der Mutter in die Arme nehmen ließ. »Hast du mein Rufen nicht gehört, mein Junge?«

»Nein, Mamá. Ich habe Aurelie und Emile die Geschichte von dem Mann an dem Weg nach Jericho erzählt, den die bösen Räuber geschlagen hatten und dem niemand geholfen hat, Mamá.«

»Und dann ist ein freundlicher Fremder gekommen und hat ihm doch geholfen, Madame«, mischte sich Aurelie ein. Und Emile ergänzte: »Das war der barmherzige Sammelritter. Der hat dem armen Mann geholfen.«

Anne-Antoinette Dunant musste lächeln über den Eifer und die Begeisterung der drei Kinder. »›Sammelritter‹ ist ein lustiges Wort, Emile. Aber es trifft. Der Samariter, wie der fremde Mann eigentlich genannt wird, war wirklich ein ritterlicher Mensch, und er hat den verletzten Mann aufgesammelt und in die Herberge gebracht. Aber ich sag' euch auch, was das Wort bedeutet: Der Mann, der dem anderen geholfen hat, kam aus Samaria – so heißt das Land dort in Palästina – und er ist deshalb ein ›Samariter‹, so wie die Menschen aus der Schweiz ›Schweizer‹ genannt werden.«

»Und ›Samariter‹ nennt man auch bei uns die Leute, die anderen helfen, stimmt's, Mamá? Und jeder Christenmensch soll ein Samariter sein und sich um die Armen kümmern«, fügte der kleine Henri an und fragte sofort weiter: »Versammeln wir uns gleich zum Essen und zur Geschichte, Mamá?«

»Das tun wir, mein Junge. Ruft ihr vier Kinder jetzt bitte die anderen herbei. Wir setzen uns zunächst auf die Terrasse zu Kuchen und Schokolade und genießen Obst und Saft. Danach gibt es die Geschichte, und dann ist der schöne Tag leider schon wieder zu Ende. Schade zwar, aber in der nächsten Woche gibt es ja einen neuen Tag auf La Monnaie.«

Wenige Minuten später drängte sich das fröhlich plappernde Völkchen – die Kinder waren übrigens sämtlich älter als der kleine Erzähler biblischer Geschichten – auf der Terrasse um den Tisch mit vielen süßen Leckereien und dem großen Obstkorb, und jedes hätte wohl am liebsten sofort zugelangt. Eine so reich gedeckte Tafel würde es erst nach einer Woche wieder geben. Also galt es, sich kräftig zu bedienen.

»Nicht ohne Tischgebet, ihr Lieben!« Der Gastgeberin gelang es tatsächlich, den Eifer der Kinder zunächst einmal zu bremsen und für die nötige Ruhe zum Gebet zu sorgen. Nach dem Dank an den Vater im Himmel, der seine Kinder auf Erden mit allem versorgt, was sie brauchen, gab es dann auch kein Halten mehr. Jetzt endlich durfte sich jeder Junge und jedes Mädchen satt essen, bis nichts mehr in den Magen hineinging. Für die Betreuer, die inzwischen angekommen waren, um ihre Schützlinge abzuholen, galt das übrigens auch, gab es doch für sie aus der Waisenhausküche auch keine Sonderrationen. Und hier durften sie sich ebenso einmal wöchentlich von der vornehmen Hausherrin bedienen lassen.

Die griff, nachdem das fröhliche Vespern beendet war, zu einem Buch. Sofort waren alle Kinder still und bereit, ihrer verehrten Wohltäterin zuzuhören. »Heute lese ich euch zum Abschied eine Fabel vor, die der französische Dichter Jean de La Fontaine vor fast zweihundert Jahren bei dem griechischen Fabeldichter Äsop gefunden und dann in Verse gesetzt hat. Aus dieser Geschichte können und sollen wir alle lernen, dass wir uns fürchten sollen vor Menschen, die sich so hinterlistig und böse verhalten wie der Wolf. Wir sollen uns auch nicht mit ihnen auf einen Streit einlassen. Lieber sollen wir ihnen recht geben und dann davonlaufen, damit es uns am Ende nicht ergeht wie dem kleinen Schaf. Hört gut zu, damit ihr die Moral der Geschichte auch recht versteht.«

Nach dieser Vorrede schaute Madame Dunant noch einmal in die Runde, ob auch wirklich alle Kinder aufmerksam zuhörten. Dann las sie:

Jean de La Fontaine: Der Wolf und das Lamm

Der Stärkere hat immer recht:
wir zeigen's hier am Tiergeschlecht.

Ein Lamm erlabte sich einmal
am reinen Rinnsal einer Quelle.
Ein magrer Wolf war auch zur Stelle,
getrieben von des Hungers Qual.
Du wagst es, sprach er (denn er suchte Stunk),
zu trüben meinen Morgentrunk?
Natürlich haftest du für diesen Schaden! –
Ach, sprach das Lamm, dass Euer Gnaden
besänftige die grimme Wut
und zu bemerken mir geruht:
ich trinke hier am Bache zwar,
doch unterhalb und offenbar
wohl zwanzig Schritte weit von euch
und trübe folglich nie und nimmer
das Wässerlein um einen Schimmer. –
Und dennoch trübst du's, schalt der Wolf sogleich;
auch hast du mich verwünscht vor etwa einem Jahr. –
Wie, da ich kaum geboren war?
versetzt' das Lamm; an Mutters Euter lag ich noch. –
Warst du's nicht, war's dein Bruder doch! –
Ich hab gar keinen. –
Dann war's sonst wer von eurer Sippe,
denn ihr habt alle eine lose Lippe,
ihr, euer Hund, der Hirt auch mit der Hippe.
Man sagt's. Mein ist die Rache jetzt zur Stund!
Er schleppte das Lamm in den Wald und riss es
und würgt' es formlos in den Schlund.
(Auch ein ›Verfahren‹, ein gewisses!)[1]

Anne-Antoinette Dunant legte das Buch aus der Hand, ließ den Text einige Augenblicke wirken und erklärte dann mit wenigen Sätzen noch einmal die Moral der Fabel. Danach lud sie die Kinder und ihre Betreuer ein, in der nächsten Woche wiederzukommen, wünschte ihnen Gottes Beistand und Segen für ihren Heimweg und für die kommenden Tage und entließ die kleinen und großen Gäste. Dabei gab sie jedem Kind und jedem Erwachsenen zum Abschied die Hand und ein freundliches Lächeln mit auf den Weg. Dem neuen Jean-Henry sprach sie ein besonders warmes Lebewohl zu, strich dem Jungen dabei über sein blondes Haar und sagte: »Gott begleite dich und segne dich!«

Ihr Sohn Henri hätte es ihr eigentlich gleichtun und den Besuchern ebenfalls die Hand geben sollen, wie er es sonst immer tat. Aber der Junge blieb auf seinem Platz sitzen und war offensichtlich sehr bekümmert. Es liefen ihm sogar ein paar Tränen über das Gesicht.

Nachdem sich die Terrasse geleert hatte, wandte sich die Mutter sofort dem Jungen zu, setzte sich neben ihn und nahm ihn in den Arm. »Was ist, mein lieber Henri? Tut dir etwas weh? Bist du nicht zufrieden mit dem Nachmittag?«

Klein Henri schluchzte ein paarmal auf, während er sich von der Mutter die Tränen abwischen ließ. Dann sagte er: »Das war überhaupt keine schöne Geschichte, Mamá! Das war eine schlimme Geschichte! Ich will nicht, dass es so böse Menschen gibt, die sind wie der Wolf. Ich will auch nicht, dass das Lämmchen gefressen wird. Das Lämmchen hat doch dem Wolf gar nichts getan.«

Anne-Antoinette Dunant erschrak ein wenig bei diesen Worten ihres Größten. Was sollte sie ihm antworten? Wie konnte sie den Jungen trösten? »Schau, mein liebes Kind«, begann sie schließlich, »diese Fabel war für dich kleinen Knaben wohl noch ein bisschen schwer. Wenn du einmal groß bist, wirst du besser begreifen, was der griechische Dichter Äsop und auch der französische Dichter La Fontaine uns sagen wollten: So geht es zu unter den Menschen in unserer Welt. Viele sind böse wie Wölfe, und andere sind fromm wie Lämmer. Die Bösen sind zumeist auch die Starken, die sich mächtig aufspielen und dabei die Schwachen unterdrücken und quälen ...«

»… wie die Räuber an der Straße nach Jericho, Mamá«, unterbrach der Junge die Erklärung seiner Mutter, schniefte noch einmal und fragte weiter: »Warum sind Menschen eigentlich böse, Mamá?«

»Nun, ich denke«, antwortete die Frau vorsichtig, »weil das, was Gott nach der Sintflut über die Menschen gesagt hat, auch heute noch wahr ist: ›*Das Dichten und Trachten des menschlichen Herzens ist böse von Jugend auf.*‹ Für dich sage ich es ein bisschen einfacher: Die Menschen sind böse, weil sie ohne Gott leben und weil sie den Heiland nicht kennen und lieben. Sie haben Herzen aus Stein und können auch ihre Mitmenschen nicht lieben. Sie lesen die Bibel nicht; sie beten nicht zu Gott und Jesus Christus; sie singen keine frommen Lieder; sie gehen nicht in eine Gemeinde, um auf das gute Wort Gottes zu hören …«

Hier unterbrach der Junge seine Mutter wieder: »Nicht wahr, Mamá, wir gehen am Sonntag wieder in den Gottesdienst zu Pfarrer Gaussen? Der kann die biblischen Geschichten fast so spannend erzählen wie du. Und wenn ich in der Sonntagsschule immer gut zuhöre, dann werde ich nicht wie ein Wolf, wenn ich einmal groß bin.«

»So kann es gehen, Junge. Der Herr Jesus möge es geben, dass du ihm dein Herz und dein Leben schenkst, wenn du etwas älter bist. Dann wird er dich auch reich segnen, mein lieber Henri. Dann kannst du gar nicht werden wie ein Wolf«, stimmte die Mutter dem Gedanken des Jungen zu, kam dann aber auf etwas ganz anderes zu sprechen. »Dein Papá müsste übrigens bald kommen. Er wollte vor dem Abend hier sein.«

Bei diesem Hinweis sprang Henri von seinem Platz auf und tanzte eine Runde über die Terrasse. »Juhu, mein Papá kommt nach Hause. Ich freue mich!«

»Und wie ich mich erst freue, mein Junge. Morgen gibt es doch etwas zu feiern, auch wenn dein Papá wahrscheinlich wenig Zeit zum Feiern hat.«

»Was gibt es zu feiern, Mamá?«, wurde Henri neugierig.

»Nun, mein kleiner großer Henri, morgen ist der 20. Juni 1832. Dann sind deine Eltern schon fünf Jahre verheiratet. Komm, Junge, gehen wir ins Haus. Isabelle und deine kleinen Geschwister warten darauf, dass du noch ein wenig mit ihnen spielst; und Claire wartet darauf, dass ich ihr noch ein wenig helfe, die Küche wieder aufzuräumen und dann das Begrüßungsessen für deinen Papá vorzubereiten. Der wird nach der langen Reise von Marseille hierher müde und hungrig sein.«

»Was hat der Papá in Marseille gemacht, Mamá?«, wollte der Junge noch wissen.

»Geschäfte, mein Lieber, Geschäfte, von denen ich nicht viel verstehe, von denen wir aber gut leben können. Unser Gott segnet Papás Geschäfte, und er segnet uns alle mit Wohlstand und Reichtum.«

»Also ist Papá ein guter Mensch und kein Wolf«, stellte Henri fest.

»So muss es sein. So sagt es die Lehre Johann Calvins. Wer ehrbar ist und fleißig in seiner Arbeit und redlich in seinen Geschäften, der wird von Gott gesegnet. Wer sich aber dem Müßiggang hingibt und seine Lebenszeit nutzlos verbringt, der ist ein Sünder und den segnet Gott nicht. Aber das lernst du später zu begreifen, mein Junge. Komm, gehen wir ins Haus. Da wartet Arbeit auf uns beide.«

Der kleine Henri Dunant bekam die Heimkehr seines Vaters dann aber doch nicht mehr mit. Er schlief schon, als der Kaufmann Jean-Jacques Dunant La Monnaie endlich erreicht hatte und seine Anne-Antoinette, die er liebevoll »Nancy« nannte, nach langer Zeit der Abwesenheit wieder einmal in die Arme schließen konnte. Dafür freute der Junge sich umso mehr, als er am Morgen seinem Vater auf den Schoß springen konnte und der auch ihn herzlich in seine großen Arme nahm und ihm von seiner langen Reise erzählte.

Die Eltern Henry Dunants, Jean-Jacques und Anne-Antoinette, geborene Colladon, in späteren Jahren (Abb. 1 u. 2)

Das war immer spannend, wenn der Papá die großen Schiffe im Hafen von Marseille beschrieb und von seinen Begegnungen mit Menschen aus aller Welt erzählte. Es war aufregend, wenn er von den Abenteuern sprach, die eine Reise mit der Postkutsche oder einem anderen Reisewagen auf zuweilen sehr schlechten Straßen durch Täler und über Höhen nun einmal mit sich brachte. Da verletzte sich schon mal ein Pferd; da brach gelegentlich ein Rad des Wagens oder gar eine Achse; da waren Wege und Straßen durch reißendes Hochwasser blockiert oder durch umgestürzte Bäume; da gab es dieses und jenes, was die Reise beschwerlich machen konnte. Umso schöner, wenn der Papá nach oft tage- und manchmal auch wochenlanger Reisezeit dann wieder heil und gesund mit seinen Lieben am heimischen Tisch saß.

Leider nahm sich der Vater für solche Momente nur wenig Zeit. Seine Kinder hielt er immer nur für wenige Minuten auf dem Schoß. Anderes war ihm bald wichtiger, als mit ihnen zu schmusen und zu erzählen, und mit ihnen zu spielen, das war so gar nicht seine Sache. Wenn er zu Hause war, gab es in der Familie eher fromme Andachten mit Liedern und Gebeten und biblischen Texten und ihren Auslegungen. Die wurden nicht vernachlässigt. Freilich war das, was der Papá sprach und erklärte, für seinen Ältesten meistens schwer zu begreifen. Was die Mamá erzählte, war für ihn viel einfacher zu verstehen. Sophie-Anne und Daniel, die beiden jüngeren Geschwister, verstanden natürlich noch gar nichts von dem, was der Vater an geistlichen Dingen entfaltete. Wenn die Mamá erzählte von Abraham, Isaak und Jakob, von Josef und dem ägyptischen Pharao, von den Königen Saul und David, von den Propheten Elia und Elisa und von den Erlebnissen Daniels und seiner Freunde, von den Wundern des Heilandes Jesus von Nazareth und von den Missionsreisen des Apostels Paulus, dann war das spannend und interessant. Wenn der Papá aber davon sprach, wie Christen in der Welt zu leben haben nach den Weisungen der Bibel und nach den Lehren von Johann Calvin, damit sie immer genug Geld verdienten, um davon selbst gut zu leben und immer wieder einen bestimmten Teil an arme Menschen weiterzugeben, dann hörte Henri eine Weile zu, fand das aber bald zu schwer und deshalb langweilig. Dann beschäftigte sich der Junge in seinen Gedanken lieber mit den Geschichten, die die Mamá zuletzt erzählt hatte, oder auch mit ganz anderen Dingen.

Menschen in Ketten

An jenem besonderen Morgen, dem fünften Hochzeitstag der Eltern, hatte der kurze Reisebericht des Vaters in dem Sohn die dringende Frage geweckt, wann er denn einmal eine solche Geschäftsreise mitmachen könne.

Das Amen am Ende der gemeinsamen Tischandacht war noch nicht lange gesprochen – die Kinderfrau hatte mit den Kleinen den Raum bald verlassen, und Jungfer Claire hatte sich auch an ihren Arbeitsplatz in der Küche begeben –, als Henri auch schon fragte: »Papá, nimmst du mich bei deiner nächsten Reise mit nach Marseille? Ich will auch einmal eine weite Fahrt mit dem großen Pferdereisewagen machen und die großen Schiffe sehen und Abenteuer erleben.«

Jean-Jacques Dunant hob seinen Ältesten noch einmal auf den Schoß und schloss ihn für ein paar Momente in seine Arme. »Deinen Wunsch kann ich gut verstehen, mein Großer. Aber du bist doch noch ein bisschen zu klein für solche Strapazen. Ich nehme dich mit, sagen wir, wenn du doppelt so alt bist wie jetzt. Dann sind deine Geschwister auch schon älter und können die Reise mitmachen.«

»Und wie alt bin ich dann, Papá?«, wollte der Junge wissen.

»Dann bist du acht und auch ein paar Zentimeter größer als heute«, antwortete der Vater.

»Bis dahin ist Sophie-Anne sieben und Daniel ist fünf«, ergänzte die Mamá. »Dann können wir vielleicht alle zusammen reisen.«

»Das wäre schön«, begeisterte sich Henri. »Ich will auch ganz schnell wachsen, damit ich bald acht werde.«

Die Eltern schauten sich amüsiert an bei dieser besonderen Willensäußerung ihres Jungen. »Wir wollen uns an das halten, was in Jakobus 4,15 steht – wenn Gott uns so führt, wenn es so weit ist, dann werden wir es tun, unser kleiner Henri Gernegroß«, sagte Mutter Dunant und schickte ihren Sohn hinaus zum Spielen. »Isabelle wird mit deinen Geschwistern im Park schon auf dich warten.« Es gab ja auch sicher mit ihrem geliebten Mann noch einiges zu besprechen, ehe der sich in die Stadt aufmachte, um sich seinen Ratsherrenaufgaben zu widmen und sich um die Finanzen eines neuen Armenprojektes zu kümmern.

Bis zur Reise nach Marseille musste Jean-Henri Dunant dann wirklich noch vier Jahre warten. Bis dahin erlebte er eine schöne Kindheit draußen in La Monnaie, in der Hauptsache betreut von seiner Mutter, an die er sich mehr und mehr anlehnte. Sein Vater war ja auch weiterhin häufig für mehrere Tage oder gar Wochen wegen seiner Geschäfte unterwegs. Und wenn er zu Hause war, war er zumeist viele Stunden des Tages beruflich und wegen seiner zahlreichen Ämter und Ehrenämter in der Stadt beschäftigt. Für seine Lieben auf La Monnaie blieb wenig Zeit. Die waren daran gewöhnt und empfanden das Familienleben dennoch als harmonisch und gut.

1833 und 1834 kamen Marie und Pierre-Louis zur Welt und vergrößerten den Geschwisterkreis. Wie gut, dass es im Haus Isabelle gab und auch Claire. Die jetzt fünffache Mutter hätte die Arbeit in Haus und Familie nicht allein bewältigt, zumal sie nach der Geburt von Pierre-Louis nicht recht auf die Beine kam und immer wieder kränkelte. Wenn sie sich aber gesund und stark fühlte, war sie immer wieder unterwegs in den Gassen und Hinterhöfen von St. Gervais, wo die Armen und Mittellosen der Stadt ihre dürftigen Wohnungen hatten. Dort kümmerte sich Anne-Antoinette Dunant liebevoll vor allem um Frauen und Kinder, die dringend menschliche und geistliche, aber auch materielle und zuweilen medizinische Hilfe benötigten. Sie tat hier einen hingebungsvollen und unschätzbaren Dienst gelebten praktischen Christenglaubens, wie ihn der Apostel Jakobus im ersten Kapitel seines Briefes beschrieben hatte: *»Ein reiner und unbefleckter Gottesdienst vor Gott, dem Vater, ist der: die Waisen und Witwen in ihrer Trübsal besuchen und sich selbst von der Welt unbefleckt halten.«* Das Letztere machte übrigens kein Problem. Die Dunants hielten sich in der sittenstrengen Calvin-Stadt in der Regel von Geselligkeiten fern, die den Geruch des »Weltlichen« an sich hatten. Ausnahmen gab es nur, wenn das Amt des Ratsherren und Armenpflegers es erforderte.

Manchmal nahm Marie-Antoinette Dunant bei ihren Besuchen ihren Ältesten mit, weil der das »Leben« kennenlernen sollte und weil er das auch selbst unbedingt so wollte. Auch er wollte »Samariter« sein, *»Täter des Worts und nicht Hörer allein.«* Henri saß dann häufig ganz still dabei, wenn die Mamá sich die Sorgen und Nöte der Menschen geduldig anhörte und mit ihnen redete, um ihnen Trost und Rat zu geben. Er selbst konnte auch nicht genug davon hören, wenn die Mutter den Menschen in der Unterstadt in ihren bescheidenen Behausungen Geschichten aus der Bibel oder Texte aus frommen Andachtsbüchern vorlas und wenn sie ihnen mit schlichten Worten das Evangelium erklärte und mit ihnen betete. Er spielte auch gerne mit den Kindern, die sonst keine Spielgefährten hatten.

Die so ganz andere Atmosphäre des Lebens in der Unterstadt berührte Henri in den Tiefen seines jungen und empfindsamen Gemütes. Es beschäftigte ihn zunehmend, dass es so etwas überhaupt gab: Die einen waren reich und lebten im Überfluss, hatten immer genug zu essen und konnten sich alles kaufen, was sie zum Leben brauchten, die anderen waren arm, mussten sich häufig ihren Lebensunterhalt zusammenbetteln und Kleidung anziehen, die ein anderer nicht einmal mehr im Dunkeln tragen würde. Das war doch alles ungerecht! Da mussten doch die Reichen ihre Hände und ihre Portemonnaies öffnen und helfen! Wenn er einmal groß war und eigenes Geld verdiente, dann wollte er sich auf jeden Fall um solche Leute kümmern, die vor Armut nicht wussten, wie sie ihr Leben fristen sollten. *»Euer Überfluss diene ihrem Mangel!«* und *»Einen fröhlichen Geber hat Gott lieb!«* – so hatte Henri es in der Sonntagsschule und im Gottesdienst der Evangelischen Gesellschaft bei Louis Gaussen schon mehrfach gehört. Der Pfarrer brachte schon seinen kleinen Zuhörern bei, dass das für einen guten Christen selbstverständlich sei. Henri hatte auch gelernt, dass der, der kärglich sät, auch kärglich erntet. Das hieß: Wer mit großzügiger Hand den

Armen half, den segnete Gott mit ebenso großzügiger Hand. Wer aber knauserte mit seinen Gaben für die Armen, der durfte sich nicht wundern, wenn Gott ihm auch wenig für sein eigenes Leben gab. So stand es im zweiten Brief des Apostels Paulus an die Christen in Korinth. Darauf hatte Pfarrer Gaussen schon mehrfach hingewiesen, und der kleine Henri Dunant hatte sich das gut gemerkt.

Der Junge, der noch nicht einmal in die Schule ging, sah bereits deutlich den Weg vor sich, den er einmal gehen wollte: Wohltäter der Armen, Helfer der Notleidenden, Anwalt der Benachteiligten wollte er werden. Dabei wusste er genau, dass er zunächst einmal in der Schule seinen Mann stehen und das lernen musste, was ein Kind seines Standes zu lernen hatte. Dann brauchte er später einen Beruf, in dem er das Geld verdienen konnte, mit dem er seine Hilfspläne umsetzen konnte. Darin war ihm sein Vater als erfolgreicher und angesehener Kaufmann mit Beziehungen in alle möglichen anderen Länder und als ein ehrbarer und geschätzter Bürger seiner Stadt ein natürliches Vorbild. So wollte er, Jean-Henri Dunant, Sohn des Jean-Jacques Dunant und seiner Frau Anne-Antoinette aus dem Geschlecht der ebenso angesehenen Familie Colladon, einmal werden und leben! Nicht nur, weil schon seine aristokratische Herkunft ihn dazu verpflichtete, sondern auch, weil es das von Jesus Christus gegebene Liebesgebot gab – nicht nur aus der Geschichte vom barmherzigen Samariter, die zeitlebens seine liebste biblische Geschichte war – und weil calvinistisch geprägte Christen und Mitglieder der frommen Gesellschaft sich selbstverständlich danach richteten. Wie hatte doch der Reformator bereits gesagt: »Lasst keinen Nächsten frieren, hungern, an Gebrechen leiden. Seid immer Helfer in der Not.« Diese Weisung hatte auch dreihundert Jahre nach Johann Calvin ihre Kraft und Bedeutung nicht verloren.

Erstaunliches ging in dem Geist des jungen Henri Dunant vor. Die Besuche mit seiner Mutter im Armenviertel der Rhone-Stadt und in den zahlreichen Elendswohnungen und die

Versammlungen der Evangelischen Gesellschaft des Pfarrers Louis Gaussen legten die Saat dafür in einen vorbereiteten fruchtbaren Boden. Aber bis die Saat aufgehen konnte, dauerte es noch ein paar Jahre, in denen Henri Dunant noch ganz andere Erfahrungen machte, die sein späteres Leben ebenso beeinflussen, ja sogar bestimmen sollten ...

Wie vier Jahre zuvor versprochen, so setzte es der Vater um: Jean-Jacques Dunant nahm seinen achtjährigen Sohn mit auf eine Reise nach Marseille und Toulon, die beiden Hafenstädte am Mittelmeer. In Marseille hatte der Kaufmann geschäftlich zu tun; in Toulon wollte er Genfer Männer besuchen, die als Gefangene im dortigen Zuchthaus einsaßen und unter harten Bedingungen ihre Strafen verbüßten. Auch das war »Leben«, das der Sohn durchaus schon kennenlernen konnte und sollte, wobei der davon freilich nicht ahnte, was bei der Reise auf ihn zukam.

Henri genoss es, mit seinem Vater unterwegs zu sein, wenngleich er die geliebte Mamá doch ein wenig vermisste. Er hätte sie gerne dabei gehabt. Aber Mutter Anne-Antoinette hatte wegen ihrer angeschlagenen Gesundheit und wegen der kleineren Geschwister – die beiden jüngsten, Pierre-Louis und Marie, waren gerade mal zwei Jahre und drei Jahre alt – keine Möglichkeit gesehen, die Reise mitzumachen. Der Vater also mit seinem Ältesten allein unterwegs, das war auch einmal gut so. Die beiden hatten sich ohnehin viel zu wenig.

Zunächst war das eine schöne, angenehme Reise im bequemen Coupé, das von zwei guten Warmblutwallachen gezogen und von Bernard, dem fröhlichen Kutscher der Familie Dunant, gelenkt wurde. Zunächst ging es aus dem Rhone-Tal über die Vorberge Savoyens hinüber ins Tal der Isère und weiter über den 1177 Meter hohen Pass Col de la Croix Haute hinunter ins Tal der Durance. Später ging es dann noch über die Hügel der westlichen Provence, bis die große Stadt Marseille endlich nach einer Woche Reisedauer erreicht war.

Was hatte der junge Henri auf dieser langen Reise nicht alles zu sehen bekommen und erlebt! Und wie hatte er immer wieder gestaunt über das, was der Papá alles wusste über Land und Leute, über Pflanzen und Tiere in diesem Teil Frankreichs! Bei kaum einer Frage, die der Junge ihm gestellt hatte – und das waren unzählige gewesen – hatte er einmal sagen müssen: »Das weiß ich jetzt leider nicht. Wir werden uns heute Abend in der Herberge danach erkundigen.« Was, wenn es gelegentlich doch vorkam, dann auch jeweils geschah, damit Henri zufriedengestellt war und auch alles in sein Reisetagebuch eintragen konnte.

Schön war es auch gewesen, wenn der Papá abends zum Tagesabschluss und morgens vor dem Aufbruch zur nächsten Reiseetappe in den verschiedenen Gasthäusern Abschnitte aus der Bibel gelesen und danach gebetet hatte. Jean-Henri Dunant war richtig stolz auf seinen Vater. So intensiv wie in diesen Tagen hatte er den Papá noch nie erlebt. Herrlich!

Über eins war der Junge allerdings dann doch ein wenig enttäuscht. Nichts Sensationelles hatte er in sein Tagebuch eintragen können. Nirgendwo auf den Straßen durch die Täler und über die Höhen hatte ihnen irgendwer oder irgendwas den Weg versperrt, keine bösen Straßenräuber, kein Windbruch und kein Hochwasser. Dabei hatte es doch zwei Tage lang ohne Unterbrechung geregnet. Bernard auf seinem Kutschbock und die Pferde an ihrer Deichsel waren ordentlich nass geworden, und die Gebirgsflüsse waren ganz schön voll. An der Kutsche war kein Rad gebrochen oder gar eine Achse, und auch die beiden Wallache hatten treu und unermüdlich das Gefährt gezogen, ohne zu bocken oder sich zu vertreten oder etwas anderes zu tun, wovon der Vater zu Hause schon erzählt hatte. Aber gut, so war es ja auch besser gewesen als anders, und Henri sah wie sein Vater und auch Bernard viel Grund, dem himmlischen Vater für die gute, bewahrte Reise und ebenso gute Versorgung in den verschiedenen Gasthäusern zu danken. Dafür hatten sie ja schließlich zu Hause auch gebetet.

In Marseille wurde es dann für den Jungen in ganz anderer Hinsicht interessant. Bei den meisten Kaufmannsgesprächen konnte er dabei sein, auch wenn er nicht verstand, worum es eigentlich ging. Wenn er nicht dabei sein sollte, dann durfte er sich an zuvor vereinbarten Plätzen am Hafen aufhalten, die großen und kleinen Segler und die mächtigen Dampfschiffe anschauen und dem lebhaften Treiben an Bord und auf den Quais zusehen oder auch mit dem Kutscher durch die Straßen der Stadt streifen. Wenn der Papá abends etwas zu verhandeln hatte, dann musste Henri allerdings im Hotelzimmer bleiben und auch schon ins Bett gehen. Bernard wohnte – wie immer unterwegs – in einem schlichten Zimmer in der Nähe der Pferde.

Drei Tage hielten sich Vater und Sohn Dunant in der Hafenstadt auf. Dann ging es an der Mittelmeerküste entlang weiter nach Toulon, eine Tagereise weit nach Osten.

»Wen willst du hier eigentlich besuchen, Papá?«, fragte Henri, als die Kutsche durch die holprigen Vorortstraßen der Stadt rollte. »Haben wir denn hier Verwandte von den Dunants oder von den Colladons, von denen ich noch nichts weiß?«

»Nein, mein Junge«, antwortete Jean-Jacques Dunant, »wenn wir unter den Leuten, die wir hier besuchen wollen, Verwandte hätten, dann wäre das mehr als schlimm. Wir besuchen Männer aus Genf, die hier im Zuchthaus sitzen. Unter denen gibt es keine Dunants und Colladons. Unsere Verwandten sind alles ehrbare Menschen und aufrechte Christen. Unter denen gibt es niemanden, der an irgendeiner bösen Tat schuldig geworden wäre, und der dafür gar von einem Gericht zu einer Strafe verurteilt worden wäre.«

»Und die Männer, die wir besuchen …?«

»… sind Betrüger und Bankrotteure, Diebe und Räuber, Mörder und Totschläger, die zu vielen Jahren Zuchthaus und zu harter Arbeit verurteilt worden sind.«

»Warum besuchen wir die dann, wenn die so böse sind?«

»Weil Jesus uns geboten hat, auch solche Menschen zu achten und zu besuchen. So steht es im Evangelium. Diese Menschen leben in einem großen Elend, das sie freilich selbst verschuldet haben. Pass auf, mein Junge. Ich lese dir ein paar Verse aus dem Kapitel 25 bei Matthäus vor. In dem Text geht es um das Weltgericht am Ende der Zeiten. Da geht es um Menschen, die mit Schafen und Böcken verglichen werden. Die Schafe stehen zur Rechten des richterlichen Königs, der in dem Text auch ›Menschensohn‹ genannt wird, die Böcke stehen zu seiner Linken.« Jean-Jacques Dunant hatte bei diesen Worten nach seiner Bibel gegriffen, die er immer in seiner Tasche bei sich trug. Jetzt schlug er die genannte Stelle auf und las: »›*Dann wird der König sagen zu denen zu seiner Rechten: Kommt her, ihr Gesegneten meines Vaters, ererbt das Reich, das euch bereitet ist von Anbeginn der Welt! Denn ich bin hungrig gewesen und ihr habt mir zu essen gegeben ...*‹« Der Mann fuhr mit den Fingern am Text entlang, bis er gefunden hatte, was er eigentlich lesen wollte. Dann las er weiter: »›... *Ich bin krank gewesen und ihr habt mich besucht. Ich bin im Gefängnis gewesen und ihr seid zu mir gekommen ....*‹ – Dann fragen die Gerechten den König, wann das denn gewesen sei, dass sie ihren Herrn im Gefängnis besucht hätten. Sie wüssten ja gar nichts davon. Darauf antwortet der König: ›*Wahrlich, ich sage euch: Was ihr getan habt einem unter diesen meinen geringsten Brüdern, das habt ihr mir getan.*‹ – Denen auf der anderen Seite, also den Böcken, den Verfluchten, wie diese Gottlosen im Text auch genannt werden, sagt der König: ›*Wahrlich ich sage euch: Was ihr nicht getan habt einem von diesen Geringsten, das habt ihr mir auch nicht getan.*‹«

»Dann sind wir aber doch Schafe, Papá, und wir stehen eines Tages zur Rechten des Königs«, stellte Henri fest. »Und der König, das ist doch der Herr Jesus, der nach seiner Auferstehung zu seinem Vater in den Himmel aufgefahren ist und mit ihm auf dem Thron sitzt.«

»So ist es, mein Junge«, bestätigte der Mann. »Und so muss es am Ende der Zeiten auch sein. Die Dunants und die Colladons und alle anderen aufrichtigen und gesegneten Menschen, die von Herzen Christen sind und der Bibel, dem allein wahren Wort Gottes, gehorchen und folgen, die werden zu den Schafen gehören. Dabei ist auch wichtig, dass sie den Lehren unseres Genfer Reformators Johann Calvin folgen, wie er sie vor bald zweihundertachtzig Jahren in seiner ›Institutio religionis christianae‹, in seiner ›Unterweisung in der christlichen Religion‹ aufgeschrieben hat.«

»Werde ich auch dazu gehören, Papá?«, war Henri für den Moment ein wenig ängstlich und unsicher. »Ich weiß nicht, ob ich schon richtig glaube und christlich handle. Ich bin doch erst acht.«

»Das Alter spielt keine Rolle, mein Junge«, beruhigte der Vater seinen Sohn. »Auf das Herz kommt es an. Das muss Jesus gehören. Jesus muss in dir wohnen. Er in dir und du in ihm. So sagt es der Herr Jesus im Johannesevangelium, und so haben wir es vor ein paar Jahren ganz neu und sehr lebendig von den englischen Erweckungspredigern gehört, von John und Charles Wesley und denen, die nach ihnen gekommen sind. Seitdem gibt es in Genf übrigens die Evangelische Gesellschaft mit unserem Pfarrer Louis Gaussen. – Und dann musst du immer Gutes tun und darfst dir in deinem Leben nichts zuschulden kommen lassen. So wirst du ein Gerechter, der beim jüngsten Gericht zur Rechten des Menschensohns steht und dort als ›Gesegneter des Herrn‹ begrüßt und geehrt wird. – Aber jetzt schau hinaus, Junge, wir sind an unserem Ziel. In das Gebäude hinter diesen mächtigen Mauern gehen wir für ein paar Stunden hinein. Bernard sucht uns derweil in der Stadt ein Hotel zum Nachtquartier. Morgen geht es dann wieder auf den Heimweg.«

Jean-Jacques Dunant gab seinem Kutscher Anweisung, nahm dann seinen Sohn an die Hand und ging raschen Schrittes auf das Tor des Zuchthausgebäudes zu. Henri fasste die

Hand des Vaters ein wenig fester als sonst. Der spürte natürlich den festeren Druck. »Hast du Angst, dort hineinzugehen?«, fragte er. »Wenn es dir lieber ist, magst du bei Bernard bleiben.«

»Nein, nein, Papá«, widersprach Henri dem Angebot des Vaters, ergänzte aber sofort: »Ich gehe mit hinein, auch wenn ich mich schon ein wenig fürchte. Aber du bist doch bei mir. Dann brauche ich ja keine Angst zu haben.«

»Ich muss dich allerdings für eine Weile einem Wächter überlassen. In die Zellen kann ich dich nicht mitnehmen. Wird das schlimm sein für dich?«

Henri nahm all seinen Mut zusammen. »Ich glaube nicht, Papá«, sagte er fest. »Der Wächter passt ja auf mich auf.«

»Das tut er. Ich kenne ihn. Er heißt wie wir beide mit unserem ersten Namen. Jean ist ein einfacher, ehrlicher Mensch. Er ist ein Christ wie wir; du kannst ihm vertrauen.«

Wenige Minuten später hatten die beiden Dunants das große Tor und die folgenden Türen und Gänge des Zuchthauses von Toulon durchschritten, und der Vater hatte den Sohn dem französischen Wächter Jean übergeben. Der war ein kräftiger Bursche mit entschlossenen, aber doch nicht unfreundlichen Gesichtszügen. Henri fasste Vertrauen zu dem unbekannten Jean in seiner blauen Uniform mit der Kappe auf dem Kopf und dem Gewehr über der Schulter. Er ließ sich bereitwillig von ihm mit hinaufnehmen auf den Rundgang oberhalb des Innenhofs, wo sich bereits ein paar weitere Wachleute befanden, die alle aussahen wie Jean. Sein Vater verschwand derweil in das Innere des finsteren Zuchthauses, um dort seine Besuche zu machen.

»Von hier oben können wir die Gefangenen bei ihrem Rundgang beobachten und überwachen«, erklärte Jean, nahm sein Gewehr von der Schulter und legte den Lauf schussbereit auf die Brüstung, wie es seine Kollegen an ihren Plätzen bereits getan hatten. »Die Gefangenen dieser Freistunde werden gleich dort hinten durch die kleine Türe kommen und dann für eine halbe Stunde hintereinander im Kreis laufen. Sie brauchen Licht, frische Luft und Bewegung. In ihren kleinen, dunklen Zellen und an ihren Arbeitsplätzen haben sie zu wenig davon.«

Der kleine Jean-Henri wollte seinen Betreuer gerade etwas fragen, als sich die einzige Türe öffnete, die aus dem Gebäude in diesen Hof führte. Was sich dort tat, nahm jetzt seine ganze Aufmerksamkeit in Anspruch. Wie gebannt schaute er hinüber. Als Erste traten zwei uniformierte Wachmänner mit strengen Mienen aus der Tür und stellten sich rechts und links des Ein- und Ausgangs auf. In den Händen hielten sie Gewehre mit aufgesetzten Bajonetten. Dann kamen nacheinander eine große Zahl Sträflinge heraus, Männer in gestreiften Anzügen und mit glatt rasierten Köpfen, finstere Kerle verschiedenen Alters, hünenhaft große und eher schmächtige, hellhäutige und braungebrannte, sogar einige dunkelhäutige. Immer zwei von ihnen waren durch eine kurze Kette miteinander verbunden, einige trugen zusätzlich Ketten an den Füßen, sodass sie nur kleine Schritte machen konnten. Wie viele es waren? Henri hatte nicht gezählt. Jedenfalls waren es schrecklich viele. Als Letzte kamen noch ein paar Wächter durch die Tür. Die trugen keine Gewehre mit sich. Dafür hielten sie Peitschen mit kurzen Stielen und langen Riemen in ihren Händen. Diese Männer stellten sich im Innenraum auf und trieben mit dem Knallen ihrer Karbatschen, mit gelegentlichen gezielten Hieben und mit lauten Rufen die Sträflinge an, sich zu bewegen und ja nicht stehen zu bleiben. Viele von den Gefangenen fluchten und schimpften und riefen lauthals Spottreden gegen ihre Bewacher unten im Hof und oben auf dem Rundgang. Durch die lauten Stimmen, durch das Rasseln der Ketten und das Knallen der Peitschenriemen wurde es im Hof schrecklich laut. Eine schlimme, beängstigende Szene!

Henri verschlug es bei diesem Anblick und dem Lärm die Sprache, und er hielt sich die Ohren zu. Am liebsten hätte er sich wohl auch die Augen zugehalten. Dafür fehlten ihm aber zwei weitere Hände. Wie gebannt schaute er hinunter auf das schreckliche Schauspiel, das sich wenige Meter unterhalb seines Beobachtungspostens abspielte. Seine Frage, die er hatte stellen wollen, war plötzlich völlig unwichtig geworden. Was er hier sah, nahm ihm schier die Luft. Menschen in Ketten, die dicht an dicht auf engem Raum auf einem kleinen Platz, der zwischen den hohen Mauern wie ein Loch wirkte, stumpfsinnig im Viereck zu laufen hatten, die sich verhielten wie Tiere und die behandelt wurden wie Tiere. Der junge Henri Dunant war einfach nur entsetzt, und viele Gedanken jagten sich in seinem jungen Gehirn.

Durften Menschen mit Menschen so umgehen? Durften Menschen andere Menschen so behandeln? Waren Spitzbuben, Gauner, Verbrecher und so schlimme Sünder, wie die Männer in diesem Hof, nicht trotz ihrer bösen Taten immer noch Menschen und damit Geschöpfe Gottes? Hatte er nicht in der Sonntagsschule gelernt, dass Jesus auch die schlimmsten Sünder liebt? War der Heiland nicht gerade für solche Menschen am Kreuz gestorben? Hatte er nicht mit dem Mörder neben ihm am anderen Kreuz noch freundlich gesprochen? Nein, nein, nein, das hier war nicht gut, und das war nicht richtig! So durften Menschen nicht mit Menschen umgehen! Menschen wie Tiere behandeln? Nein, niemals! Niemals!

Henri riss sich von dem Anblick des Elends im Hof los. Der empfindsame Junge geriet in große innere Not. Seine Beine versagten ihm ihren Dienst. Er sank auf den Boden des Rundgangs und verbarg sein Gesicht in seiner Jacke. Nur nichts mehr sehen und nichts mehr hören! Henri begann, bitterlich zu weinen. Heiße Tränen flossen ihm über sein Gesicht und durch die Finger, und sein Körper zitterte vor Schluchzen. Wäre er doch nie mit nach hier gekommen! Wäre er doch nur bei Bernard draußen in der Stadt geblieben! Warum musste sein Vater ihn auch hierher mitnehmen, und warum war er jetzt nicht bei ihm hier oben?

Nach einer guten Weile wurde es zunehmend still unten im Hof. Der Junge hob seinen Kopf und horchte. Tatsächlich, der Lärm war vorbei, der Spuk war vorüber. Der junge Jean erhob sich, stellte sich wieder neben den älteren, wischte sich die Tränen aus dem Gesicht und schaute in den leeren Hof. Da war tatsächlich niemand mehr. Die Gefangenen und ihre peitschenknallenden Bewacher waren in das finstere Zuchthausgebäude zurückgekehrt. Wie von ferne hörte der Junge seinen Betreuer sagen: »Komm, kleiner Jean, ich bringe dich hinunter. Das war wohl nichts für dich hier oben. Aber das gehört auch zum Leben in unserer gottvergessenen Welt.«

Der »kleine Jean« reagierte nicht auf diese Bemerkung, reichte nur dem großen Jean seine immer noch ein wenig zitternde Hand und ließ sich von dem Mann nach unten bringen. »Ich möchte hier raus«, bat er mit leiser, deutlich gequälter Stimme. »Bring mich bitte zu Bernard.«

Der Wachmann tat dem Jungen den Gefallen, und tatsächlich stand Bernard auch bereits mit dem Coupé vor dem Tor. Henri sprang wortlos in das Gefährt, knallte die Tür zu und drückte sich in eine Ecke, während die beiden Männer noch ein paar Worte miteinander wechselten. Hoffentlich kam der Vater bald! Auf das freundliche Zureden des Kutschers mochte der Junge nicht reagieren. Er brauchte den Papá! Aber erst nach einer ganzen Weile öffnete sich das große Tor wieder und entließ den heiß ersehnten Mann auf den Vorplatz.

Sofort sprang Henri aus der Kutsche und eilte seinem Vater entgegen, baute sich vor ihm auf und stemmte die Fäuste in die Hüften. »Das war furchtbar, Papá, ganz furchtbar«, sprudelte er los. »Das ist unwürdig und unchristlich, Menschen wie Tiere an Ketten in einem kleinen Hof herumlaufen zu lassen und sie dabei noch mit Peitschen zu schlagen und mit Gewehren zu bedrohen.«

»Aber das gehört zu ihrer Strafe, mein Junge«, wandte der Vater ein, indem er die Atempause seines Sohnes nutzte. »Die Männer haben allesamt schwere Verbrechen begangen.

Sollen sie dafür vornehm wohnen wie wir und geehrt und hofiert werden?«

»Das vielleicht nicht, Papá«, gab der Junge immer noch sehr erregt zurück. »Aber sie sollen keine Ketten tragen und nicht ausgepeitscht und vielleicht auch noch erschossen werden, wenn sie nicht ordentlich in der Reihe laufen. Wenn ich groß bin, sorge ich dafür, dass das aufhört. Jawohl, Papá, ich werde das ändern, wenn ich groß bin. Die Ketten gehören weg, basta!« Dabei stampfte der Achtjährige mit dem Fuß auf, drehte sich auf dem Absatz herum und lief zum Wagen zurück, um sich wieder schweigend in seine Ecke zu drücken. Jean-Jacques Dunant ließ ihn gewähren. Dabei ging ihm durch den Kopf, dass es wohl doch besser gewesen wäre, dem sensiblen Jungen diese Erfahrung zu ersparen. Dabei sollte Henri wenige Minuten später eine weitere, durchaus ähnliche Erfahrung machen.

Auf dem Weg zur Herberge, die Bernard aufgetan hatte, lenkte dieser die Kutsche durch den Hafen. Jetzt war es doch wieder interessant für Henri, nach draußen zu schauen. Der lange Verladekai, den sie hier passierten, sah dem in Marseille sehr ähnlich. Auch hier lagen verschiedene große und kleine Segler und Dampfschiffe, mit dicken Tauen an großen Pollern auf der Mauer angebunden. Auch hier herrschte ein reges und geräuschvolles Getriebe von Fuhrwerken und Lasten tragenden Menschen. Dann aber fesselte plötzlich doch etwas Neues und Besonderes die Aufmerksamkeit des Jungen.

»Papá, was ist das?«, fragte er und klopfte zugleich an die Vorderwand des Coupés als Zeichen, dass Bernard anhalten sollte.

»Was meinst du, Junge?«, schreckte der Vater auf. Er war mit seinen Gedanken wohl noch bei seinen Besuchen im Gefängnis gewesen.

»Da, schau doch, Papá, die schwarzen halbnackten Männer mit den grünen Mützen, die den Segler entladen. Sind die auch alle Gauner und Verbrecher? Und da sind auch Männer mit Peitschen!«

»Unsinn, Junge, das sind ehrbare Hafenarbeiter.«

»Glaube ich nicht«, gab Henri zweifelnd zurück. »Die Schwarzen tragen doch auch Ketten und müssen sich von Weißen schlagen lassen?«

Erst jetzt schaute Jean-Jacques Dunant wirklich nach draußen. Dann atmete er einmal tief durch. »Du hast Recht, Junge. Die armen Männer tragen tatsächlich auch Ketten. Aber das sind wohl keine Verbrecher.«

»Was sind sie dann?« Henri erregte sich ähnlich wie vorhin auf dem Rundgang über dem Gefängnishof.

Der Vater seufzte noch einmal auf und antwortete dann: »Es sind Sklaven, mein Junge. Sklaven, die als billige Arbeiter in Häfen an den Küsten Afrikas gekauft worden sind. Arme Menschen ohne Würde und ohne Rechte. Sie sind in ihrer vermeintlichen Freiheit nicht viel besser dran, als die Männer, die in den gemauerten Gefängnissen leben müssen.«

»Die muss man aber doch befreien, Papá!«, ereiferte sich Henri weiter. »Die dürfen doch nicht wie Vieh behandelt werden. Oder sind schwarze Menschen keine Menschen?«

»Sklaverei ist fast so alt wie die Menschheit, Junge«, wandte der Vater ein, ohne auf den letzten Satz einzugehen. »Die gab es schon bei den Griechen, bei den Römern, bei ...«

»... dann werde ich sie beenden, Papá! Wenn ich groß bin, werde ich sie beenden! In einer christlichen Welt darf es keine Sklaven geben! Ich werde mich darum kümmern, dass kein Mensch mehr Ketten tragen muss! Ich werde ein Buch schreiben darüber, dass Sklaverei nicht sein darf. Und das werde ich in der ganzen Welt verkaufen, Papá! Gott im Himmel will keine Sklaverei auf der Erde!«

Die Bestimmtheit und Festigkeit, mit der dieser Satz gesagt war, versetzte den Kaufmann in Erstaunen. Was würde wohl aus seinem Sohn einmal werden?, ging es ihm durch den Kopf. Wenn der erst ein paar Jahre älter war und dann die Erlebnisse in dem Armenviertel Genfs und die Erfahrungen dieses Tages noch in seinem Sinn hatte und er dann wirklich ... War sein Ältester zu etwas Besonderem ausersehen? Hatte der allmächtige Gott mit diesem Jungen etwas Besonderes vor? Jean-Jacques Dunant erinnerte sich an ein Gespräch neulich auf La Monnaie, in dem Sophie-Elisabeth, seine Schwester, eine solche Bemerkung über ihren empfindsamen, nachdenklichen, zumeist stillen und doch durch Widrigkeiten des Lebens leicht erregbaren Neffen gemacht hatte. Sein Schwiegervater hatte ihr heftig beigepflichtet. Ein Junge, der seinem Freund einen gerade gefangenen Fisch abkaufe, um ihn zurück in den See zu befördern, der sei schon anders als Gleichaltrige und vielleicht auch ein wenig zu weich für die Härten des wirklichen Lebens.

Nun, wie dem auch sein mochte, ging es dem Vater durch den Kopf, die Zukunft würde erweisen, was Gott aus dem Jungen einmal werden ließ. Gerne wollte auch er damit Gott in den Ohren liegen und dann das Seine dazu tun, dass Henris Weg ein guter Weg würde ...

Jean-Jacques Dunant klopfte an die Vorderwand des Coupés zum Zeichen für Bernard, dass er weiterfahren sollte. Henri hatte sich inzwischen wieder in seine Sitzecke zurückgezogen und war für eine Weile nicht mehr ansprechbar. Er musste wohl die besonders einschneidenden Erlebnisse dieses Tages zunächst für sich verarbeiten. Vielleicht ging er auch wichtigen Gedanken zu seiner eigenen Zukunft nach, einer Zukunft ohne Menschen, die in Armut und Not oder in Ketten lebten und von anderen Menschen mit Peitschen und Gewehren und Bajonetten bedroht wurden ...

Der Vater ließ den Sohn gewähren. Wenn es morgen durch die lieblichen Landschaften der Provence und der Dauphine wieder zurück ging an den Genfer See, tauchte der Junge sicher wieder aus seinen Gedanken auf und wandte sich den angenehmeren Dingen zu, die einen Achtjährigen eher interessieren sollten. Etwas anderes ging dem Vater allerdings auch durch den Sinn: Hoffentlich bezog sein Sohn den christlichen Glauben und die Lehren Calvins in sein Denken und Planen mit ein …

Christ sein heißt nachfolgen

Nach ihrer Rückkehr nach La Monnaie nahm das Leben auf dem Landgut wieder seinen normalen Verlauf. Jean-Jacques Dunant war da und dann auch wieder irgendwo unterwegs, wenn nicht auf Reisen, dann den ganzen Tag über in der Stadt. Seinen Kindern konnte er nicht der liebende und zugewandte Vater sein, den sie sich immer wieder wünschten. Er war der sorgende Vater, dessen wichtigstes Anliegen für die Familie war, ihren Wohlstand und ihr Ansehen zu erhalten und zu mehren.

Anne-Antoinette war ihren fünf Kindern eine liebevolle Mutter, bemüht, ihren drei Söhnen und zwei Töchtern den Heiland Jesus Christus lieb zu machen und sie einzuüben in ein Leben, das den Armen, den Mittellosen und den Rechtlosen zugewandt war. Häufige Besuche bei Witwen und Waisen und bei Alten und Kranken in ihren Elendswohnungen oder auch im Allgemeinen Krankenhaus der Calvin-Stadt, das von Henri Colladon, einem ihrer Verwandten, geleitet wurde, waren weiterhin Ausdruck ihrer tätigen christlichen Nächstenliebe. Die Besuche der Versammlungen der Evangelischen Gesellschaft und der Umgang mit gleichgesinnten Familien bestimmten die Sonntage und dienten dazu, einander im Glauben zu stärken und zu fördern. Und auch die Gewohnheit, dass einmal pro Woche die Waisenkinder aus St. Gervais auf das Gelände des Landgutes kamen, wurde beibehalten als gern genutzte Möglichkeit, den christlichen Glauben praktisch umzusetzen. –

Später kümmerte sich Anne-Antoinette um Henris Schule, die mehr und mehr dessen Alltag bestimmte. Dabei hatte es der heranwachsende Junge gar nicht leicht mit dem Lernen. Der Unterricht auf dem Collège Calvin machte ihm sogar ziemliche Mühe, sodass der dann Dreizehnjährige sogar ein Schuljahr wiederholen musste. Nein, theoretisches Lernen war nicht seine Sache. Praktisches Tun lag ihm mehr. Deshalb begann er auch bald, ohne die Mutter Besuche in den Wohnungen der Armen und Benachteiligten zu machen und dort auszuhelfen, wo besondere Not war. Er begann auch, bei diesen Menschen Hausbibelstunden zu halten und sie zur Bekehrung einzuladen – dazu, sich Jesus Christus von ganzem Herzen zuzuwenden und ihm ihr Leben rückhaltlos anzuvertrauen.

Die Notwendigkeit einer vollständigen Lebenshingabe an Jesus Christus, wie sie Louis Gaussen immer wieder predigte, hatte Henri Dunant längst erkannt. Er war überzeugt davon, dass das Leben nur auf der Basis des Fundamentes gelingen konnte, auf das der Apostel Paulus in seinem ersten Brief an die Korinther hingewiesen hatte: »*Einen andern Grund kann niemand legen als den, der gelegt ist, welcher ist Jesus Christus.*« Dabei beschäftigte ihn zunehmend die Frage, ob er diesen Schritt denn eigentlich selbst getan habe und ob er selbst »*in Christus*« und somit zu der »*neuen Kreatur*« geworden sei, von der Paulus im zweiten Korintherbrief geschrieben hatte.

Henri musste in dieser Frage Klarheit gewinnen, und er suchte sie eines Tages bei seiner Tante Sophie-Elisabeth, die in der Rue Puits-Saint-Pierre 4 in der Nähe seiner Schule wohnte. Sie gehörte ebenfalls zur Evangelischen Gesellschaft und war eine ernste Christin und Jüngerin Jesu. Bei dieser frommen Frau verbrachte Henri Dunant in der Regel die Mittagszeit, wenn das Collège Calvin seinen Schülern eine zweistündige Pause gewährte. Er hätte diese Zeit auch mit seinen Kameraden verbringen können. Aber deren Lebenswandel gefiel ihm nicht.

Die waren bis auf einen zwar alle protestantisch und gehörten zur offiziellen Kirche, und sie besuchten auch regelmäßig die Gottesdienste. Aber mit dem Glauben nahmen es die meisten nicht so genau. Sie zeigten lediglich die fromme Fassade eines verkopften, formalen Calvinismus. Ihnen fehlte jedoch das Herz, ihnen fehlte das Feuer, die Hingabe, die Begeisterung. Nein, ein solches Christsein zu leben war Henri Dunant zu wenig. Er wollte nicht im Hören stecken bleiben, ohne zur Tat zu kommen. Er wollte sich doch nicht selbst betrügen, wie es im Jakobusbrief formuliert war. Nein, er wollte ganz bewusst sein Leben in den Händen Jesu wissen. Dazu musste und wollte er es aber auch bewusst in dessen Hände legen. Sein Zeuge dafür sollte Tante Sophie-Elisabeth sein. Die Eltern wollte Henri mit seinem Problem nicht behelligen. Der Vater hätte für einen solchen Schritt wahrscheinlich kein Verständnis, weil er die Sache für bereits erledigt hielt. Die Mutter war zurzeit wieder einmal gesundheitlich angeschlagen. Der würde es Freude machen, wenn er ihr später von der bewussten und ausdrücklichen Übergabe seines Lebens an den Herrn Jesus Christus berichtete.

Eines Mittags nach dem Essen fragte Henri Dunant seine Gastgeberin: »Tante Sophie, hältst du mich für einen bekehrten Christen?«

Die Tante blickte ihren Neffen erstaunt an: »Ich habe bisher nicht daran gezweifelt, Jean-Henri. Warum fragst du? Bist du dir selbst nicht sicher?« Tante Sophie nannte ihren Neffen immer mit vollem Namen.

»Ich bin es nicht, Tante Sophie«, gab der Junge zurück. »Kenne ich etwa meine Bestimmung?«

»Du bist aber doch getauft auf den Namen des dreieinigen Gottes«, gab die Tante zu bedenken.

»Das sind andere auch, die sich um den Glauben überhaupt nicht scheren. Mir reicht das nicht, Tante Sophie. Meine Taufe haben die Eltern und der Pfarrer zu verantworten.«

»Und was lässt dich an ihrer Wirkung zweifeln?«

»Ich habe zu verantworten, was aus meiner Taufe wird. Ich habe nie eine persönliche, bewusste Lebensübergabe vollzogen, die mich zum Jünger Jesu gemacht hätte.«

»Und was denkst du zu tun?«

Henri zögerte einen Moment mit der Antwort. Dann sagte er mit deutlichem Ernst: »Ich möchte vor dir als Zeugin Jesus mein Leben anvertrauen mit allem, was es heute ausmacht und was es in Zukunft bringen mag. Ich will von heute an ein ganz bewusster Jünger Jesu sein, der sich von nichts und niemandem von einer ernsten und tätigen Nachfolge abhalten lässt.«

Jetzt war es die Tante, die einen Moment überlegte, wie sie reagieren sollte. Dann wusste sie es und sagte: »Wenn das dein ausgesprochener Wille ist, mein lieber Jean-Henri, dann frage ich dich ernstlich: Bist du bereit, die Bedingungen Jesu anzunehmen, die er im Evangelium für die Nachfolge bestimmt hat?«

Henri schaute die Frau mit festem Blick an. »Ich bin bereit. Ich kenne die Bedingungen. Sie stehen bei Matthäus im 16. Kapitel.«

»Und was steht da? Sprich es für dich selbst deutlich aus«, forderte Tante Sophie.

Henri kannte den Text auswendig, und er zitierte ihn, ohne dass er lange hätte überlegen müssen: *»Da sprach Jesus zu seinen Jüngern: Will mir jemand nachfolgen, der verleugne sich selbst und nehme sein Kreuz auf sich und folge mir. Denn wer sein Leben erhalten will, der wird's verlieren; wer aber sein Leben verliert um meinetwillen, der wird's finden. Was hülfe es dem Menschen, wenn er die ganze Welt gewönne und nähme doch Schaden an seiner Seele? Oder was kann der Mensch geben, womit er seine Seele auslöse? Denn es wird geschehen, dass der Menschensohn kommt in der Herrlichkeit seines Vaters mit seinen Engeln, und dann wird er einem jeden vergelten nach seinem Tun. – Amen!«*

Für ein paar Augenblicke war es still in der Stube. Dann fragte die Tante: »Und du bist dir sicher, dass es dir gelingt, dich selbst zu verleugnen und dein Kreuz auf dich zu nehmen und dem Herrn zu folgen?«

»Aus eigener Kraft wird mir das nicht gelingen, Tante Sophie«, antwortete der junge Mann. »Christus wird es in mir wirken und möglich machen, dass es gelingt. Er in mir und ich in ihm.«

»Gut, mein lieber Junge«, freute sich Tante Sophie über diese Antwort. »Dann machen wir es fest. Das heißt, du machst es fest, und ich bin Zeugin. Komm, gehen wir auf die Knie. Du betest dein Gebet der Herzensübergabe, und ich werde dich mit meinem Gebet unterstützen und dich der Gnade Gottes und Christi anbefehlen und ihm dafür danken, dass er dich dein Leben lang mit seiner Liebe, Treue und Barmherzigkeit begleiten wird.«

Etliche Minuten später erhoben sich die beiden wieder von ihren Knien. »Nun, mein lieber Jean-Henri, ist dir jetzt wohler?«, fragte die Tante.

»Wohl und leicht, Tante Sophie«, bestätigte Henri strahlend. »Er in mir und ich in ihm! Nichts soll mich mehr von der Liebe Gottes scheiden. Dessen bin ich gewiss!«

»Paulus in seinem Brief an die Römer, am Ende von Kapitel acht«, nickte die Tante und nahm ihren Neffen herzlich in die Arme. »Dazu das andere nach Johannes 15: Bleibst du in ihm und er in dir, dann bringst du viel Frucht in deinem Leben. Denn ohne ihn kannst du nichts tun. Mit ihm kannst und wirst du eine Menge bewegen. Der Herr sei mit dir und segne dich! – Aber jetzt musst du dich wohl auch beeilen. Deine Pause geht zu Ende.«

»Ich bin schon weg. Und ich gehe fröhlich und entlastet. Danke für deine Hilfe, Tante Sophie. Wir sehen uns am Montag.«

Für Henri Dunant begann nach diesem Ereignis so etwas wie eine neue Zeit. Nicht eigentlich dadurch, dass er bald danach das Collège Calvin verließ und standesgemäß eine Banklehre begann. Das entsprach seiner Pflicht als Angehöriger der gehobenen Genfer Bürgerschaft und als Abkömmling der Familien Dunant und Colladon. Seine neue Zeit begann wohl eher dadurch, dass er seinen Einsatz für die Elenden seiner Stadt auf seinem neuen Fundament auch neu organisierte. Er wurde Mitglied in der Genfer Gesellschaft für Almosenwesen. Beinahe jede freie Minute verbrachte er mit Besuchen in den tristen Wohnungen in St. Gervais, in den Krankensälen des Allgemeinen Krankenhauses und in den Zellen des Gefängnisses St. Antoine. Dabei ging es zunächst um die »Leibsorge« für die Menschen, die er antraf. Er leistete materielle Hilfe, wo er nur konnte, zuweilen bis an die Grenzen seiner eigenen Mittel. Genauso wichtig aber – eigentlich sogar wichtiger – war ihm die »Seelsorge« an diesen Menschen. Henri Dunant hatte seine Bibel immer dabei, wenn er unterwegs war. Er las daraus vor, erklärte den jeweiligen Text und betete mit den Leuten. Dazu gab er auch immer Zeugnis von seinem eigenen Glauben an Jesus, und er lud die Menschen zum persönlichen Glauben und zur Hingabe an den Erlöser ein. Wie vielen Menschen er mit dieser Arbeit für Zeit und Ewigkeit geholfen hat, weiß der Himmel.

Vor den Leuten, mit denen er in der Almosengesellschaft zu tun hatte, verhehlte er seinen Glauben ebenso wenig, und er wies immer wieder darauf hin, Gutes nicht allein aus humanitären Gründen zu tun. Das sei zu wenig. Das werde ihrer Klientel nicht gerecht. Es waren vor allem etwa Gleichaltrige, die Henri Dunant bei diesem Thema zuhörten und sich seinem Werben öffneten. Dabei waren das nicht nur Calvinisten, also Mitglieder der offiziellen reformierten Kirche. Sie gehörten auch nicht alle der Evangelischen Gesellschaft an, sodass sie die Prägung der Erweckungsbewegung mitgebracht hätten. Nein, die jungen Männer kamen aus den unterschiedlichsten religiösen Gruppen und Hintergründen. Sie verband zunächst das Anliegen der tätigen Nächstenliebe. Aber sie rückten fortan auch geistlich zusammen, indem sie ihre Aktivitäten mit gemeinsamen Gebeten begannen. So kam es, dass sich innerhalb ihres Vereins ein Freundeskreis bewusst christlicher junger Männer bildete, die auch bald begannen, ihre knapp bemessene Freizeit miteinander zu verbringen, um noch intensiver über ihr gemeinsames Anliegen ins Gespräch zu kommen.

Eines Sonntags war eine Handvoll dieser jungen Männer mit dem Boot unterwegs auf dem Lac Léman, ihrem geliebten See. War das ein herrlicher Tag! Gestern hatte es noch geregnet. Heute schien die Sonne vom blank gefegten Himmel. Von den Gebirgen im Südwesten her wehte ein leichter föhniger Wind, und die Luft war so rein und klar, dass die bewaldeten Hügel und Berge des französischen Jura jenseits des rechten Seeufers und die des Chablais ihnen gegenüber jenseits des linken zum Greifen nah waren. Der alles überstrahlende schneebedeckte Gipfel des Montblanc und seine benachbarten niedrigeren Brüder in den Savoyer Bergen schienen gleich hinter der Stadt aufzuragen, als hätten der König der Alpen und seine Gefolgschaft sich für diesen Tag zu Hausbergen der ehrwürdigen Calvin-Stadt erklärt. Vom ruhigen See aus, einige Kilometer vor der markanten Silhouette Genfs, ein schier atemberaubendes Bild!

»Haben wir nicht einen herrlichen Schöpfer?«, fragte Roland Dix, einer der jungen Männer, plötzlich in die Gruppe hinein und ließ sein Ruder los, um sich dem Bild hinzugeben, das er, als der, der in Fahrtrichtung rückwärts saß, vor Augen hatte.

»Und Gott sah an alles, was er gemacht hatte, und siehe, es war sehr gut!«, schloss sich Max Perrot, sein Freund an dem anderen Ruder, an.

»Legt das Boot quer«, bat Henri Dunant, der hinten im Heck saß, »dann haben wir alle diesen herrlichen Blick, ohne uns den Hals zu verdrehen.«

Die anderen kamen der Bitte nach, und für ein paar Momente herrschte auf dem Kahn andächtiges, staunendes Schweigen. Dann fing Max Perrot an, die erste Strophe eines Liedes aus dem alten Genfer Psalter zu singen:

»Die Sonn hoch an dem Himmel steht
ihr Glanz über die Welt weit geht,
lasst uns auftun der Herzen Schrein,
auf dass drein leucht ihr heller Schein.«

Wieder war es für ein paar Momente still. Dann durchbrach Henri Dunant das andächtige Staunen: »Brüder, die Sonne hoch am Himmel erleuchtet uns wahrlich einen schönen Tag. Das ist überwältigend und des Gotteslobs wert. Das Lied spricht aber auch von der anderen Sonne, die uns das Leben erleuchtet. Lasst uns auch die weiteren Strophen singen. Wir können sie doch auswendig.«

Gesagt, getan, und so klang es aus fünf Männerkehlen gesungen über den See:

»Die rechte Sonn ist Jesus Christ,
das Licht er zu dem Leben ist,
das er uns heute durch sein Wort
hell leuchten lässt an allem Ort.

Lasst wandeln uns in diesem Licht,
bei dem man auch im Finstern sieht;
ohne das Licht man hellen Tag
von finstrer Nacht nicht scheiden mag.«[2]

»Amen!«, bestätigte Henri den Gesang, atmete einmal durch und sprach weiter: »Ihr Brüder, ich nutze die Gelegenheit für ein Anliegen, das mir zunehmend auf der Seele brennt. Ihr habt wohl nichts dagegen?« Ohne eine Antwort abzuwarten, sprach er weiter: »Mich beschäftigt seit Tagen ein Gedanke, den ich euch jetzt gerne mitteilen würde. Nein, ich *muss* euch jetzt diesen Gedanken mitteilen.«

Das Echo der anderen vier im Boot war eindeutig: »Bitte, lass uns hören!« – »Nun sag schon!« – »Lass uns deine Gedanken wissen!« – »Nur zu, ich bin ganz Ohr!«

»Wir haben gesungen von Christi Wort. Und wir haben gesungen vom Wandel im Licht. Da liegt mein Anliegen«, begann Henri und fuhr dann fort: »Ich habe in den vergangenen Monaten viel erfahren von Vereinen lediger Jünglinge in den deutschen Städten Stuttgart, Bremen und Hamburg. In Barmen und in Berlin gibt es so genannte Missions-Jünglingsvereine, gegründet von einem geistlichen Menschen namens Carl Wilhelm Isenberg.«

»Hat dieser Isenberg nicht auch in Basel bereits einen solchen Jünglingsverein gegründet?«, flocht Max Perrot ein. »Ich meine, davon gehört zu haben.«

»Hat er, Max«, bestätigte Henri. »Carl Wilhelm Isenberg war damals Schüler am Missionsseminar in Basel. Dort in der Grenzstadt am Rhein gab es sogar im vorigen Jahrhundert bereits einen Verein lediger Brüder, die sich verpflichtet hatten, in allen Dingen nach dem Wort Gottes und nach dem apostolischen Glaubensbekenntnis zu leben. Und es gab in Basel auch schon den ›Verein für Sonntagssäle‹ oder so ähnlich. Das war ein Verein mit eher sozialem Interesse. Der sammelte Arbeiter und Lehrlinge, junge und ältere Männer verschiedenen Standes und stellte ihnen Räume zur Verfügung, in denen sie sich treffen und aufhalten konnten. Das Christliche spielte in den Vereinen allerdings eine untergeordnete Rolle.«

»Hat dein Vater nicht neulich von einer ähnlichen Sache in London erzählt?«, erinnerte sich René Simon, der vierte der jungen Männer.

»Du hast Recht, Bruder«, bestätigte Henri. »In England gibt es bereits aus den Tagen von Charles und John Wesley und der Erweckungszeit sogenannte ›Holy Clubs‹. Und in London wurde vor zwei oder drei Jahren von einem Kaufmann namens George Williams ein solcher ›Holy Club‹ gegründet, der sich ›Christlicher Verein junger Männer‹ nennt. Auch in Paris gibt es inzwischen Bibelkreise, die sich zum Ziel gesetzt haben, sich neben dem geistlichen Wohl auch um das leibliche Wohl Not leidender junger Männer zu kümmern. Die Gründer waren übrigens der Sohn eines methodistischen Pfarrers namens Cook und zwei Medizinstudenten aus unserer Stadt.«

»Woher weißt du das nur alles?«, staunte Antoine, der Jüngste der fünf Freunde.

Die Frage beantwortete Henri Dunant gerne und nicht ohne einen gewissen Stolz: »Mein Vater bringt von seinen vielen weiten Geschäftsreisen immer eine Menge Informationen mit und auch Adressen solcher christlicher Gruppen. Er sucht ja auch überall, wo er hinkommt, nach Menschen, die ganz bewusst Jesus Christus nachfolgen. Es ist wirklich begeisternd, was Gott in dieser Zeit tut – trotz mancher revolutionärer Bestrebungen in Politik und Gesellschaft –, und was er insbesondere unter jungen Männern werden und wachsen lässt. Übrigens auch unter jungen Frauen. Erst vor ein paar Tagen kam mein Vater mit der Nachricht, dass es in Barmen im deutschen Bergischen Land bereits einen »Jungfrauenverein« geben soll. Er brachte Namen und Adresse eines Mannes mit, der in dieser Arbeit wohl eine maßgebliche Rolle spielt und auch bereits ein Korrespondenz- und Mitteilungsblatt herausgibt. Gerhard Dürselen heißt der Mann und ist Pastor in Ronsdorf in der Nähe von Barmen.«

Für ein paar Augenblicke herrschte wieder Schweigen auf dem Boot der fünf jungen Männer. Die Fülle der Informationen musste angesichts des gewaltigen Panoramas, das unverändert von Südosten her beeindruckte und begeisterte, in den Köpfen zunächst ein wenig sortiert werden. Nur ein paar Möwen, die Futter heischend das kleine Schiff umflogen, störten durch ihr Schreien die Stille auf dem Wasser. Schließlich kam Max Perrot wieder zum Thema zurück: »Du wolltest uns doch eigentlich etwas über deine besonderen Gedanken zu unserem alten Lied sagen, Henri?«

»Danke für die Erinnerung, Max«, griff nun auch Henri das Thema wieder auf. »Ich habe wohl ein wenig weit ausgeholt. Also jetzt zur eigentlichen Sache: Mich bewegt der Wunsch, dass wir es machen, wie junge Männer es an vielen Orten bereits tun: Auch wir sollten uns mehr als bisher mit dem Wort Gottes beschäftigen und uns darum kümmern, wie denn der Wandel im Licht auszusehen hat, zum Beispiel nach Epheser fünf. Wir lassen uns bisher gerne bedienen von Louis Gaussen und anderen und hören auch viel Gutes und Wichtiges. Und wir lesen jeder seine Bibel allein und für sich selbst. Was ja auch gut ist. Aber sollten wir nicht beginnen, gemeinsam in der Schrift zu forschen und darüber nachzudenken, was sie uns zu sagen hat und wie sie in unserem Leben und in unserer Fürsorge für die Benachteiligten unserer Stadt noch praktischer werden kann?«

»Und was denkst du zu tun, Henri?«, fragte Antoine.

»Du hast doch schon eine Vorstellung, wie das gehen kann und soll. Sag sie uns«, forderte Roland.

»Ich stelle mir vor«, antwortete der Gefragte, »dass wir uns regelmäßig einmal in der Woche treffen zu einer Bibel- und Gebetsstunde junger Männer, damit wir mit tieferer geistlicher Motivation und größerer Kraft unsere Sozialdienste tun können. Um einen Anfang zu machen, lade ich euch herzlich ein für den kommenden Donnerstagabend zu uns nach La Monnaie, sagen wir für sieben Uhr. Ich würde mich freuen, ihr kämet alle, und jeder brächte noch einen anderen jungen Mann mit. Auch meinen Eltern machtet ihr eine große Freude.« Nach einem Moment Pause hängte er an: »Das ist wirklich eine herzliche Einladung. Betet um die Sache und geht dann so damit um, wie Gott es euch zeigt und wie ihr es für richtig haltet.«

»Sollten wir nicht hier und jetzt darum beten, wie es werden kann und soll?«, schlugen Roland und René beinahe gleichzeitig vor.

»Ja, warum nicht?« Max Perrot griff den Vorschlag sofort begeistert auf. »Hat es jemals zuvor eine Gebetsgemeinschaft junger Männer mitten auf dem Lac Léman gegeben? Wer beten kann, der bete also. Ich denke, ich weiß auch ohne Gebet für mich bereits die Antwort.«

»Dennoch, Freunde, beten wir. Wir müssen ja auf unserem schwankenden Kahn nicht auf die Knie gehen. Jesus ist auch unter uns, wenn wir sitzen. Wir sind mehr als zwei oder drei, denen die Verheißung nach Matthäus 18,20 gilt«, befand Henri und faltete seine Hände, um die Boots-Gebetsrunde zu beginnen. »Wir enden dann auch hier nach guter Gewohnheit der Gemeinde mit dem gemeinsamen Vaterunser.«

»Und danach sollten wir die Ruder tauschen und unser Boot allmählich wieder an Land bringen«, erinnerte René an die fortgeschrittene Zeit.

Von der Donnerstagsgesellschaft zum CVJM

Am folgenden Donnerstag traf sich zum ersten Mal eine Schar junger Männer draußen vor der Stadt auf dem Landgut La Monnaie zum Bibellesen und anschließenden Gespräch über den Text. Gemeinsam beteten sie um tieferes Verständnis des Wesens Christi, um Wachstum im Glauben und dessen Umsetzung sowohl im eigenen Leben als auch im Miteinander in der Almosengesellschaft. Damit war die »Donnerstagsgesellschaft« geboren. Henri Dunant hatte die Initiative ergriffen, und Gott hatte sie bereits bestätigt. Der angehende Kaufmann und Mitarbeiter des renommierten Genfer Bankhauses Lullin et Sautter hielt auch die Fäden bezüglich der Vorbereitung und Durchführung der Veranstaltungen in den Händen. Max Perrot hatte sich für die erste Zusammenkunft noch entschuldigen müssen. Er konnte erst ab der nächsten Woche dabei sein.

Einmal in der Stadt bekannt geworden, wuchs der Kreis rasch, sodass es auf La Monnaie bald zu eng wurde und die Treffen in die größeren Räume der Evangelischen Gesellschaft verlegt werden mussten. Das hatte den Vorteil, dass wegen des kürzeren Weges vielen jungen Leuten die Teilnahme erleichtert wurde. Auch konnte jetzt Pfarrer Louis Gaussen immer wieder einmal dabei sein und die jungen Männer in ihrem Anliegen und Tun bestärken. Auch der Leiter der Theologischen Fakultät, die die Evangelische Gesellschaft für die Ausbildung eines erweckten Pfarrernachwuchses inzwischen gegründet hatte, der Prediger Merle d' Aubigné, kümmerte sich gelegentlich um den Kreis, der mit fortschreitender Zeit bis auf mehr als sechzig Teilnehmer anwuchs und sich jetzt »Union christlicher junger Männer« nannte. Merle d' Aubigné wurde dann auch bald so etwas wie ein Mentor für den emsigen und begeisterten Initiator und Leiter der Genfer Donnerstagsgesellschaft in seinem Bemühen, Kontakte zu anderen Kreisen ähnlicher Prägung und gleichen Anliegens zu knüpfen.

Henri Dunant sah es als der großen Sache Gottes nicht dienlich an, wenn ein Kreis nur für sich selbst und seine unmittelbare Umgebung arbeitete. Er betrachtete es sogar als Gefahr, wenn er nicht offen war für den Blick über die Stadt- oder gar Landesgrenzen hinaus und hinein in andere Glaubens-, Lebens-, und Arbeitsbedingungen. Dadurch drohte Selbstgefälligkeit durch geistliche Enge und menschliche Isolierung. Dieser Gefahr musste von Anfang an begegnet werden. Dafür war es wichtig zu erfahren, wie andere mit Gottes Wort und mit ihrem Glauben an den Erlöser Jesus Christus umgingen und welche Folgen sie für ihren sozialen Einsatz daraus zogen.

Der junge Mann begann, jede freie Minute dazu zu nutzen, Briefe zu schreiben an gleichgesinnte Kreise in anderen

Städten der Schweiz, in den angrenzenden Departements in Frankreich und auch in ferneren Regionen Europas. Anschriften ähnlicher Unionen lagen ihm genügend vor, und wenn er von irgendwoher Antwort auf seine Post bekam, enthielt die in der Regel neue Adressen. Schon im dritten Jahr des Bestehens der Donnerstagsgesellschaft wuchs Henri Dunant die Korrespondenz schier über den Kopf. Bisher hatte er sie weitgehend allein bestritten; seine Freunde hatten sich an dieser Aufgabe kaum beteiligt, da sie der Meinung waren, so weiträumig müsse man nicht denken. Doch, Henri Dunant dachte so weiträumig und das mit großer Beharrlichkeit. Einem Freund in der südfranzösischen Stadt Nîmes schrieb er:

> *»Unsere Briefe sind von großer Wichtigkeit für mehrere gewesen, die uns ein wenig im Stich gelassen hatten; unsere Vereinigungen sind jetzt aber sehr viel zahlreicher, viel gediegener und haben jetzt viel mehr Leben. Ich weiß nicht, wie wir es später machen werden, ihnen allen zu antworten, wenn unsere Korrespondenz weiter in diesem Maße wächst. Aber Gott wird hier voraussehen, und ich bin so nicht mehr unruhig darin.«*

Nein, Henri wurde ruhig in dieser Frage. Er leistete Überzeugungsarbeit bei seinen Freunden, und die ließen sich dann auch in die Arbeit einspannen. Gott selbst flocht hier offenbar ein europaweites Netz der Unionen christlicher junger Männer. Dem durfte man in Genf nicht entgegenstehen, nicht an dem Ort, von dem offenbar durch die Initiative des jungen Jean-Henri Dunant eine regelrechte Bewegung ausgegangen war. Im Gegenteil, hier musste fleißig mitgeflochten werden, auch wenn Max Perrot bald über die neuen »Pflichten« zu stöhnen begann und darüber, dass sein Freund und Vorbild in seinem eigenen »Eifer« und in seiner »erstaunlichen Aktivität« zu viel von seinen Mitstreitern erwarte und verlange und darin »bar jeden Urteilsvermögens« sei. Seine Hilfe und die seiner Freunde ließ folglich wieder nach. Die Last fiel zurück auf die Schultern ihres Gruppenleiters.

Die Korrespondenz wuchs aber weiter. Sie wuchs Anfang der fünfziger Jahre so weit, dass Henri Dunant, der Kopf der Bewegung, bald nur noch Rundbriefe verfasste, die er auf eigene Kosten drucken ließ und auch auf eigene Kosten verschickte. Auf diese Weise entlastete er sich selbst und hielt doch regelmäßigen Kontakt zu den neu gegründeten Vereinigungen christlicher junger Männer in vielen Städten naher und ferner Regionen Europas.

Mit dem Schreiben gab sich der junge Bankangestellte – seine Ausbilder hatten ihn in ihre Firma übernommen – dann aber nicht mehr zufrieden. Henri Dunant begann zu reisen, und wann immer er konnte, war er unterwegs, die gewonnenen Freunde in Frankreich, in Süddeutschland, in Belgien und in Holland zu besuchen. Dabei beschäftigten ihn ganz neue, weit über Genf und die Schweiz hinausreichende Gedanken, die er dann auch mehr und mehr aussprach und für deren Umsetzungen er warb. Vor seinen inneren Augen hatte sich bereits eine internationale, überkonfessionell orientierte Union aller christlichen Jungmännerkreise formiert, die sich um Jesus Christus als Mittelpunkt scharten und von diesem Zentrum aus unterwegs waren, um die Welt im christlichen Sinn zu verändern und zu prägen. Dabei war sich der junge Mann, selbst gerade Anfang zwanzig, sehr wohl bewusst, dass das kein leichtes Unterfangen war und dass auch zuvor der eigene Verein in Genf Strukturen brauchte. Aber mit solchen Gedanken stieß er bei seinen engsten Gefährten zunächst noch auf wenig Verständnis und geringe Bereitschaft, solche Strukturen zu schaffen. Im Gegenteil, seine Freunde ärgerten sich immer wieder über die Aktivitäten ihres selbst ernannten Leiters und darüber, wie er ihnen mit einer schier unerschütterlichen Beharrlichkeit seine Vorstellungen aufzwang und sie zu intensivem Einsatz für seine Idee und zur Mitarbeit daran drängte.

In seinem unermüdlichen Streben nach Fortentwicklung der Arbeit kam Henri Dunant im Sommer 1852 Adolphe Monod zu Hilfe. Dieser bedeutende französische Erweckungsprediger besuchte die Genfer »Union« und hielt den jungen Männern eine nachhaltig beeindruckende Bibelarbeit über die Einheit der Christen, wie Jesus sie in seinem hohepriesterlichen Gebet gemäß Johannes 17 beschrieben hatte. Nach dem Ende der offiziellen Veranstaltung blieb der Gast noch zum Gespräch mit dem Versammlungsleiter und seinen engsten Freunden zurück. Dabei ging es auch um die »in Strukturen gefasste Einheit« der eigenen Gesellschaft, wie andere »Unionen« sie bereits lebten.

Wie bei ähnlichen Gesprächen zuvor stand zu diesem Thema auch diesmal Meinung gegen Meinung und das nicht immer nur in ruhigen Tönen. Schließlich ergriff der französische Gast das Wort. »Ihr lieben jungen Brüder. Hört auf zu diskutieren. Es bringt euch nicht vorwärts, wie ihr selbst spürt, und ihr hindert damit größeren Segen. Ich empfinde in meinem Inneren, ich sollte euch jetzt Folgendes sagen: Alles, was ihr jetzt an Gedanken ausgetauscht habt, ist richtig, vielleicht auch wichtig. Es kommt aber weniger auf das Wichtige an als auf das Wesentliche. Für euch junge erweckte gläubige Männer muss als Erstes und Wesentlichstes eins gelten: die Hingabe an den, der sich für euch hingegeben hat: Jesus Christus allein, wie ihn die Heilige Schrift, das alleinige Wort Gottes, verkündet! Solus Christus! Sola scriptura! Dann muss das andere folgen: Bringt Zucht in euer Leben, in das einzelne und in das gemeinsame. Wie ihr lebt und was ihr tut, muss klug und wohl geordnet sein. Ihr verliert eine Menge wichtige Zeit, wenn ihr planlos arbeitet und euch nur euren Eingebungen hingebt. Ihr müsst euch einer guten Ordnung und regelmäßigen Pflichten unterwerfen, wenn euer Leben gelingen und eure Arbeit erfolgreich sein soll. Gründet eine Union mit festen Statuten und einer wirksamen Satzung, in der Grundlage und Zweck eures Vereins eindeutig formuliert und verbindlich festgelegt sind. Ich fordere euch nachdrücklich auf und mache euch ausdrücklich Mut dazu, den Gedanken eures Bruders Henri Dunant zu dieser Sache zu folgen. Wie ich erfahren habe, wart ihr bisher schon eine gesegnete Gesellschaft. Wenn ihr euch eine verbindliche Struktur gebt und verbindlich in dieser Struktur arbeitet, werdet ihr erleben, dass ihr im Glauben an den Herrn durch seine Gnade noch mehr Segen empfangt. Sola fide! Sola gratia! Gott sei euch gnädig und leite euch in euren Gedanken und in euren Entscheidungen.«

War das ein Schlusswort! Henri Dunant jubelte innerlich und dankte Gott für diesen Besucher und seinen Appell. Äußerlich hielt er sich freilich eher zurück. Dennoch wagte er die Frage, wer denn das Votum des Bruders für die Gründung einer verfassten Gesellschaft zu bestätigen bereit sei. Gespannt schaute er in die Runde und – bekam Grund, seine Begeisterung auch nach außen zu zeigen. Es gingen etliche Hände hoch, darunter auch die Hand von Max Perrot. Dieser Bruder und Freund hatte sich bisher am heftigsten gegen die offizielle Gründung eines Vereins mit fester Satzung gewandt. Der lockere Verbund in ihrer Gesellschaft sei fest genug, hatte er immer gemeint. Jetzt aber war der Bann gebrochen. Gott sei Dank! Und ebenso Adolphe Monod, den Gott als Werkzeug gebraucht hatte!

Fortan liefen die Gespräche zu diesem Thema in ganz anderen Bahnen. Sie liefen in so guten Bahnen, dass bereits am 30. November des Jahres der Genfer »Christliche Verein junger Männer (CVJM)« feierlich ins Leben gerufen werden konnte, mit offizieller Satzung, mit bereits vierundzwanzig eingetragenen Mitgliedern, mit Max Perrot als gewähltem Präsidenten, mit Henri Dunant als Schriftführer und mit eigenen Versammlungsräumen in der Rue des Chanonines 115, die ein Gönner dem neuen Verein für zunächst sechs Monate kostenfrei zur Verfügung gestellt hatte. Welch ein wunderbares Geschenk! Vor allem Henri Dunant war dankbar und glücklich, dass das Ziel, für das er in den vergangenen Jahren unermüdlich geworben, gearbeitet und gekämpft hatte, endlich erreicht war.

Eine der ersten »Amtshandlungen« des nunmehr offiziellen Schriftführers des neuen Vereins war es, die Kirchen seiner Stadt und auch die allgemeine Öffentlichkeit über die Gründung zu informieren. Er schrieb also einen offenen Brief, in dem er den ersten Genfer CVJM und seine Ziele vorstellte. Dabei gab Henri Dunant – durchaus ein Zeichen seiner ihm eigenen Eitelkeit – als seinen Beruf an, er sei »Rentier«. Er glaubte, diese Bezeichnung sei ihm als einem jungen Mann aus der Oberschicht der Stadt eher angemessen als »Bankangestellter«, zumal er bekanntermaßen ja auch zu den Wohlhabenden der Stadt zählte. Der »Rentier« schrieb also:

> »*... Sie werden hier Mitglieder des Vereins und andere junge Männer treffen, die von dem Wunsch beseelt sind, aufrecht vor unserem Herrn zu marschieren. Wir hoffen, dass sie in uns wahrhafte Freunde finden werden, die bereit sind, gemeinsam für die gute Sache zu kämpfen und ihnen auf jede Art und bei jeder Gelegenheit zu Diensten zu sein. ...*
>
> *Die völlige Unabhängigkeit, die unsere Gesellschaft genießt, räumt jedem uneingeschränkte Freiheit ein, und wir hoffen, bei unseren Zusammenkünften Angehörige verschiedener Glaubensrichtungen der Kirche Christi begrüßen zu dürfen.*
>
> *Mit diesem Rundschreiben wenden wir uns nicht allein an junge Genfer, sondern an die jungen Männer aller Länder. Wir würden uns freuen, solche in unserer Stadt zu begrüßen, die das Evangelium lieben oder kennenzulernen wünschen. ...*«

Die Gründung des CVJM der Calvin-Stadt löste so etwas wie eine Kettenreaktion aus. Vielerorts in Europa taten ähnliche Vereinigungen junger Männer es dem neuen Ortsverein gleich und gründeten ebenfalls offizielle Vereine. Für die Genfer CVJMler entstanden zu den alten Verbindungen eine Menge neue. Die Korrespondenz, die vom Schreibtisch des Schriftführers in viele europäische Länder und sogar über den Atlantik nach Amerika und über das Mittelmeer in den Libanon ging, erreichte 1853 bereits mehr als 150 Gruppen. Die Tage und Meilen, die Henri Dunant und dann auch Max Perrot, der sich freilich ein wenig von seinem Freund unter Zugzwang gestellt sah, zu nationalen und internationalen Reisen unterwegs waren, um andere CVJM zu besuchen und auf einen Zusammenschluss aller Vereine christlicher junger Männer auf europäischer Ebene oder gar auf Weltebene hinzuarbeiten, sind nirgendwo gezählt. Die Geldmittel, die der Vordenker dieser Ideen aus seinen eigenen Mitteln für diese Arbeit investiert hat, wurden in keiner Liste festgehalten. Der Mittzwanziger war in der Regel auf eigene Kosten und für Gotteslohn unterwegs.

Genf wurde so auch zum Anziehungspunkt und Reiseziel für viele Mitglieder der besuchten Vereine, die sich hierher einladen ließen auch, um zugleich den inzwischen über die Grenzen der Schweiz hinaus bekannten Pfarrern und Professoren der Evangelischen Gesellschaft und deren Theologischer Fakultät, Louis Gaussen und Merle d' Aubigné, begegnen zu können. Deren Worte galten viel in der Welt der sogenannten »erweckten Kreise«. Wer in erster Linie wegen dieser Männer in die Calvin-Stadt am Südende des Lac Léman kam, suchte dann auch immer die Begegnung mit den leitenden Brüdern des CVJM. So entstand auf internationaler Ebene zwischen den Kreisen ein reger Gedanken- und Erfahrungsaustausch, der bestens dazu geeignet war, das besondere Ereignis der ersten Weltkonferenz der Christlichen Vereine Junger Männer im August 1855 in der französischen Metropole Paris vorzubereiten, möglich zu machen und zu seinem erwünschten und erbetenen Erfolg zu führen.

Die Gründung des CVJM-Weltbundes

Diese bahnbrechende Veranstaltung mit vorbereitet hat eine Begegnung, die sich im Frühjahr 1855 in Straßburg ereignete. Henri Dunant traf bei seinem Besuch in der Münsterstadt an Ill und Rhein, diesem alten Zentrum des Humanismus und der Reformation – hier hatte unter anderen auch Johann Calvin gewirkt, nachdem er 1538 Genf für einige Jahre hatte verlassen müssen – den Jurastudenten Frédéric Monnier. Die beiden jungen Männer – der Elsässer war fünf Jahre jünger als der Schweizer – kannten sich von ihren Briefwechseln her und hatten sich auf diesem Weg ein wenig angefreundet. Aber auch von Angesicht zu Angesicht verstanden sie sich auf Anhieb. Sie verstanden sich auch darin, dass sie den Vorstellungen des Pariser CVJM, die bereits vor einem Jahr von dort verbreitet worden waren, nicht folgen konnten. Nach diesen Vorstellungen sollte die Vernetzung der frommen Vereine lediglich auf französisch sprechende Länder und Regionen beschränkt bleiben. Was war dann aber mit den wertvollen Freunden aus England und Schottland? Was mit denen aus Holland und den skandinavischen Ländern? Was war mit denen aus Deutschland? Nein, hier musste universal gedacht werden. Viele Briefe zu diesem Thema waren in den vergangenen Monaten zwischen Paris und Genf und anderen Orten hin- und hergegangen. Henri Dunant kämpfte seit Langem mit der ihm eigenen Sturheit und Beharrlichkeit um eine Ausweitung dieses Gedankens auf alle Länder, die an einer Weltunion der christlichen Jungmännervereine interessiert waren.

»Paris rudert zurück, mein lieber Bruder«, informierte Frédéric Monnier seinen Gast, während die beiden beim Tee saßen. »Sie öffnen sich deinen Gedanken eines universalen Weltbundes aller interessierten CVJM. Ist das nicht herrlich?«

Henri Dunants Gesicht hellte sich auf. »Danke für diese Botschaft. Die macht ja richtig froh! Das gibt Hoffnung für den kommenden August.«

»Gibt es in der Tat, Henri«, bestätigte Frédéric Monnier. »Aber ehe wir weiter darüber reden, würde ich gerne einiges andere wissen.«

»Und was möchtest du wissen?« Henri Dunant schaute seinen Gastgeber mit fragenden Augen an.

»Nun, ich hoffe, du nimmst mir meine Fragen nicht übel«, begann der Elsässer ein wenig zögerlich. »Sie mögen vielleicht zu persönlich sein.«

»Warum sollte ich dir etwas übel nehmen?«, gab Henri ein wenig erstaunt zurück. »Wir sind doch Brüder. Und was sollte in meinem Leben schon so persönlich sein, dass ich nicht mit dir darüber reden könnte?«

»Danke für dein Vertrauen, Henri«, begann der Straßburger Freund. »Dann zum ersten Punkt. Mir ist aufgefallen, dass du deine letzten Briefe immer in englischer Weise unterschrieben hast, Henry mit Ypsilon. Zuvor stand hinten ein schweizerisches I. Hat das eine besondere Bewandtnis?«

Henry Dunant[3] musste lachen über diese Frage, die ihm freilich nicht zum ersten Mal gestellt wurde, seit er die Schreibweise seines Namens geändert hatte. »Gut bemerkt, mein lieber Frédéric. Ich will es dir erklären, wie ich es schon oft habe erklären müssen.«

»Da bin ich jetzt aber gespannt.«

»Also, vor zwei oder drei Jahren kam ich von einer Reise zurück und suchte in unserem Genfer Adressbuch nach einem bestimmten Namen. Dabei stieß ich wie zufällig auf den Namen Henri Dunant, Henri mit i, wie bei mir. Ich schaute genauer hin, wer denn wohl mein Namensvetter sei. Als ich es las, meldete sich meine Eitelkeit, die mich zuweilen packt und von der du aus unserer Korrespondenz wohl auch etwas weißt.«

»Und wer war oder ist dieser andere Henri Dunant?«

»Dieser Henri Dunant ist eine Sie und ist von Beruf eine Schuhstickerin aus dem Genfer Stadtteil St. Gervais«, erklärte Henry. »Sie ist sicherlich eine ehrenwerte Dame. Ich habe kein Recht, anders zu urteilen. Ich kenne sie ja nicht. Aber in diesem Stadtteil leben neben den einfachen und armen Leuten auch die radikalen Umstürzler der letzten Jahre. Mit denen mochte ich nur sehr ungern verwandt sein und verwechselt werden. Die Schuhstickerin könnte ja zu ihnen gehören. Fortan schrieb ich meinen Namen mit y und ließ die Änderung auch ins Adressbuch eintragen. Zufrieden?«

»Zufrieden, mein Lieber«, lachte Frédéric Monnier, »ich werde künftig darauf achten, dass ich nicht die Schuhstickerin anrede, wenn ich dir schreibe. Übrigens wohl deshalb auch dein englischer Schnurrbart.«

»So ist es, Frédéric«, lachte Henry und forderte den Freund auf, die nächste Frage loszuwerden. »Du sprachst von mehreren Fragen.«

»Nun ja, mein Lieber«, begann der wieder ein wenig zögerlich und wurde dann doch sehr direkt: »Was ist mit der Liebe?«

»Mit der Liebe?« Henry tat sehr erstaunt. »Habe ich dir davon etwa geschrieben?«

»Du hast, mein Lieber«, bestätigte der Freund. »Nicht im letzten Rundschreiben vom 10. März. In einem persönlichen Brief im vorigen Sommer stand davon zu lesen. Zugegeben ein wenig kryptisch, aber du schriebst von Emmanuelle.«

Henry Dunant lachte ein wenig auf. »Emmanuelle! Eine der besonderen Schönheiten unter den Genfer Mädchen. Tiefgläubig und fromm. Dazu aus bestem Haus und sehr vermögend. Durchaus standesgemäß. Das Wunschbild meiner Mutter von ihrer Schwiegertochter, von der sie sich nichts mehr wünscht als eine Schar süßer Enkel.«

»Und? Nicht dein Wunschbild? Du bist fünfundzwanzig!«

»Ach, weißt du, Frédéric«, Henry wirkte jetzt ein wenig nachdenklicher als eben noch, »Emmanuelle, Patrice, Suzanne, Florentine – sie liegen dem Genfer Patriziersohn aus den Geschlechtern der Dunant und Colladon alle zu Füßen und greifen nach seinem Herz. Er sieht gut aus, ist immer bestens gekleidet, hat gute Manieren, hat einen einträglichen Beruf, hat eine Zukunft vor sich. Er wäre durchaus eine gute Partie. Aber er mag nicht. – Nein, ich mag nicht, zum großen Leidwesen meiner Mamá. Sie hat sehr geweint, als sie den vorbereiteten Ehekontrakt zurücknehmen musste, weil ihr Herr Sohn sich nicht binden will. Ich wäre beinahe umgefallen und hätte mich in mein Unglück gestürzt, weil ich meine Mamá nicht weinen sehen kann. Diese Frau liebe ich über alles. Es gibt keine Frau wie meine Mamá. Dennoch konnte ich ihr diesen Schmerz nicht ersparen.«

»Aber was liegt im Weg, dass du dich nicht ehelich binden willst? Was hindert dich?«, drang der Elsässer in den Freund.

»Ich weiß es nicht, Frédéric, was mich hindert«, gab der nachdenklich zurück. »Aber ich habe manchmal in meinem Inneren ein Empfinden, das mir andeutet, Gott habe mich möglicherweise nicht für eine Frau und eine Familie geschaffen. In mir wohnt eine gewisse Unruhe, die ich nicht zu erklären vermag, die mich aber mahnt, nicht sesshaft zu werden. Eine Frau und eine Familie machen sesshaft. Sie schaffen immer wieder ein schlechtes Gewissen, wenn die Interessen und die Geschäfte einen durch die Welt schicken. Ich sehe das doch an meinen Eltern und Geschwistern. Ich sehe es an meinem Vater. Ich achte ihn sehr und blicke zu ihm auf. Er gibt mir viel für mein Leben. Aber er war und ist immer wieder unterwegs und hat seine Frau und seine Kinder zwangsläufig vernachlässigen müssen. – Nein, so möchte ich es nicht für mein Leben. Ich brauche die Freiheit, ungebunden und ohne Gewissensbisse zu reisen und zu handeln, zumindest noch für ein paar Jahre. Mein Papá war auch bereits 38, als er seine Anne-Antoinette heiratete. Bis dahin habe ich noch viel Zeit.«

»Du sagst also nicht grundsätzlich nein zur Bindung an das schöne Geschlecht?«, hakte der Freund noch einmal nach.

»Vielleicht nicht grundsätzlich, mein Lieber. Immerhin bin ich ja auch ein Mann, dessen Herz durchaus schneller zu schlagen vermag angesichts eines anmutigen Mädchens«, gestand Henry zu. »Aber binden möchte ich mich doch noch nicht – weder jetzt noch in absehbarer Zeit. Emmanuelle wird eine andere Schwiegermutter bekommen. Und Florentine ist bereits versorgt.« Der junge Mann aus Genf schaute seinen Freund mit bittenden Augen an: »Damit jetzt aber genug dieses Themas. Lass uns gedanklich nach Paris gehen, Frédéric. Das liegt mir viel näher.«

»Gut«, befand der, »gehen wir gedanklich nach Paris und gründen den Weltbund der Christlichen Vereine Junger Männer. Dennoch danke für deine Offenheit und dein Vertrauen.«

Henry Dunant nahm einen Schluck Tee und stellte dann die wichtigste Frage, die er zu dem neuen Thema hatte: »Was ist inzwischen geplant? Was schreibt dein Bruder Edouard? Vielleicht bin ich nicht auf dem letzten Stand der Informationen. Ich war in den vergangenen Monaten zu häufig in Geschäften für mein Bankhaus unterwegs und konnte mich nicht kümmern, wie ich es gerne getan hätte. Den letzten Rundbrief habe ich vom Ausland aus geschrieben und versandt.«

»Auf den letzten Stand der Dinge will ich dich gerne bringen«, antwortete der Gastgeber und füllte zunächst noch einmal die Teegläser und legte ein wenig Gebäck nach. Dann fuhr er fort: »Also, es wird so sein, dass die Pariser Freunde zu einem internationalen Treffen während der Weltausstellung einladen. Die ersten Zusagen sind bereits gegeben. Von London wird George Williams kommen.«

»George Williams? Fein. Ein prächtiger Mann mit einem wichtigen Arbeitsprinzip.«

»Was meinst du damit?«

»Er hat gesagt: ›Willst du einen jungen Mann für Christus gewinnen, dann diskutiere nicht mit ihm, sondern lade ihn zum Abendessen ein.‹ Diese soziale Missionsmethode hat sich weit herumgesprochen. Sie gehört auch bei uns zur Kleinarbeit.«

»Und sein ›Gott zuerst!‹ ist unbedingt nachahmenswert«, ergänzte Frédéric. »Pastor Gerhard Dürselen arbeitet ähnlich. Er kommt als Leiter der deutschen Delegation. Ich lernte ihn im vergangenen September in seiner Gemeinde in Ronsdorf kennen.«

»In der Tat ein ebenso feiner Mann, dieser Pastor. Ich bin ihm kürzlich in Amsterdam begegnet«, flocht Henry dazwischen. »Er tut viel für die deutschen Jünglingsvereine[4].«

»Übrigens, Max Perrot aus Genf wird auch kommen. Kennst du ihn auch zufällig?« Frédéric Monnier grinste ein wenig bei dieser Bemerkung.

»Und ob ich den kenne, mein Lieber«, lachte Henry. Dabei klang das durchaus ein wenig bitter. »Wir kamen schon besser miteinander aus. Er hat seine Mühe mit mir, der liebe Max. Und ich hab' meine mit ihm. Ich bin ihm zu forsch, zu direkt, zu hartnäckig, zu... Er bremst die Pferde lieber, als dass er sie antreibt. Dabei sind wir dennoch Jünger desselben Herrn und also Brüder. Das erleichtert den Umgang.«

»Gut so«, nickte Frédéric und kam zur eigentlichen Frage zurück. »Als Termin für die Hauptversammlung ist Mittwoch, der 22. August, vorgesehen. Vorversammlungen mit Bibelarbeiten, Vorträgen, Berichten, Gebetsversammlungen usw. wird es ab Sonntag, dem 20. August, geben. Der Methodistenpastor Cook stellt seine Kapelle zur Verfügung. Um Unterkünfte und um die Versorgung der Delegierten kümmern sich die Pariser Freunde.«

»Dann sollte es eigentlich möglichst bald August werden«, meinte der Ältere am Tisch und nahm einen Schluck frischen Tee.

»Nein, lieber noch nicht, Henry«, wehrte Frédéric ein wenig heftig ab.

»Was lässt dich zögern, Bruder?«, wunderte sich der Gast.

»Die Basis, mein Lieber, die Basis. Der Zusammenschluss der frommen Jungmännervereine braucht eine sichere Basis, die einerseits keinen Zweifel lässt an den unverbrüchlichen Absichten des Weltbundes – nennen wir ihn schon einmal so – und die andererseits so weit offen ist, dass sie die verschiedenen Arbeitsansätze der Engländer, der Deutschen, der Franzosen, der Schweizer und aller anderen möglich macht. Du hattest schon früher deutliche Vorgaben dafür gemacht.«

»Das hatte ich tatsächlich. Gibt es inzwischen einen diskutablen oder gar schon gültigen Entwurf?«

»Mein Bruder hat ihn mir geschickt. Im Grunde ein Abbild der Satzung des Pariser Vereins, die, wenn ich mich nicht sehr irre, auf deinen damaligen Vorschlag zurückgeht. Aber ich bin nicht sicher, ob der vorliegende Text für einen Weltbund verwendbar ist.«

»Dann wollen wir ihn daraufhin prüfen, Bruder«, schlug Henry vor. »Vielleicht musste ich allein deshalb nach hier kommen und dir begegnen.«

Frédéric Monnier erhob sich, um eine Mappe von seinem Schreibtisch zu nehmen. »Hier ist der Entwurf. Lies ihn und dann sag, was du denkst.«

Henry Dunant las das Papier, zog die Augenbrauen hoch und schüttelte leicht den Kopf. »Das meiste ist gut«, befand er. »Ich erkenne meine Vorgaben wieder. Aber der Begriff ›reformatorisch‹ in der Einleitung muss raus! Haben die Brüder in Paris meinen letzten Rundbrief nicht gelesen?«

Frédéric Monnier zuckte mit den Achseln, als könne er keinen Zusammenhang zwischen dem erwähnten Rundbrief und dem »Basis«-Entwurf herstellen.

Henry kramte ein wenig erregt in seiner Tasche und zog einen Umschlag heraus, dem er das Schreiben entnahm. »Pass auf, ich lese dir die Passage vor, die ich meine. Ich habe am 10. März geschrieben: ›... Jeder aber gebe jeden engen Geist auf, der bewirkt, dass man vor allem auf seine Ortschaft oder auf seine Mundart, auf seine Partei oder Gattung sieht. Wir alle zusammen müssen das Werk Gottes auf der ganzen Erde und die kommende Vereinigung aller Kinder Gottes im himmlischen Ruhm vor Augen haben ....‹« Henry schaute von seinem Brief auf und blickte sein Gegenüber erwartungsvoll an.

»Ich muss dir recht geben, Henry«, sagte Frédéric nach kurzem Nachdenken. »Der Begriff ›reformatorisch‹ steht dem entgegen. Er engt wirklich ein.«

»Und was machen wir dann mit jungen Christenmenschen aus katholischem Hintergrund oder mit solchen aus anglikanischem? Wollen wir diese Brüder etwa ausschließen?«

»Natürlich nicht. Die wollen wir ja gerade erreichen. Was schlägst du als Ersatz vor?«

»Wir brauchen unbedingt kirchliche Neutralität, Frédéric, konfessionelle Neutralität, wie ich sie schon immer gefordert habe. Wir brauchen weiten Raum. Lies mal Jesaja 54 oder Micha 7. Da geht es um weite Räume für das Volk Gottes. Darum wiederhole ich den Vorschlag, den ich in meinem Rundbrief gemacht habe: ›evangelisch‹, schlicht ›evangelisch‹.«

»Das verstehe ich nun nicht«, widersprach der Freund einigermaßen erstaunt. »Der Begriff ›evangelisch‹ ist doch alles andere als neutral und ein Hinweis auf Weite. Er steht doch zum Beispiel genau konträr zu ›katholisch‹.«

»Ich meine ›evangelisch‹ als auf das Evangelium bezogen und vom Evangelium her abgeleitet. Man muss das natürlich erklären. Wenn man ihn richtig versteht, lässt der Begriff keine konfessionalistische Deutung zu. Er ist klar und eindeutig und eben dennoch konfessionell neutral und deshalb annehmbar für Katholiken ebenso wie für Protestanten.«

Der Gastgeber überlegte einen Moment, dann stimmte er seinem Gast zu: »Du hast recht, Henry. Tauschen wir die Begriffe aus.« Frédéric Monnier nahm einen Stift, strich das

›reformatorisch‹ durch und überschrieb es mit ›evangelisch‹. Dann fragte er: »Was fällt dir noch auf, was nicht so stehen bleiben sollte, wie es steht?«

Sein Genfer Freund machte noch eine ganze Reihe anderer Anmerkungen und Änderungsvorschläge, die die beiden Männer gründlich abwogen und dann in den Textentwurf einbrachten.

Nachdem schließlich die »Lehre« im vorletzten Teilsatz durch »Glauben« ersetzt war, waren beide mit der neuen Fassung des Textes zufrieden. »Jetzt braucht es nur noch das einmütige und übereinstimmende Votum der Versammlung, und dann ist der Weltbund gegründet«, freute sich Frédéric Monnier. »Ich schicke den Text morgen zur Prüfung nach Paris zurück. Mein Bruder wird sicher mit der Textrevision zufrieden sein, zumal ich deutlich darauf hinweisen werde, dass du der Revisor warst.«

»Tu das – mit lieben Grüßen an Edouard und mit herzlichen Segenswünschen von mir. – Ich glaube es fest: Am Abend des 22. August wird der Weltbund CVJM mit großer Einmütigkeit geboren sein«, war sich Henry sicher. »Ich bin überzeugt, dass es im Vorfeld keine besonderen ›Geburtswehen‹ oder gar Widerstände geben wird. – Wer trägt den Text vor?«

»Man hat mich darum gebeten, weil ich der Letzte war, der am Text gefeilt hat – dankenswerterweise mit deiner Hilfe.«

»Das war nötig und ist gut so. Und dass du vorträgst, ist auch gut. Ich möchte zwar in Paris dabei sein, aber ich möchte im Hintergrund bleiben. Die erste Reihe steht mir auch nicht zu. Du wirst sicher die richtigen Worte zur Einführung und zur Begründung des Textes finden«, nickte Henry Dunant zustimmend. Der junge Mann lehnte sich zurück, strich sich über seinen Schnurrbart und über die vollen dunklen Haare, verschränkte die Hände hinter dem Kopf und schloss für einen Moment die Augen. Dann sprach er – wohl eher für sich selbst als für seinen Gastgeber: »Gott sei Dank! Dann ist dieses bedeutende Werk endlich getan. Ich durfte es als Werkzeug in der Hand Gottes andenken, anschieben und fördern. Nun ist es an anderen, es weiterzuentwickeln und zu festigen.«

Frédéric Monnier ging auf diese für ihn zumindest im letzten Satz ein wenig unverständliche Bemerkung zunächst nicht ein. Er schlug dafür vor, auf die Knie zu gehen und für die Pariser Versammlung und besonders für den 22. August zu beten, damit dieser Tag ein gesegneter würde und von ihm Segen ausginge in die Welt. Ein guter Vorschlag!

Nach der Gebetszeit fragte der Gastgeber seinen Gast dann aber doch noch, wie er denn seine Bemerkung vorhin gemeint habe. Auf Henrys Gesicht legte sich eine deutliche Sorge. »Ich muss mich mehr um meine weltlichen Aufgaben kümmern, Frédéric. Ich habe meinen Kaufmannsberuf für die Sache Jesu in Genf und in den christlichen Vereinen Europas und der Welt sträflich vernachlässigt. Meine Chefs mahnen mich ständig, endlich meine Prioritäten zu wechseln und meinen Pflichten ihnen gegenüber nachzukommen. Die Leiter der »Gesellschaft der Schweizer Kolonien von Sétif« sind zwar alles fromme und erweckte Männer. Der wirtschaftliche Erfolg aber ist ihnen genauso wichtig wie die Evangelisierung der Anhänger Mohammeds in Algerien und der Bau der Gemeinde Jesu in Genf. Ich denke manchmal, er ist ihnen sogar wichtiger. Sie sind bis ins Mark calvinistisch geprägt. Ich bin nur ihr kleiner Angestellter, auch wenn ich zuweilen aus Gründen der Eitelkeit den »Rentier« oder auch den »Bankier« hervorgehoben habe. Sie freuen sich, wenn ein Moslem Christ wird, aber sie wollen vor allem Ergebnisse meiner Geschäfte in Algerien sehen. Ich war zu lange nicht mehr dort, und die Mitarbeiter in den algerischen Unternehmungen sind nicht zuverlässig. Ich muss möglichst bald wieder hinunter. Ich sollte mich auch wieder einmal um die Schweizer Kolonisten in Sétif kümmern, bei denen es gar nicht gut laufen soll. Außerdem habe ich einen Auftrag der Genfer Geographischen Gesellschaft, eine Erkundungsreise nach Tunesien zu machen, wenn ich schon einmal jenseits des Mittelmeeres bin.

Um das alles zu leisten, muss ich meine hiesigen frommen Aktivitäten erheblich einschränken. Für den Weltbund brauche ich ja dann auch nichts mehr zu tun. Den leiten dann andere, wie auch den Verein in meiner Heimatstadt. Der ist zwar durch mich geboren. Der ist mein Kind, das sich aber unter der Führung Max Perrots bestens entwickelt. Der Bruder macht eine gute Arbeit. Er wird gegen meinen Rücktritt als Schriftführer des Genfer CVJM keine Einwände haben. Er wird vielleicht noch besser arbeiten, wenn ich mich aus der Mitarbeit zurückziehe und ihm nicht mehr länger im Nacken sitze. Paris und die Weltbundgründung möchte ich freilich noch gerne miterleben, und danach ... – Ich hoffe sehr, du kannst diese Gedanken nachvollziehen.«

»Kann ich, mein lieber Henry«, bestätigte der Freund, »kann ich, und ich wünsche dir, dass du für deinen Einsatz einen göttlichen Dank erfährst, indem du in deinen weltlichen Geschäften ähnlich gesegnet wirst und erfolgreich bist wie in deinem Bemühen um die christlichen jungen Männer unserer Zeit und Welt. Die ›Morgenröte einer gesegneten Zukunft‹, wie ich das kommende Ereignis von Paris einmal genannt habe, möge sich auch in deinem beruflichen Tun zeigen.«

»Ich wünsche mir das auch«, antwortete Henry mit einem leichten Seufzer, »wobei ich weiß, dass ich dabei sehr auf die Gnade Gottes angewiesen bin.«

Der 22. August 1855 wurde ein großer und denkwürdiger Tag in der Geschichte der Christlichen Vereine Junger Männer und der Evangelischen Jünglingsvereine, wie die Deutschen ihre Vereine nannten. 99 Delegierte aus acht Ländern der Alten und der Neuen Welt hatten sich bereits Tage zuvor in Paris versammelt zur ersten »Ökumenischen Konferenz Junger Männer aller Länder«. Sie vertraten 338 Vereine mit mehr als 27000 Mitgliedern. Bis zu diesem entscheidenden Mittwoch hatten sie von verschiedenen Referenten unterschiedliche Bibelarbeiten und eine Reihe grundsätzlicher Vorträge zum Inhalt der »Basis« gehört und diskutiert, auch zu dem Verständnis des Begriffes »evangelisch«. Sie hatten regen Anteil genommen an den Berichten von den teilweise sehr unterschiedlichen Arbeiten in den verschiedenen Ländern; und sie hatten – was wohl das Wichtigste war – ungestört vom Trubel der Weltausstellung in der Stadt viel Zeit im gemeinsamen Gebet verbracht.

Dann kam endlich der abschließende Nachmittag mit der entscheidenden Versammlung aller Delegierten. Pastor Cook, der englische Hausherr der Methodistenkapelle und zugleich Präsident des Pariser Vereins, sprach sehr eindrücklich über das biblische Leitwort des neuen Weltbundes aus Johannes 17,20–21 und leitete damit eine bewegende, auf Knien gehaltene Gebetsgemeinschaft ein. Danach unterschrieben alle 99 jungen Männer – ihr Durchschnittsalter betrug 23 Jahre – das ausgelegte Losungswort und den von Frédéric Monnier eingebrachten, erläuterten und noch einmal vorgetragenen Text, der fortan als sogenannte »Pariser Basis« das Fundament des jungen Weltbundes der CVJM bildete:

»Jesus Christus spricht: Ich bitte aber nicht allein für sie, sondern auch für die, die durch ihr Wort an mich glauben werden, damit sie alle eins seien. Wie du, Vater, in mir bist und ich in dir, so sollen auch sie in uns sein, damit die Welt glaube, dass du mich gesandt hast.«

»Die Vertreter der Christlichen Vereine Junger Männer Europas und Amerikas, am 22. August 1855 in Paris zur Konferenz versammelt, durchdrungen von dem Empfinden, dass sie alle an demselben Werk und

in demselben evangelischen Geiste arbeiten, und von der Verpflichtung, diese Einheit unter Wahrung voller Unabhängigkeit in der Organisation und in den Mitteln des Handelns zum Ausdruck zu bringen, schlagen ihren entsprechenden Verbänden vor, sich nach diesem grundlegenden und künftig für jeden in den Bund zugelassenen Verein verpflichtenden Prinzip in einem Bund zusammenzuschließen:

Die Christlichen Vereine Junger Männer haben den Zweck, solche jungen Männer miteinander zu verbinden, welche Jesum Christum nach der Heiligen Schrift als Gott und Heiland anerkennen, in ihrem Glauben und Leben Seine Jünger sein und gemeinsam danach trachten wollen, das Reich ihres Meisters unter den jungen Männern auszubreiten.«

Nachdem diese »Pariser Basis« in größter Einmütigkeit angenommen und unterschrieben war, einigten sich die Delegierten noch auf drei Verfahrensweisen, die die künftige Arbeit in den angeschlossenen Vereinen bestimmen sollten, nämlich darauf:

»Erstens: Dass keine an sich noch so wichtige Meinungsverschiedenheit über Gegenstände, die diesem Zweck fremd sind, die Eintracht brüderlicher Beziehungen der verbundenen Vereine stören solle;

Zweitens: Dass eine Mitgliedskarte ausgegeben werde, durch welche die Glieder der verbundenen Vereine auf die Vorrechte aller anderen zum Weltverband gehörenden Vereine sowie auf das persönliche Entgegenkommen aller Mitglieder denselben Anspruch haben;

Drittens: Dass das von dieser Konferenz angenommene Korrespondenzsystem von den Verbänden des Bundes angewandt werden soll.«

Henry Dunant, der neben Max Perrot und einigen anderen Brüdern als Delegierter Genfs an der Konferenz teilgenommen und die von ihm selbst weitgehend formulierte »Basis« mit unterschrieben hatte, konnte sich nun wirklich innerlich zufrieden und dankbar zurücklehnen. Der dreieinige Gott hatte alles gut werden lassen, und er hatte spürbar gesegnet. Ihm allein gebührte die Ehre! Dabei freute sich der Vordenker dieses Ereignisses durchaus auch über die eine oder andere Ehrung seiner Person und seiner Arbeit. Es hatte sich unter den Delegierten dann doch herumgesprochen, dass er, Henry Dunant, der sich während dieser Tage bescheiden am Rand gehalten hatte, die Gründungsgedanken in die Welt getragen hatte und dass die »Basis« im Wesentlichen seine Handschrift trug. Dem eigenen Stolz war dann doch Genüge getan, und die weitere Arbeit für den Weltbund konnten nun wirklich gerne andere übernehmen. Er musste damit nichts mehr zu tun haben.

Dennoch reihte Henry Dunant – durchaus ein wenig von seiner Eitelkeit getrieben – sich gerne in die Gruppe mit Max Perrot, Gerhard Dürselen, den Brüdern Monnier und vier weiteren jungen »Vätern« des CVJM-Weltbundes ein, die sich zum Erinnerungsfoto um George Williams postierte, dem Gründer des ersten CVJM in London. Für die Nachwelt sollte es doch gerne festgehalten werden, dass er dabei gewesen war. Sein Anteil an der Gründung und an der Formulierung der »Basis« stand sicher für die Zukunft aufgeschrieben in einem der Protokolle. Das sollte dann auch genug sein.

Henry Dunant lehnte sich deshalb auch nicht nur innerlich zurück, sondern auch äußerlich, wie er es seinem Freund Frédéric Monnier bereits angedeutet hatte. Wieder zu Hause in seiner Heimatstadt, gab er sein Amt als Schriftführer des Genfer CVJM zurück und wurde gewöhnliches Mitglied des Vereins. Der Widerstand seines Präsidenten Max Perrot gegen diesen Schritt hielt sich wie erwartet deutlich in Grenzen, gewann der doch mit dieser Entscheidung seines bisherigen Sekretärs ganz neue Freiheiten, Freiheiten, die er unter dessen Dominanz bisher durchaus vermisst hatte.

Ab sofort konzentrierte sich der Kaufmann Henry Dunant auf seine Aufgaben als Angestellter und Repräsentant der »Gesellschaft der Schweizer Kolonien von Sétif«, deren Feld er in Nordafrika seit einiger Zeit zu bestellen hatte. Hier war er jetzt gefordert. Hier musste er jetzt Leistung bringen. Seine Auftraggeber der Kolonistengesellschaft erwarteten von ihm erfolgreiche und deutliche Vermehrung ihres Wohlstandes. Außerdem hatte er längst eigene Pläne im Kopf, wie er als selbstständiger Unternehmer in der französischen Kolonie im Norden Afrikas Geschäfte machen konnte. Auch diesen Plänen musste er jetzt unbedingt nachgehen.

Teil II
1855 – 1864

Algerische Geschäfte

»Welch eine Überraschung, Henry Dunant, Sie hier zu treffen.« Heinrich Nick, ein etwa 30-jähriger Kaufmann aus dem württembergischen Isny im Allgäu, ein Mann mit französischen Familienbindungen, eine Frohnatur, gar ein Leichtfuß, entsprang mit lachendem Gesicht seiner Kutsche, gab dem Mann auf dem Bock eine kurze Anweisung und kam mit ausgestreckter Hand auf den Schweizer zu, der in seinem leuchtend weißen Tropenanzug im französischen Straßencafé in der Altstadt von Constantine eine auffallende Erscheinung war. »Vor zwei Jahren in Sétif, vergangenes Jahr in Algier und jetzt hier in dieser schönen alten Stadt«, sprudelte der Mann hervor. »Welch ein interessanter Zufall!«

»Na ja, mein lieber ›Einrisch Nick‹«, Henry Dunant – er sprach den deutschen Namen Heinrich nach französischer Art aus, was sich sehr drollig anhörte und beide Männer in gleicher Weise schon bei den früheren Begegnungen amüsiert hatte – erhob sich von seinem Caféstuhl und ergriff ebenso freudig die Hand des Mannes. »Ob das ein Zufall ist oder eine besondere Fügung, besser noch eine gewollte Zusammenführung unseres Gottes, das mag sich herausstellen. Sie wissen doch, dass ich nicht an Zufälle glaube. Es sei denn, es wären solche nach Matthäus 6,33 – dass denjenigen, die zuerst nach dem Reich Gottes trachten, alles Notwendige zufallen wird.«

»Und, trachten Sie immer noch nach Gottes Reich?«, fragte Heinrich Nick und hielt dabei die Hand des Schweizers, als wollte er sie gar nicht mehr loslassen.

»Warum sollte ich nicht?«, antwortete der. »Das Wort Gottes ist immer noch die Grundlage meines Denkens und Handelns – wenngleich die Geschäfte inzwischen einen höheren Stellenwert bekommen haben, als sie ihn eine Zeit lang hatten.« Henry Dunant blickte seinem Gegenüber lachend in die Augen und fuhr fort: »Bei Ihnen war das ja schon immer so, und ich gehe davon aus, dass sich daran nichts geändert hat. Ich freue mich jedenfalls, dass wir uns begegnen und wieder einmal ein wenig miteinander plaudern können, Herr ›Einrisch‹. Haben Sie Zeit?«

»Wer in dieser alten numidischen Stadt keine Zeit hat, mein lieber Henry Dunant, der macht irgendetwas falsch«, lachte Heinrich Nick. »Hier in der ›Fortsetzung Frankreichs diesseits des Mittelmeeres‹ gehen die Uhren nicht so präzise wie jenseits desselben im Mutterland oder gar bei Ihnen in der Schweiz. Da baut man sekundengenaue Chronometer und lebt auch damit. – Mein Kutscher hat Anweisung, dort drüben unter den Bäumen zu warten. Ich bin so frei und setze mich zu Ihnen.«

»Gerne, sehr gerne«, lud der Schweizer den Allgäuer noch einmal ein und setzte sich wieder hin. »Seien Sie mein Gast!«

Mit Freuden nahm Heinrich Nick die Einladung an. Er setzte sich seinem Schweizer Namensvetter gegenüber, bestellte bei der eilfertigen Bedienung ein Kännchen Tee und etwas Gebäck und schaute seinen Gastgeber erwartungsvoll an. »Erzählen sie von sich, von den Geschäften, von der Pariser Weltausstellung neulich im August …«

»Wenn ich bei Letzterem anfange, was soll ich erzählen?«, überlegte Henry Dunant. »Hat Ihnen Adolphe Monod nicht längst berichtet? Ihr Pastor-Onkel schreibt doch so gerne Briefe.«

»Er hat mir leider noch nicht geschrieben, oder ich habe die Post noch nicht bekommen. Ich hätte sonst nicht gefragt. Oder waren Sie im August etwa nicht in Paris?«

»Selbstverständlich war ich da, ›Einrisch‹. Aber von der Weltausstellung habe ich herzlich wenig mitbekommen.«

»Was haben Sie dann in unserer Hauptstadt gemacht?«

»Den Weltbund der Christlichen Vereine Junger Männer gegründet«, informierte ihn Henry. »Wir sprachen damals in Algier über dieses Vorhaben. Sie erinnern sich sicher.« Der Gast erinnerte sich tatsächlich. Dann berichtete Henry in wenigen Sätzen vom Verlauf und dem Ergebnis der Augusttage. Die »Basis« zitierte er dabei auswendig.

Heinrich Nick wiederholte den letzten Satz: »›... das Reich ihres Meisters unter den jungen Männern auszubreiten.‹ Welch ein Auftrag!«

»Er gilt auch in diesem muslimischen Land. Auch hier gibt es junge Männer.«

»Und zwar eine ganze Menge. Die Europäer unter ihnen sind durchaus offen für das Evangelium. Die muslimischen eher nicht. Sie akzeptieren Jesus als Propheten Isa, der auch in ihrem Koran erwähnt ist. Aber sie können mit Gott Vater, Sohn und Heiligem Geist nichts anfangen, und ein Gottessohn, der für die Sünden der Welt stirbt, ist ihnen regelrecht zuwider. – Dazu kommt, dass sie nicht auf Botschaften in französischer Sprache hören. Die Franzosen sind verständlicherweise hier nicht sehr beliebt. Das Evangelium in ihrer Sprache käme besser an. Man müsste Arabisch sprechen können.«

»Ich bin dabei, es zu lernen«, berichtete Henry. »Eine schwere Sprache. Englisch und Italienisch zu lernen war für mich dagegen ein Kinderspiel. Die vielen Gutturallaute des Arabischen machen einem den Hals kaputt und verursachen Schmerzen.«

»Bleiben Sie dennoch dran, Henry«, machte der Allgäuer Mut. »Die Landessprache öffnet die Herzen der Einheimischen für den Ausländer, der sie spricht. Was ist mit Ihrem Deutsch?«

»Mäßig, Herr Nick, sehr mäßig«, antwortete Henry. »Um mich mit Ihnen zu unterhalten, muss ich die Sprache ja nicht kennen. Ich verstehe ein wenig, wenn ich Deutsch höre. Aber sprechen – dafür sehe ich keine Notwendigkeit. Also bleibe ich bei den Sprachen, die ich gelernt habe. Französisch, Englisch, Italienisch, das reicht. Und hoffentlich bald Arabisch. Ich gedenke, in diesem Land noch einiges zu bewerkstelligen.«

»Hören Sie den Muezzin?«, fragte Heinrich Nick dazwischen. »Er ruft die Verirrten zum dritten Tagesgebet.«

»Soll er sie rufen«, meinte Henry. »Ich bin froh und dankbar, dass ich mich nicht an Gebetszeiten und formulierte und auswendig gelernte Texte halten muss, sondern zu meinem Herrn frei beten kann, wann und wo und in welcher Situation ich mich gerade befinde. – Aber jetzt einmal zu Ihnen, Herr Nick. Wie gehen die Geschäfte?«

»Na ja, ich kann nicht klagen«, antwortete der Kaufmann. »Mal läuft alles gut, mal läuft nichts. Hier muss man leben und leben lassen. Ich schlage mich so durch. Dabei wäre hier so viel zu gewinnen, wenn man nur Grund und Boden hätte und das nötige Kapital.«

Henry Dunant horchte auf und fragte: »Und was würden Sie dann machen?«

»Numidien war einmal die Kornkammer oder besser die Weizenkammer des Römischen Reiches. Die müsste einfach wieder geöffnet werden; das heißt, man müsste weite Landstriche neu aufschließen und die Fellachen lehren, im großen Stil Weizen anzubauen. Der müsste hier im Land gemahlen und verarbeitet werden. Dazu werden Mühlen gebraucht, aber auch Transportwege im Binnenland und in die Hafenstädte. Denn was an Weizen oder Mehl hier nicht gebraucht wird, könnte dann über das Mittelmeer nach Europa gehen. Die einheimischen Arbeitskräfte hier sind billig. Die brauchen auch nicht viel. Zu deren Entlohnung entstehen vergleichsweise geringe Kosten, aber die Geschäfte mit Weizen brächten hohe Gewinne. Und damit könnte man eine Menge Gutes tun an den Armen dieses Landes und überhaupt. – Aber wem erzähle ich das? Ich nehme an, Sie haben hier ganz andere Interessen und müssen sich um die Schweizer und waadtländischen Siedler in der Umgebung von Sétif kümmern.«

»Nur noch bedingt, ›Einrisch Nick‹, nur noch bedingt«,

gab Henry Dunant zurück. »Dieser besonderen Mission ist offenbar kein großer Erfolg beschieden. Meinen Schweizer Landsleuten machen die so ganz anderen Lebens- und Arbeitsbedingungen zu schaffen. Sie vertragen das Klima im östlichen Tellatlas nicht. Die Friedhöfe bei den Siedlungen wachsen schneller als die Siedlungen selbst, und es wird immer schwerer, Kolonisten zu finden, die sich mit Begeisterung auf das Abenteuer Algerien einlassen möchten. Meine letzte Werbekampagne war nahezu erfolglos. – Nein, Herr Nick, ich habe etwas anderes im Sinn.«

»Das müssen Sie mir jetzt schon genauer erklären«, forderte der Gesprächspartner.

»Sehen Sie, ›Einrisch Nick‹«, begann Henry seine längere Erklärung. Dabei wurde seine innere Erregung zunehmend in seiner Stimme deutlich. »Seit wir uns zuletzt in Sétif und danach in Algier begegnet sind, hat sich eine Menge ereignet. Ich habe im vergangenen Jahr hier in Algerien einige sehr gute Geschäfte gemacht. Zum Nutzen meiner Firma, versteht sich. Aber auch privat mit Billigung meiner Firma. Mir ist mancher Handel hervorragend gelungen. Andere haben dadurch eine Menge Geld verdient, ohne die eigene Hand zu rühren. Und ich kann mich für mich selbst auch nicht beklagen. Inzwischen stelle ich mir vor, dass ich ohne die ›Gesellschaft der Schweizer Kolonisten‹ arbeiten und gutes Geld verdienen könnte, und zwar mehr als die Prämien ausmachen, die ich dankenswerterweise für meine Erfolge zu meinem Lohn dazubekommen habe. Ich werde über kurz oder lang aus dieser Gesellschaft austreten. Seit einem guten Jahr bemühe ich mich um die Gründung einer eigenen Firma. Ich habe dazu bereits einige honorige Genfer Geldgeber im Rücken, zu denen auch einige Verwandte aus den Familien Dunant und Colladon gehören. Sehen Sie, Herr Nick, ich möchte – hier treffen sich unsere Gedanken, ohne dass wir sie zuvor abgesprochen hätten –, ich möchte Weizen anbauen und Mühlen errichten und einheimische Menschen – Berber, Kabylen und andere – gutes Geld verdienen lassen. Ich möchte dabei keine Hungerlöhne zahlen. Gutes Geld für gute Arbeit! Dabei würde immer noch genügend Gewinn übrig bleiben. Die Kolonisierung des Landes darf nicht noch weiter zu Lasten der Ureinwohner gehen. Es ist schon schlimm genug, dass viele von ihrem angestammten Boden vertrieben worden sind.« Henry Dunant unterbrach sich selbst, wischte sich mit einem Tuch den Schweiß von der Stirn und leerte sein Teeglas.

»Und, haben Sie schon eine Vorstellung, wo Ihr Weizen wachsen soll und wo die Mühlen stehen sollen?«, fragte sein Gesprächspartner interessiert nach.

»Ja«, nickte der Schweizer. »Ich habe allerdings bisher nur – und das mit großer Mühe – die Zusage für eine Konzession zur Nutzung von sieben Hektar Land und zum Bau einer Mühle am Oued Saf Saf bekommen. Nein, ich muss es genauer sagen: Ich bekam die Zusage, man werde sich darum bemühen, mir die Konzession zu gewähren, die ich bereits vor zwei Jahren beantragt habe. Ich bin gespannt, wann diese Zusage erfüllt wird. Sie haben es gesagt: In diesem exotischen Land gehen die Uhren anders. Dabei ist das Ganze im Grunde mehr als lächerlich! Was bringen sieben Hektar an einem solchen Ort? Der Gewinn gleicht kaum die Kosten aus. Seitdem bemühe ich mich in einem neuen intensiven Anlauf um Konzessionen für die Nutzbarmachung von 500 Hektar Land und für den Bau von mehreren Mühlen im Gebiet von Mons am Eingang zum Tal des Oued Déhèb. Das liegt zwei Wegstunden vor den Ruinen von Djémila.«

»Ich kenne die Gegend«, flocht Heinrich Nick ein und ließ seinen Gesprächspartner fortfahren.

»Leider bin ich auch in diesem Bemühen bisher nicht sehr erfolgreich. Ich habe meine Pläne und Vorstellungen ausführlich zu Papier gebracht und habe sie in Algier vorgelegt. Dann habe ich sie nach Paris gesandt mit der Bitte, mir dort die notwendigen Konzessionen zu gewähren. Ich bin persönlich in der Hauptstadt vorstellig geworden mit Empfehlungen meiner schweizerischen Geldgeber. Glauben Sie, auch nur ein Ohr hätte sich wirklich für mein Anliegen geöffnet und ein Finger hätte sich zu einer Unterschrift für mein Vorhaben gekrümmt? Ich kam selten an den Portiers vorbei. Niemand erklärte sich für zuständig. In Algier nicht, an der Seine erst recht nicht und hier in dieser schönen alten Stadt am Wadi Rhumel auch nicht. Dieser entsetzliche Bürokratismus lässt mich einfach nicht weiterkommen.« Die Worte des Mannes klangen erregt und bitter.

»Sind Sie Franzose, Herr Dunant?«, fragte Heinrich Nick dazwischen.

»Nein, leider nicht«, musste der zugeben. »Ich habe mich auch schon gefragt, ob es daran liegt, dass die Behörden mit ihren Unterschriften zögern. Französisches Land für einen Schweizer?«

»Dann werden Sie doch Franzose«, schlug der Mann vor. »Sie haben doch französische Vorfahren, wenn ich das richtig weiß.«

»Die habe ich. Die Dunants wie auch die Colladons kommen ursprünglich aus Frankreich. Hugenottenfamilien, die es vorgezogen hatten, nach der abscheulichen Bartholomäusnacht im August 1572 ihre Heimat zu verlassen. Die Calvinstadt Genf hat die Anhänger ihres Reformators damals gerne aufgenommen. Genf ist dafür reich gesegnet worden. – Aber Sie haben wohl recht, ›Einrisch Nick‹, ich sollte mich tatsächlich ›renaturalisieren‹ lassen, also wieder Franzose werden, wie meine Ahnen es vor Zeiten waren.«

»Tun Sie das, sobald sie Gelegenheit dazu haben. Wenn Sie erst Franzose sind, werden sich die Hindernisse bald in Luft auflösen.«

»Na ja, in Luft auflösen? Schön wär's, Herr Nick«, Henry Dunant lachte ein wenig bitter auf. »Ihr Wort in Gottes Ohr.«

»Da gehört es auch hin, Henry«, bestätigte der Kaufmann. »Wohin denn sonst? Gott will das Beten von uns haben. Und er wird dann mit dem Gebetsanliegen umgehen, wie es recht ist und ihm die Ehre gibt. – Aber führen Sie mir doch bitte Ihre Pläne zu Ende. Mir kommt da nämlich inzwischen ein Gedanke.«

Henry Dunant blickte den Mann fragend an, sprach aber zunächst weiter: »Ich werde wohl von mir als einzelner Person absehen und irgendwann mit meinen Geldgebern eine Gesellschaft gründen müssen. Dann geht es nicht mehr um die Interessen eines Privatmanns. Mit einer offiziellen Gesellschaft mit namhaften Männern an der Spitze und im Hintergrund gehen die Pariser Ministerien und die örtlichen Behörden hier im Land dann hoffentlich anders um.«

»Der Gedanke ist gut, Herr Dunant«, begeisterte sich Heinrich Nick. »Und ich bin dann auch dabei«, ergänzte er.

»Sie sind dann auch dabei? Wie soll ich das verstehen?«

»Ich mache mit, Henry Dunant. Der württembergische Franzose Heinrich Nick steigt in die Gesellschaft ein, sagen wir – mit der Hälfte der Einlagen. Dafür bekomme ich dann die Hälfte der Erlöse. Ist das ein guter Vorschlag?«

Dem Schweizer und Noch-nicht-wieder-Franzosen verschlug es für den Moment die Sprache. »Und wie soll das …?«

»Nun, mein lieber Henry Dunant, ich lebe doch sowieso als Kolonist in diesem Land. Ich bin hier bekannt. Ich habe hier einen Namen. Die neue Gesellschaft und Sie als ihr Präsident werden zwischen Ihren malerischen Schweizer Bergen und Seen ihren Sitz haben. Und da ja einer hier in der rauen Wirklichkeit des Getreide- und Mühlenprojekts nach dem Rechten sehen muss, schlage ich mich selbst als Geschäftsführer Ihrer Gesellschaft vor.«

In Henry Dunants Kopf schwirrten die Gedanken um diesen Vorschlag. War das Treffen an diesem Ort doch nicht zufällig? »Die neue Gesellschaft und Sie als ihr Präsident …«? Hatte Gott es gelenkt, dass sie beide sich hier in der Zentrale der Provinz Constantine treffen mussten? Wollte Gott, dass sie beide als christliche Brüder nun auch Geschäftspartner …? Fieberhaft dachte der Geschäftsmann nach. Dann hörte er sich wie von Ferne sagen: »Geben Sie mir die Hand darauf, ›Einrisch Nick‹. So kann es werden mit Gottes Hilfe. Wer nicht wagt, der nicht gewinnt. Auf gute Zusammenarbeit, ›Einrisch Nick‹ – komme, was da kommen mag!«

»Sie nehmen also meinen Vorschlag an, Henry Dunant? Das ist ja wunderbar!« Der Mann sprang begeistert von seinem Stuhl auf und reichte seinem Gegenüber die Hand. »Dann auch von mir auf gute Zusammenarbeit in der Gesellschaft, die es noch gar nicht gibt – komme, was da kommen mag!«

Die beiden Männer standen sich ein paar Sekunden Auge in Auge gegenüber. Jeder mochte jetzt denken, was wohl aus diesem gerade geschlossenen Bündnis einmal werden würde. Ob ihr Gott seinen Segen dazu gab? Laut sagte Henry Dunant: »›*Wenn der Herr nicht das Haus baut, so arbeiten umsonst, die daran bauen*‹, wie es in Psalm 127,1 steht, mein lieber ›Einrisch Nick‹.«

»Richtig, mein lieber Henry Dunant«, bestätigte dieser und zitierte die zweite Hälfte des Verses: »*Wenn der Herr nicht die Stadt behütet, so wacht der Wächter umsonst.*«

»Amen!« Das kam von beiden Männern gleichzeitig, während sie einander immer noch die Hand hielten und sich dabei fest in die Augen schauten. Heinrich Nick meldete dabei dann doch noch ein Bedenken an: »Der zweite Vers des Salomo-Psalms wird aber wohl nicht passen.«

»Da werden Sie recht haben, ›Einrisch‹«, bestätigte Henry Dunant. »Der Herr wird den Erfolg nicht im Schlaf geben. Da muss wohl doch früh aufgestanden und gearbeitet werden …«

»… Damit das Brot nicht in Sorgen gegessen werden muss«, ergänzte Heinrich Nick.

Mit dem langen Händedruck war der Bund besiegelt, den die beiden Männer so bald wie möglich gemeinsam auszuführen gedachten. Wie das gehen konnte und sollte, blieb natürlich noch eine Weile Gegenstand ihrer Überlegungen. Später sprachen sie dann auch noch über ganz andere Themen, zum Beispiel über die Möglichkeiten christlicher Jungmännerarbeit in einem muslimischen Land im Sinne der Pariser Basis. Sie waren sich darin einig, dass Glauben und Leben eines

Jüngers Jesu unbedingt übereinstimmen und »einladend« sein mussten. Es galt, den Erlöser Jesus Christus und das biblische Evangelium vor Andersdenkenden glaubwürdig und von Mensch zu Mensch zu bekennen – und das ohne Kritik am Islam als Ganzem, ohne Kritik am Propheten Mohammed, am Koran und den anderen heiligen Schriften. Ohne die Überheblichkeit, mit der Christen in der bisherigen Geschichte der Mission immer wieder aufgetreten waren ...

Henry Dunant betonte dabei, der Islam habe neben manchen problematischen Lehren, denen ein Christ auf keinen Fall folgen könne, auch äußerst faszinierende Seiten, in denen er dem Christentum durchaus vergleichbar sei: Allah, der eine und alleinige Gott der Muslime, sei für sie zwar sehr fern und unerreichbar, aber doch allgegenwärtig wie der Christengott, und der Glaube an ihn bestimme den Alltag der Menschen, zuweilen sogar mehr, als das bei Christen der Fall sei.

Von diesem Thema war es nicht weit bis zu dem anderen, das vor allem Henry Dunant ohnehin schon länger beschäftigte. Es ging um den Umgang der Kolonialmacht Frankreich mit den neuen Untertanen in ihrer Kolonie. Hier meldete der Schweizer bei seinem Gesprächspartner noch einmal erhebliche Bedenken an gegen das Verhalten der Franzosen gegenüber den Bewohnern des Landes, gegenüber den Berbern, Kabylen, Mauren und weiteren arabischen Volksstämmen. Keine Kolonialmacht habe das Recht, den Einheimischen ihrer eingenommenen Gebiete ihr Land zu nehmen, sie selbst als Menschen zweiter Klasse zu behandeln und sie gar in den Stand von Leibeigenen zu versetzen. Seit er als Junge im Zuchthaus von Toulon und im Hafen derselben Stadt den »Kettenmännern« begegnet war, seit er vor ein paar Jahren das bekannte Kampfbuch gegen die Versklavung der Afrikaner in Nordamerika gelesen hatte – das Buch »Onkel Toms Hütte« von der Autorin Harriet Beecher-Stowe war in kurzer Zeit in die gängigen Kultursprachen übersetzt worden und hatte weite Verbreitung und höchste

Beachtung gefunden – und seit er danach der amerikanischen Christin und Autorin bei ihrem Besuch in Genf sogar persönlich begegnet war, lag ihm das Problem der Sklaverei und die dringende Notwendigkeit ihrer Beendigung sehr am Herzen. Dass Sklaverei seit 1789, seit der französischen Revolution, offiziell abgeschafft war, schien manche Nationen dieser Welt nicht zu kümmern. Henry Dunant reagierte sehr empfindlich darauf, wenn er irgendwo – wie kürzlich auf seiner Reise durch Tunesien – noch Spuren davon vorfand, selbst wenn sie nur im Denken der Menschen verhaftet waren. Sklavenhaltung war nun einmal mit christlichem Denken unvereinbar und einer christlichen Nation absolut unwürdig. Mit dem Islam ließ sie sich übrigens auch nicht vereinbaren.

Harriet Beecher-Stowe, deren Roman »Onkel Toms Hütte« Henry Dunant tief berührte und die er auch persönlich kennengelernt hatte (Abb. 3)

Sklaverei musste mit allen erlaubten Mitteln bekämpft und gründlich abgeschafft werden, wie es sich die amerikanische Schriftstellerin im Blick auf die Sklaverei in ihrem Land auf die Fahne geschrieben hatte. Vor diesem Gedankenhintergrund hatte er zuvor auch von der angemessenen Entlohnung der einheimischen Arbeiter gesprochen.

»Ich werde in meinem Bericht über meine Tunesienreise für die Geographische Gesellschaft Genf, der ich angehöre, dieser Frage ein Kapitel widmen«, kündige Henry Dunant am Ende des Gesprächs an. »Ich war entsetzt, in diesem arabisch-türkischen Nachbarland tatsächlich Reste von Sklaverei anzutreffen. Ebenso werde ich übrigens den durchaus faszinierenden Seiten des Islam ein Kapitel widmen, damit die Christen vielleicht vom Eifer der Muslime für ihren Glauben lernen.«

»Schicken Sie mir ein Exemplar dieses Berichts?«, fragte Heinrich Nick und erhob sich dabei von seinem Caféstuhl. »Es wird nun doch allmählich Zeit zu gehen.«

»Ich werde dran denken und ein Exemplar schicken oder zu unserer nächsten Begegnung mitbringen. ›Die Regentschaft in Tunesien‹, so soll der Bericht heißen, muss freilich erst noch geschrieben werden. Ich werde sehen, was sich in den kommenden Monaten ergibt. Ich werde mit Ihnen in engem Kontakt bleiben.« Henry Dunant erhob sich ebenfalls und ergriff die Hand seines Gastes. »Leben Sie wohl, ›Einrisch Nick‹. Gott sei mit Ihnen! Ich habe unsere Begegnung sehr genossen. Sie war wohl doch kein Zufall.«

»Ich denke ganz genauso«, verabschiedete sich der neue Partner des Schweizer Kaufmanns. »Leben auch Sie wohl. Unsere gemeinsame Zukunft liegt bei Gott.« Dann äußerte er doch noch eine Bitte: »Können Sie mir Ihre Unterlagen zukommen lassen, die die Konzessionen für die Nutzbarmachung der 500 Hektar Land und den Bau der Mühlen im Gebiet von Azel-Oued-Déhèb betreffen, Herr Dunant? Ich rechne das Ganze dann nach meiner Kenntnis der Verhältnisse noch einmal durch und schicke Ihnen die Unterlagen dann wieder zu. Vielleicht komme ich ja zu Ergebnissen, die die Behörden sanfter stimmen und bereiter machen, die Konzessionen zu gewähren. Vielleicht berechne ich das Ganze auch zunächst einmal für 200 Hektar. Einverstanden?«

»Ja, gern«, stimmte Henry Dunant zu und ergänzte: »Und ich kümmere mich jetzt als Nächstes um meine Renaturalisierung. Die Unterlagen schickt Ihnen dann der schweizerische Neu-Franzose.«

Ob Heinrich Nick die letzten Worte wirklich noch gehört hatte? Der Mann war plötzlich im Gedränge verschwunden. Die bunt gemischte Menschenmenge, die die Innenstadt und den Marktplatz von Constantine bevölkerte, hatte ihn verschluckt. Irgendwo würde er wohl seine Kutsche wiederfinden.

Henry Dunant setzte sich noch einmal für ein paar Minuten hin und schloss die Augen. Was war da soeben abgelaufen? Hatte er es richtig gemacht, diesen Deutsch-Franzosen »Einrisch Nick‹ in seine Pläne einzuweihen und ihn als künftigen Mitarbeiter und gar Geschäftsführer in seine Überlegungen einzubeziehen? Er kannte diesen Mann doch kaum wirklich. Hatte der überhaupt so viel Geld, wie er vorgab? Den Schweizer beschlich ein ungutes Gefühl, ein dumpfes Gefühl des Zweifels und der Unsicherheit. Doch dann riss er sich zusammen und entschloss sich anzunehmen, dass Gott dieses Treffen gewollt hatte. Wenn sich das bestätigen sollte, dann würde die Sache einen guten Ausgang nehmen. Andernfalls …? Nein, Herr Nick war als Kaufmann – zugegeben – sicher fähiger als er selbst, und der kannte dieses Land und seine Menschen besser als er. Also, die Sache mutig angegangen! Dabei war es so: Die noch zu gründende »Finanz- und Industriegesellschaft der Mühlen von …« – wo sie denn gebaut wurden, würde sich zeigen – lag in Gottes Hand; er würde alles recht führen.

Wieder zurück in der Schweiz, traf Henry Dunant weitere Vorbereitungen bezüglich seiner Aufgaben in Algerien und reiste bald weiter nach Frankreich, um sich um seine neue Staatsbürgerschaft zu kümmern. Zu seiner Überraschung und Freude stieß er dabei auf offene Türen und begegnete keinerlei Schwierigkeiten. Die entsprechenden Behörden in Paris akzeptierten die vorgelegten Unterlagen über die Herkunft der Familien Dunant und Colladon und fertigten dem Bittsteller die gewünschten Papiere aus. Fortan besaß Henry Dunant zwei Staatsbürgerschaften. Die Vorbedingungen zum Erhalt der gewünschten Konzessionen zum Weizenanbau in der algerischen Kolonie und zum Bau der Mühlen waren nunmehr wesentlich günstiger als zuvor. Der Weg zur Gründung der »Mühlengesellschaft« schien geebnet. Jetzt verhandelte der Schweizer als Franzose. Und dennoch, alle Behörden, denen er umgehend seine umfangreichen und seiner Meinung nach überzeugend dargestellten Algerienpläne vorlegte, wiesen ihn ab, schickten ihn weiter, vertrösteten ihn, erklärten sich für nicht zuständig. Dem jungen Genfer Kaufmann mit den großen Plänen zur Kultivierung weiter Gebiete Nordafrikas halfen auch seine französischen Papiere nicht weiter. Er reiste mehrfach zwischen Genf und Paris hin und her und erlebte jedes Mal dieselbe Enttäuschung. Er reiste nach Algerien, um bei örtlichen und überörtlichen Instanzen vorstellig zu werden, um endlich seine Konzessionen für die Bewirtschaftung eines angemessen großen Areals, die Nutzung von Wasserfällen und den Bau größerer Mühlen zu erhalten. Aber alles und alle schienen sich gegen ihn verschworen zu haben. In Algier, in Constantine und an anderen Orten traf er auf dieselbe ablehnende Haltung, die er von Paris her bereits kannte. Auch die offizielle Gründung der »Finanz- und Industriegesellschaft der Mühlen von Mons-Djémila« brachte keine Veränderung der Situation. Die neue Funktion des Bittstellers und der veränderte Briefkopf auf den Unterlagen machten niemandem Eindruck.

Derweil funktionierte die Nutzung der sieben Hektar Land und der Mühle am Oued Saf Saf – die angekündigte Konzession war tatsächlich inzwischen erteilt worden – eher leidlich und brachte im Grunde nichts ein als Enttäuschung und Ärger. Und das nicht nur für Henry Dunant, sondern zunehmend auch für seine Geldgeber in der »Mühlengesellschaft«. Die wollten Erträge sehen. Ihre eingesetzten Gelder sollten doch Zinsen bringen. Doch die blieben aus!

Ob die so gut durchdachten Algerien-Pläne doch nicht dem Willen Gottes entsprachen?, ging es dem Geschäftsmann immer wieder einmal durch den Kopf. Hatte er seine Fähigkeiten überschätzt? War er gar nicht der Kaufmann, für den er sich selbst hielt und als den ihn andere betrachteten? Sollte er bescheidener werden in seinen Vorstellungen und Ansprüchen und sich mit weniger zufrieden geben? Hatte Gott ihm seine Gunst entzogen? Das musste wohl so sein, wenn die calvinsche Lehre von dem Zusammenhang von Erfolg und Segen, von Segen und Geschäftsglück richtig war. Zumal sich die Zusammenarbeit mit Heinrich Nick auch nicht gerade als gut und harmonisch erwies. Die Begegnung auf dem Markt von Constantine hatte wohl doch keinen geistlichen Hintergrund. Der Mann hatte sich nämlich bald als Blender entpuppt, der mit lohnenden Perspektiven und großen Zahlen überzeugend umzugehen wusste, dabei aber nur den eigenen Vorteil im Blick hatte und nicht den des neuen Freundes und der Gesellschaft, deren Interessen er in seinem Land vertreten und umsetzen sollte.

In seiner Not darüber, wie die Dinge sich entwickelt hatten, folgte Henry Dunant im Frühjahr 1858 dem Vorschlag eines befreundeten Genfer Bankiers, aus der »Finanz- und Industriegesellschaft der Mühlen von Mons-Djémila« eine Aktiengesellschaft zu machen. Die habe gegenüber den Behörden ein größeres Gewicht. Einer Schweizer Gesellschaft mit vielen honorigen Aktionären aus beiden benachbarten Ländern und mit einem Franzosen an ihrer Spitze könne sich Frankreich nicht länger verweigern.

Henry Dunant griff diesen Vorschlag auf und warb unter seinen Genfer und Pariser Freunden um Mitstreiter und Geldgeber. Er fand sie in genügender Zahl, und unter ihnen herrschte eine erfreuliche Bereitschaft, sich finanziell in die umgewandelte Organisation einzubringen. Nach entsprechenden Vorbereitungen wurde bereits Ende März die Status-Änderung des bisherigen Unternehmens vorgenommen. Der Ständerat des Kantons Genf genehmigte der Gesellschaft, unter der Führung von Henry Dunant als Präsidenten mit einem Kapital von 500000 Franken zu arbeiten. Das war eine Menge Geld für ein Unternehmen, das erst zum Laufen gebracht werden musste. In der Summe steckten auch Anteile seines eigenen Vaters und solche seines Bruders Daniel aus dessen Erbe von Tante Sophie-Elisabeth. Auch seinen eigenen Anteil an diesem Erbe in Höhe von 28000 Franken hatte Henry Dunant eingebracht. Zum Verwaltungsrat, der den jungen Kolonisten umgab, gehörten neben einigen Schweizern auch mehrere Franzosen. Diese neue Geschäftsbasis musste doch nun Wirkung zeigen! Wenn aber nicht, wenn auf dieser neuen Grundlage die gewünschten Konzessionen für die Nutzung größerer Flächen in Algerien immer noch nicht erteilt würden, dann konnte es um die ganze Sache wirklich nicht mit rechten Dingen zugehen. Aber in diese Richtung zu denken, war der noch nicht Dreißigjährige nicht bereit – und vielleicht auch gar nicht in der Lage. Wenn er nur fleißig arbeitete, würde Gott es schon richten.

Der bisherige Geschäftspartner Heinrich Nick wollte mit der »Aktiengesellschaft der Mühlen von Mons-Djémila« übrigens plötzlich nichts mehr zu tun haben. Er ließ sich seine damalige Einlage auszahlen und zog sich aus den gemeinsamen Geschäften zurück. Hatte der Mann im heißen Algerien plötzlich kalte Füße bekommen? Oder hatte er inzwischen erkannt, dass Henry Dunant tatsächlich kein guter Geschäftsmann war? Seine wirtschaftlichen Ideen und Vorstellungen waren großartig und durchaus weitsichtig und vielversprechend. Aber sie bei den maßgeblichen Leuten durchzusetzen und dann auch entsprechend umzusetzen, dazu fehlten dem Schweizer einfach das Geschick und die Kraft. Nein, da wollte sich der Deutsch-Franzose doch lieber auf seine eigenen Fähigkeiten verlassen und zu seinen eigenen Geschäften zurückkehren und die weiter betreiben. – Gott richtete es nicht. Die Menschen mussten sich schon selbst bemühen, die Widerstände zu überwinden. Henry Dunant bemühte sich redlich. Rastlos war er unterwegs, um in Paris und Algier und Constantine seinen Aktionären zu den gewünschten und erwarteten Erfolgen zu verhelfen. Dennoch kamen die Geschäfte nicht in Gang. Die französischen Behörden änderten nämlich ihre Vorgaben: Sie erteilten keine Konzessionen mehr, sie boten die gewünschten Areale zum Verkauf an. Aber auch hierin blieb die Aktiengesellschaft glücklos. Man verkaufte nicht an sie. Henry Dunant geriet an den Rand der Verzweiflung. Es fiel ihm zunehmend schwerer, seinen Aktionären von seinen vergeblichen Bemühungen zu berichten. Er gab eine Menge Geld aus, ohne nennenswerte Einnahmen verbuchen zu können. Auch die wohlüberlegte und von den Aktionären mitgetragene Maßnahme einer Kapitalerhöhung der Gesellschaft brachte das Unternehmen nicht vorwärts. Was konnte da noch helfen? Wer konnte da noch helfen?

Eine denkwürdige Reise

»Dir kann nur noch einer helfen, mein Junge.« Mamá Anne-Antoinette strich ihrem Sohn tröstend über die Haare. Der hatte sich tief deprimiert und müde auf die Couch gelegt.

Seine Stimmung entsprach dem tristen Spätwinterwetter, das sich seit Tagen über die Stadt und ihr Umland gelegt hatte.

»Glaub nur, Mamá, dass ich nicht aufhöre, Gott um die Hilfe zu bitten«, antwortete Sohn Henry mit dumpfer Stimme.

»Das tue ich auch, Henry, und viele Freunde tun es mit mir«, gab die Mutter zurück. »Aber das meine ich nicht.«

»Was meinst du dann?« Der Dreißigjährige öffnete die Augen, drehte sich seiner Mutter zu und blickte sie fragend an. »Wer kann da nur noch helfen, wenn nicht Gott?«

»Nun, es ist schon Gott, der dir hilft. Aber nicht so, wie du denkst.«

»Ich verstehe nicht, Mamá.«

»Bei Jesaja steht im 48. Kapitel: *›Ich bin der Herr, dein Gott, der dich lehrt, was dir hilft, und dich leitet auf dem Weg, den du gehst.‹* Erinnere dich, Henry, von hier sehe ich den Grundsatz der Lehre Calvins abgeleitet: ›Hilf dir selbst, dann hilft dir Gott‹. Ich habe den Eindruck, Gott will, dass du etwas Besonderes unternimmst.«

»Aber was, Mamá?« Henry richtete sich von seiner Couch auf. »Was ist das Besondere, das ich tun soll? Welchen Weg soll ich gehen?«

Anne-Antoinette zögerte einen Moment mit ihrer Antwort. Dann sagte sie mit einer Selbstverständlichkeit, die keinen Widerspruch zuließ: »Du, Jean-Henry Dunant, Präsident der ›Aktiengesellschaft der Mühlen von Mons-Djémila in Algerien‹, wendest dich mit deinen Anliegen an den Kaiser persönlich und lässt dich nicht länger hinhalten, abweisen und abspeisen von irgendwelchen untergeordneten Instanzen und selbstherrlichen Vorzimmerherren.«

Henry erschrak ein wenig bei diesem Vorschlag der Mutter. Es verschlug ihm erst einmal die Sprache. Dann sagte er: »Ich soll Napoleon III. persönlich aufsuchen?«

»Warum nicht?«, bestätigte die Mamá. »Er kennt dich bereits von deiner Broschüre über die ›Regentschaft in Tunis‹

her. Er hat dir für dieses Buch Anerkennung gezollt. Zudem liebt er die Schweiz und ist bekanntermaßen ein Freund der Schweizer.«

Für ein paar Momente herrschte Schweigen zwischen den beiden Menschen in der dämmrigen Wohnstube von La Monnaie. Dann sagte Henry: »Ich glaube, du hast recht, Mamá. Ich schicke Napoleon zunächst meine Denkschrift über die Gesellschaft, das Exposé über die vielen Schritte, die in den zurückliegenden sechs Jahren für die Mühlen von Mons-Djémila unternommen worden sind. Er soll wissen, wie seine Beamten mit dem Bemühen ehrbarer Geschäftsleute umgegangen sind. Ich muss sie zwar erst noch fertig machen. Aber das wird mir gelingen. Nach der Lektüre der Schrift kann er nicht mehr anders. Er muss eine Entscheidung zu unseren Gunsten treffen, wenn ich ihn später persönlich aufsuche.«

»Die Schrift wird er aber nicht lesen, mein Junge«, widersprach Anne-Antoinette Dunant. »Du müsstest sie ja zunächst drucken lassen. Es gibt doch nur dein Unikat, das nicht einmal vollendet ist. Spar dir bitte die Mühe! Der Kaiser hat auch gar keine Zeit, umfangreiche Abhandlungen zu studieren. Er möchte seinen Ruhm steigern. Er möchte nach seinem Sieg im Krieg gegen Russland auf der Krim vor drei Jahren auch in Oberitalien siegreich sein. Er ist höchst interessiert daran, dass die italienischen Länder die lästigen Österreicher endlich loswerden. Er ist also mit Kriegsvorbereitungen beschäftigt. Deshalb wird es so, wie du vorhast, nicht gelingen!«

»Wie dann, Mamá?«, fragte Henry erwartungsvoll. »Was schlägst du vor?«

Die Mutter wusste die Antwort: »Bring deine Pläne in eine überschaubare Übersicht, die du ihm in der Kürze einer Audienz persönlich vorlegen und erläutern kannst. Dann kann und wird er entscheiden, und seine untergeordneten Dienststellen müssen sein Wort akzeptieren.«

Der junge Mann dachte einen Moment nach. Dann nahm er seine Mamá in die Arme und drückte ihr einen Kuss auf die Wange. »Du hast recht, Mamá! So werde ich es machen.« Dann sinnierte er weiter: »Aber irgendetwas brauche ich, um dem Kaiser zu schmeicheln. Napoleon ist eitel. Ich muss ihn bei seinen staatsmännischen Fähigkeiten und Erfolgen packen. Mir wird da sicher noch etwas einfallen, Mamá. Ich dank dir noch einmal für deinen guten Rat.«

»Du weißt, mein Junge, dass ich immer für dich da bin. Wo immer dich der Schuh drückt, sag es mir. Ich bete – und ich rate, so gut ich kann.«

»Ich weiß, Mamá. Das ist es, was ich schon immer an dir geliebt habe. Danke! Und jetzt muss ich ein paar Gedanken zu Papier bringen, die mir gerade durch den Kopf gehen.« Henry Dunant drückte seiner geliebten Mamá noch einen Kuss auf die Wange und verließ den Raum. In ihm drängte etwas, das er sofort aufschreiben musste. Das würde Napoleon ansprechen. Das würde sein Herz und seinen Sinn für den Bittsteller und sein Anliegen öffnen …

Mitte Juni des Jahres 1859 machte sich Henry Dunant auf die Reise, um Napoleon III. zu begegnen. In seiner Tasche trug er zwar nicht die Denkschrift – die hatte er dann doch nicht mehr fertiggestellt. Dafür aber hatte er eine besondere Huldigungsschrift bei sich, die dem Kaiser sicher gefallen würde: »Das wiederhergestellte Reich Karls des Großen oder das Heilige Römische Reich, erneuert durch seine Majestät den Kaiser Napoleon III.« Signiert hatte der Verfasser diese Schrift mit »J. Henry Dunant, Direktor und Präsident der Finanz- und Industriegesellschaft von Mons-Djémila, Mitglied der Asiatischen Gesellschaft in Paris, der Französischen Orientgesellschaft, der Geographischen Gesellschaften von Paris, Genf, der Historischen Gesellschaft von Algier usw.« Wenn das keinen Eindruck machte …?!

Die Gedanken der Schrift zum Thema basierten auf den Prophezeiungen des Propheten Daniel gegenüber dem König Nebukadnezar von Babel im zweiten Kapitel des Buches und auf ihren eigenwilligen Auslegungen durch Pastor Louis Gaussen. Die hatten Henry Dunant schon immer sehr beeindruckt. Seine Ausführungen machten deutlich, dass er, Kaiser Napoleon III., als der rechtmäßige Nachfolger Nebukadnezars und Erbe Karls des Großen zu gelten habe. Er habe deshalb den Auftrag, »dem revolutionären Geist einen Maulkorb anzulegen, auf der Basis eines stabilen Friedens ein Zeitalter des Wohlstands zu verwirklichen und durch seine Weisheit und Mäßigung Europa wieder zu einen.« Er, Napoleon III., sei nach Daniel 2,37 der »König aller Könige, dem der Gott des Himmels Königreich, Macht, Stärke und Ehre gegeben hat.« – Diese Lobeshymne musste doch Wirkung zeigen!

Allerdings fuhr der Bittsteller nicht nach Paris. Sein Reisewagen brachte ihn über die Alpen hinunter nach Parma in die Lombardei. Von dort ging es zunächst mit dem Postwagen über das Apennin-Gebirge nach La Spezia, um in dieser Stadt am Ligurischen Meer seinen französischen Gönner General Charles de Beaufort zu treffen. Der sollte ihm den Weg zu Napoleon III. ebnen, zumindest den zu dessen Heerführer Marschall Mac Mahon.

Der Reisende traf den General bereits in Pontremoli, noch im Gebirge, wenige Kilometer jenseits des Cisa-Passes, wo er erfuhr, er könne den Kaiser möglicherweise in Brescia treffen. Der General berichtete ihm, in jener Region südlich des Lago di Garda, zwischen den Flüssen Chiese und Mincio, würden die kriegerischen Auseinandersetzungen zur Befreiung Italiens von den verhassten Österreichern unter dem persönlichen Kommando des jungen Franz Josef I. demnächst ihren Höhepunkt erreichen. Deshalb habe der Kaiser dort am Rande des Kampfgebietes sein Quartier aufgeschlagen. Er wolle den Sieg seiner eigenen Truppen, die auf der Seite der Einheiten Viktor Emanuels II. von Sardinien kämpften, unmittelbar miterleben. Das würde wohl ein heißer und blutiger Kampf werden. Die Österreicher hätten an die 250 000 Mann und 500 Geschütze dort zusammengezogen. Aber die würden wohl für die 150 000 Mann der alliierten Truppen mit ihren 400 Geschützen eine leichte Beute. Die vermeintliche Übermacht der Feinde sei lediglich eine zahlenmäßige. Von der Schlagkraft und von der Kampfmoral her lägen die Vorteile eher auf französisch-italienischer Seite. Es gebe übrigens in der Kampfzone sicherlich ein paar höher gelegene Orte, von denen aus das Getümmel zu beobachten sei. Viel Zeit, diese Plätze zu erreichen, bliebe allerdings nicht. Also, in einer Woche wisse man wohl mehr, und in einigen Monaten gäbe es mit Sicherheit einen triumphalen Einzug des Kaisers mit seinen siegreichen Truppen in Paris.

Die Informationen des Generals bedeuteten für Henry Dunant, den Apennin umgehend zum zweiten Mal zu überqueren und möglichst rasch über Parma quer durch die Po-Ebene hinauf nach Brescia zu gelangen. Ein schwieriges, abenteuerliches und auch teures Unterfangen. Der Postkutscher auf dem abendlichen Marktplatz von Pontremoli verweigerte zunächst die Rückfahrt und war nur mit viel Geld davon zu überzeugen, dass er sein Gefährt doch wenden müsse, um nach Parma zurückzukehren, und das möglichst zügig und ohne Pausen einzulegen. In Parma werde es wohl ein Anschlussgefährt für die Weiterreise geben.

In seiner Tasche trug der Schweizer im weißen Tropenanzug mit Helm jetzt neben seinen wirtschaftlichen Plänen und Kalkulationen und der Lobeshymne auf seinen verehrten Kaiser auch eine Empfehlung seines französischen Gönners General de Beaufort an Marschall Maurice de Mac-Mahon, den Oberbefehlshaber der französischen Truppen. Das sei zwar eigentlich nicht erforderlich, da der Marschall ihn, Henry Dunant, von einer Begegnung in Algier her bereits kenne und sein Anliegen auch sicher noch im Gedächtnis habe. Es sei allerdings fraglich, ob das Schreiben ihm den Zugang zu Napoleon wirklich verschaffen könne. Der Kaiser habe wohl anderes im Kopf, als sich um die Geschäfte eines seiner glühenden Verehrer zu kümmern. Den interessiere zurzeit wohl nur der Ausgang der entscheidenden letzten Schlacht. Dennoch, einen Versuch sei die Sache allemal wert.

Nach einer waghalsigen Fahrt durch die Nacht zurück über den Cisa-Pass erreichte Henry Dunant im Morgengrauen des folgenden Tages Parma, von wo er gestern Vormittag erst aufgebrochen war. Von hier aus erkaufte er sich etappenweise die Weiterfahrt, um in möglichst kurzer Frist nach Brescia zu kommen. Mehrmals musste er das Fahrzeug wechseln, weil seine jeweiligen Kutscher nicht bereit waren, sich näher an die Schlachtfelder heranzubegeben. Zuletzt vermochten nur eine beträchtliche Summe Geldes und die Überredungskunst ihres Anbieters einen älteren italienischen Kutscher zu bewegen, den merkwürdigen Touristen in seinem Kabriolett zu befördern.

Auf der Fahrt durchs Gebirge und später durch die Ebene beschäftigten den Kaufmann allerdings mehr und mehr Gedanken, die mit seinen Geschäftsinteressen wenig bis gar nichts zu tun hatten. In Pontremoli hatte er den Einzug eines Trupps österreichischer Gefangener erlebt und dabei mitbekommen, wie mit solchen Leuten verfahren wurde. Zum ersten Mal war ihm die hässliche Seite des Krieges begegnet, ihm, dem die Fürsorge für arme und Not leidende Menschen quasi in die Wiege gelegt war und zumindest bis vor einigen Jahren ein Herzensanliegen gewesen war. Angesichts der kriegsgefangenen Österreicher kamen dem Mann plötzlich die »Kettenmenschen« von Toulon wieder vor die Augen und zugleich der biblische Auftrag, Täter des Wortes zu sein!

Täter des Wortes? Wer kümmerte sich jetzt um diesen elenden Haufen verhasster Österreicher? Wer verband die Wunden dieser Männer? Wer verschaffte den geprügelten Hunden neue Würde? Wer bot ihnen Quartier und versorgte sie wenigstens mit Wasser und Brot? Gab es angesichts eines brutalen Krieges mit seinen grausamen Kämpfen mit Kanonen und Gewehren, Säbeln und Bajonetten, Trupp gegen Trupp und Mann gegen Mann überhaupt so etwas wie Menschlichkeit? Oder wurde dort zwangsläufig jeder dem anderen ein reißender Wolf?

Dass es schlimmer als brutal und mörderisch zuging auf den Schlachtfeldern, wurde Henry Dunant auf seiner Fahrt nach Norden zunehmend bewusst. Das Fortkommen auf den schmalen Überlandstraßen und in den engen Ortsdurchfahrten wurde immer schwieriger. In seiner Fahrtrichtung füllten Fußtruppen, Kavallerie, Artillerie und Munitions- und Nachschubfahrzeuge die Straßen und verstopften immer wieder Brücken und Fluss-Passagen. In der Gegenrichtung waren auf Wagen und Karren Verwundetentransporte unterwegs nach irgendwo. Da wurden Kolonnen von Kriegsgefangenen in zerlumpten und verdreckten Uniformen und in erbärmlichem Zustand irgendeinem unbekannten Ziel entgegengetrieben. An den Straßenrändern lagen unzählige Menschenleiber in Uniformen und in ziviler Kleidung, dazu Pferdekadaver mit und ohne Geschirr, von den Durchziehenden einfach liegengelassen. Keiner kümmerte sich darum.

Wie hatte Charles de Beaufort in Pontremoli angesichts der verwundeten gefangenen Österreicher gesagt?: »Man kann kein Omelette backen, ohne Eier zu zerschlagen.« Sicher, der Krieg forderte seinen Preis, und wo gehobelt wurde, fielen Späne – aber musste das zwangsläufig bedeuten, dass diese elenden Menschen so leiden mussten? Konnte man ihnen nicht wenigstens Linderung verschaffen und ihre

Wunden versorgen? Gab es auf den lombardischen Schlachtfeldern denn überhaupt so etwas wie eine Verwundetenfürsorge? Verfügten die Verbände über mitgeführte Lazaretteinrichtungen? Gab es Ärzte und Pfleger im Kampfgebiet? Gab es Menschen wie die englische Krankenpflegerin Florence Nightingale, die vor fünf Jahren mit wenigen gleichgesinnten Frauen auf der Halbinsel Krim am Schwarzen Meer im russisch-türkischen Krieg, an dem auch englische und französische Truppen beteiligt gewesen waren, einen bemerkenswerten und weltweit beachteten Einsatz für die Verwundeten gezeigt hatte? Die »Frau mit der Lampe« hatte internationale Berühmtheit erlangt. Das mutige Fräulein hatte schon damals die Bewunderung des Schweizer Touristen gewonnen, der in diesen heißen Junitagen eigentlich seiner Geschäftsinteressen wegen unterwegs war und der sich jetzt anschickte, der Entscheidungsschlacht im italienisch-österreichischen Konflikt beizuwohnen. Gab es hier auf den Kampfplätzen in Oberitalien also auch solche Menschen wie das »Fräulein von Skutari«, wie diese Engländerin auch genannt wurde, und ihre Helferinnen? Gab es in den Heeren oder auch an ihren Rändern Abteilungen für Samariterdienste? Gab es ...? Waren da ...?

In Henry Dunants Gehirn kreisten zu diesen Gedanken immer wieder zwei Aussprüche Jesu aus seinem Endzeitgleichnis in Matthäus 25, ob er in seinem Fahrzeug nun wach war oder ob ihn die Anstrengung der Reise in den Schlaf trieb: *»Was ihr getan habt einem von diesen meinen geringsten Brüdern, das habt ihr mir getan ... Was ihr nicht getan habt einem von diesen Geringsten, das habt ihr mir auch nicht getan.«* Dazu gesellte sich die Erinnerung an das Gleichnis vom barmherzigen Samariter, das der Reisende seit seiner Kindheit kannte und dessen Aussage über Jahre sein eigenes Handeln für die Genfer Almosengesellschaft und für manches andere Hilfsprojekt maßgeblich bestimmt hatte. Hatte diese Erinnerung Bedeutung? Wozu war er, Henry Dunant, eigentlich wirklich unterwegs? Als was war er unterwegs? Als Geschäftsmann? Als Tourist? Als einer, der sich plötzlich für internationale Konflikte und ihre kriegerische Lösung interessierte? Wollte er nicht dem Kaiser eine Huldigung überbringen, um seine Gunst zu erlangen, damit er seinen Geschäftsideen den Weg ebnete?

Dieses sein eigentliches Ansinnen verlor Henry Dunant vollends aus den Augen, als er am Morgen des 25. Juni 1859 das eigentlich so beschauliche Städtchen Castiglione erreichte – und dort ein unbeschreibliches Chaos vorfand. Dieser Ort war zum Hauptsammelplatz für ungezählte Verwundete der heißen Schlacht vom Vortag geworden. Henry Dunant erfasste das blanke Entsetzen. Was er hier an Elend sah und hörte, der grässliche Geruch, der in den Gassen hing – all dies war einfach unfassbar und nahm ihm für Momente schier den Atem. Er hatte zwar am Vortag auf seiner letzten Reiseetappe über viele Stunden den Kriegslärm und das Kanonendonnern der Schlacht gehört und war ihm dabei immer näher gekommen. Auch hatte er mehrfach im Vorbeifahren und bei notwendigem Anhalten Berichtsfetzen aufgeschnappt von Menschen, die diese Gegend offenbar fluchtartig verließen. Was er mitbekommen hatte, kündete von entsetzlichem Gemetzel Trupp gegen Trupp und Mann gegen Mann. Zehntausende sollten auf den Hügeln und in den Senken rund um den Ort Solferino in ihrem Blut liegen, tot, beinahe tot oder demnächst tot … aber was er hier mit eigenen Augen sah, war unendlich viel schlimmer als alles, was er sich hatte vorstellen können.

Blitzartig schoss dem Schweizer der Name der englischen »Frau mit der Lampe« wieder durch den Kopf und zugleich die Frage, was Florence Nightingale in seiner Situation wohl getan hätte. Über die Antwort brauchte Henry Dunant nicht einen Moment nachzudenken. Die war ihm ebenso blitzartig bewusst. Der Zivilist im weißen Reiseanzug entstieg seinem

Kabriolett, gab seinem Kutscher Weisung zu warten und begab sich mitten in das blutige, verdreckte, stinkende, schreiende, stöhnende Chaos. Einer musste doch anfangen, Hand anzulegen, Blut zu stillen, Wunden zu verbinden, Wasser zu reichen, Tränen zu trocknen, freundliche und tröstliche Worte zu sagen, letzte Wünsche aufzunehmen, Sterbenden die Hand zu halten und ihnen hernach die Augen zuzudrücken ... Einer musste doch anfangen zu handeln, damit andere nach seinem Vorbild zu gleichem Handeln bereit wurden ... Einer musste doch anfangen, sich um die unzähligen Verwundeten zu kümmern, die bereits in diesem Ort herumlagen ... Einer musste doch beginnen, ein ordentliches Lazarett einzurichten für die, die wahrscheinlich auf dem Schlachtfeld noch aufgesammelt werden mussten, und für sie Behandlung und Pflege zu organisieren, Verbandsstoffe zu besorgen, Wasser und Brot herbeizuschaffen, Suppe zu kochen und zu verteilen ... Einer musste doch anfangen ...!

Nein, Henry Dunant brauchte nicht lange zu überlegen, er fing an zu handeln – ohne Rücksicht auf Nationalitäten und Sprachen, ohne Rücksicht auf Waffenzugehörigkeiten, Uniformen und Dienstränge, ohne Rücksicht auf Orden und Ehrenzeichen – vor allem ohne Rücksicht auf sich selbst und auf seine eigene Empfindlichkeit im Umgang mit Blut und Dreck und Gestank und auf seine Empfindsamkeit im Blick auf Elend und Not seiner Mitmenschen ... »*Was ihr getan habt einem von diesen meinen geringsten Brüdern, das habt ihr mir getan!*« Waren die verwundeten Elendsgestalten nicht alle Brüder? Vor allem die unterlegenen und dadurch gedemütigten? Franzosen, Deutsche, Algerier, Österreicher, Kroaten, Serben, Italiener, Legionäre anderer Herkünfte ... alle Brüder? – »Tutti fratelli!«

Das »Alle sind Brüder!« des Schweizer Kaufmanns in seiner auffallenden Kleidung machte bald die Runde unter den zivilen Menschen des Städtchens, und Alt und Jung ließ sich in die Arbeit der Barmherzigkeit einspannen. Zwar blieb alle

Hilfe im Gesamten gesehen vergleichbar dem sprichwörtlichen Tropfen auf den heißen Stein, aber denen, die hier in den Kirchen und Klöstern, in den Privathäusern und in den Räumen der Kaserne von Castiglione in ihren Schmerzen lagen, konnte geholfen werden. Dabei bestand für viele die Hilfe lediglich darin, dass ihnen das Sterben erleichtert wurde durch einen letzten Schluck Wasser, eine freundliche Geste und einen tröstenden Zuspruch. Wie vielen von denen hätte ihr Leben erhalten werden können, wenn die Militärs auf beiden Seiten wenigstens ein Minimum an Vorsorge getroffen hätten ...

Unermüdlich und ohne nennenswerte Pausen war Henry Dunant im Ort und in seiner Umgebung unterwegs, beschäftigt mit der Bergung unendlich vieler weiterer Verwundeter – die Bestattung der Hunderten, nein, Tausenden von Toten in Massengräbern der Region überließ er anderen –, befasst mit der Organisation ihrer Versorgung und der Beschaffung von Verbandsmaterialien und allen möglichen anderen notwendigen Dingen. Dabei kam ihm seine Mehrsprachigkeit sehr zugute. Er konnte sich mit den meisten Menschen der bald mehr als überfüllten Lazarettstadt zumindest verständigen. Wenn er nicht irgendwo unterwegs war, beteiligte er sich selbst aktiv am Pflegedienst, zumeist in der Chiesa Maggiore. Diese Kirche wurde so etwas wie sein Hauptquartier. Kaum dass der »Mann in Weiß«, wie Henry Dunant schon nach wenigen Tagen seines Einsatzes genannt wurde, sich einmal für ein paar Stunden in seine Stube im Haus seiner Gastgeberinnen, der Schwestern Pastorio, zurückzog, um wenigstens ein wenig zu ruhen und sich danach umso eifriger in seine Arbeit zu stürzen. – Wie lange mochte bei dem rastlosen Einsatz die Energie dieses barmherzigen Samariters reichen? Wie lange konnte das gut gehen? Wann würde der Mann unter den Lasten der Ereignisse und ihrer Behandlung zusammenbrechen?

Après la bataille de Solferino.
(D'après le tableau de T. Véron, placé dans la Chapelle du *Val-de-Grâce*.)

Die Schlacht von Solferino, zeitgenössische Darstellung (Abb. 4)

Nach vierzehn Tagen unermüdlichen Einsatzes verließen den Schweizer Samariter dann tatsächlich die Kräfte. Er verließ beinahe fluchtartig und ohne besonderes Aufheben Castiglione und den Schauplatz seines Wirkens. Bis zu diesem Tag hatte er für die überlebenden Opfer der unseligen Schlacht in den Hügeln um Solferino schier Unmögliches geleistet. Henry Dunant hatte sich bis an seine Grenzen selbst verleugnet und aufgeopfert. Er hatte durch sein Vorbild vielen Menschen den Blick für eine Mitmenschlichkeit und Barmherzigkeit geöffnet, die keine Unterschiede machte zwischen Siegern und Besiegten, zwischen Hohen und Niedrigen, zwischen reich dekorierten Befehlshabern und einfachen Befehlsempfängern. Er hatte Unzählige zur Mithilfe bewegen können: die Bewohner von Castiglione und die der umliegenden Dörfer, hauptsächlich die Frauen, alte und junge, dazu unverletzte und lediglich leicht verletzte Soldaten aller beteiligten Nationalitäten, mehrere englische Touristen, einige deutsche Kaufleute und andere zufällig Durchreisende. Dass unter diesen mit Philippe Suchard, dem bekannten Schokoladenfabrikanten, auch ein Schweizer Landsmann war, freute ihn besonders. Der Ausruf »Tutti fratelli!« war auch für diesen Mann zur tiefen Erkenntnis geworden, die sein Handeln bestimmte wie das vieler anderer.

Henry Dunant hatte auch eine Menge letzter Botschaften Sterbender und Grüße an die Angehörigen zu Hause, dazu kleine Erinnerungsstücke gesammelt, die er an die Heimatadressen der Toten zu schicken versprochen hatte. Er hatte große Mengen von Verbandsmaterial, Medikamenten, Kamille zur Wundreinigung, Wäsche, Hemden und Zigarren beschafft – die wurden gebraucht, um manchem Sterbenden einen letzten »Genuss« zu ermöglichen, den Myriaden von Fliegen zu wehren und zugleich den entsetzlichen Gestank in den Lazaretträumen zu überlagern. Darüber hinaus hatte er Lebensmittel aller Art und eine Fülle anderer Dinge organisiert oder auf eigene Kosten besorgt. Er hatte seinen treuen italienischen Kutscher nicht lange bitten müssen. Der Mann war angesichts des Verwundetenelends in Castiglione geblieben und unentwegt und ohne weitere Bezahlung zwischen dieser Stadt und Brescia unterwegs gewesen, um diese Dinge einzukaufen und herbeizuschaffen.

Es war dem Schweizer Samariter durch seine persönliche nachdrückliche Vorsprache bei Marschall Charles Mac Mahon auch gelungen, bei Napoleon III. die Freistellung gefangener österreichischer Ärzte zu erwirken, damit sie in »seiner« Lazarettstadt zum Einsatz kommen konnten. – Bei diesem Anlass hatte er auch seine Huldigungsschrift beim Kaiser abgeben lassen, ohne den Hintergrund dieser Sache näher zu erläutern. Von seinen Algeriengeschäften war dabei nicht die Rede gewesen; die waren zurzeit ohnehin völlig aus seinem Bewusstsein verdrängt. –

Henry Dunant hatte außerdem in mehreren eindrücklichen Briefen seine Genfer Freunde um finanzielle, materielle und menschliche Hilfe gebeten. Sie war ihm auch prompt zugesagt worden. Er hatte einen ausführlichen Brief von Adrien Naville von der Genfer Evangelischen Allianz erhalten, der erster Sekretär er bis vor kurzem gewesen war, einem losen Zusammenschluss von älteren Christen aus verschiedenen Denominationen in der Stadt – vergleichbar dem CVJM –, in dem ihm mitgeteilt wurde, dass Prediger Merle d' Aubigné von der Evangelischen Gesellschaft in seiner Heimatstadt ein »Komitee für Verwundetenhilfe« ins Leben gerufen habe, das sich um sein Anliegen kümmere. Es seien bereits verschiedene Aktivitäten koordiniert worden, damit Hilfswillige sich nicht gegenseitig im Weg seien. Man werde umgehend eine Sammlung von Hilfsgütern durchführen, eine Kollekte erheben und freiwillige Helfer im Verbinden unterrichten. So bald wie möglich würden Güter, Geld und Personen unter der Verantwortung von Dr. Charpiot, einem Chirurgen und Evangelisten, auf die Reise geschickt. Zu der Gruppe, die nach Castiglione komme, gehöre auch der Freund und Arzt Dr. Louis Appia. Er komme mit, um sich als anerkannter Chirurg für Kriegsverletzungen und als geschickter Konstrukteur von Transportgeräten und Prothesen in die Arbeit einzubringen. Im Übrigen habe sich auch das »Journal de Genève« der Sache angenommen, was sicher einen zusätzlichen positiven Effekt habe.

Für Henry Dunant war diese Nachricht wie ein Geschenk des Himmels gewesen. Sein dringender brieflicher Appell an die Gräfin Agénor de Gasparin, eine Freundin der Familie, die sich bereits im Krimkrieg für die Versorgung der Verwundeten eingesetzt und auch jetzt wieder eine umfangreiche Hilfslieferung von Leinenbinden, Medikamenten, Wäsche und Tabak zusammengestellt hatte, war ebenfalls gehört worden. Und bei Dr. Appia – der andere Arzt war ihm nicht bekannt – kam die Arbeit in beste Hände. Die Einbeziehung der Presse, die wahrscheinlich die adelige Dame veranlasst hatte, hatte ihn freilich geärgert.

Sein, Henry Dunants, Auftrag an diesem Ort durfte damit jedenfalls erfüllt sein. Seine äußere und innere Kraft war ohnehin bis zur Neige verbraucht. Der Mann fühlte sich krank und elend. Vielleicht war er es sogar wirklich. Er brauchte jetzt nichts als Ruhe und Erholung für seinen geschundenen Körper und seinen gequälten Geist. Er brauchte Zeit, die Erlebnisse der beiden letzten Wochen zu verarbeiten. Er brauchte Ruhe zum Nachdenken über Ideen, die sich in den vergangenen vierzehn Tagen in seinem Kopf gebildet und festgesetzt hatten, – und er musste sich ja auch wieder um seine Geschäfte kümmern.

Zunächst reiste Henry Dunant nach Mailand, in das Zentrum der Lombardei, wo er sich mit dem Rest seines Geldes in einem Bad und bei einem Barbier wieder in einen »zivilisierten Menschen« verwandeln ließ und sich bei einem Herrenausstatter neu einkleidete. Was er für seine Reise zur Begegnung mit dem Kaiser an Kleidung in seinem Gepäck gehabt hatte, hatte die Arbeit der vergangenen beiden Wochen ruiniert. In der Stadt mit dem herrlichen Dom, der nach fast fünfhundertjähriger Bauzeit erst ein Jahr zuvor endlich fertig geworden war, hielt er sich dann einige Tage in der Familie der Gräfin Verri-Borromeo auf, die ihn zum Bleiben eingeladen hatte. Die adlige Dame hatte bereits von seinem selbstlosen Einsatz für die Kriegsverletzten in Castiglione gehört und brachte ihm entsprechende Bewunderung entgegen. Sie führte ihn auch in die Kreise Mailands ein, die sich um die Verwundeten kümmerten, die nach der Schlacht von Magenta vor mehr als vier Wochen noch zu Hunderten in den Hospitälern der Stadt darauf warteten, gesund und reisefähig zu werden. Zugegeben, Henry Dunant nahm nur mit innerem Widerwillen an den Besichtigungen teil. Er hatte genug Elend gesehen, wobei sich ein Vergleich der Bedingungen in Castiglione und Mailand ohnehin verbot. Die Begegnungen in den Salons der Vornehmen taten ihm dagegen gut. Die schmeichelten ihm und stärkten sein Selbstwertgefühl.

Dennoch zog es ihn nach Hause, nach Genf, an die Gestade des Sees und in die Berge der Umgebung. Es zog ihn dabei nicht unbedingt zu seinen Geldgebern, die auf eine Antwort Napoleons warteten, falls er denn noch eine bekam, die er dann weitergeben konnte. Nein, es zog ihn nach La Monnaie, es zog ihn zu seiner geliebten Mutter. Die hatte ihm einen anerkennenden, ermutigenden Brief nach Castiglione geschrieben, in dem sie ihrem Stolz auf ihn Ausdruck verliehen und ihm dabei auch ans Herz gelegt hatte, doch bei allem Einsatz gut auf sich aufzupassen und möglichst bald nach Hause zu kommen. Sie ersehne seine Heimkehr ...

Wenige Stunden vor seiner Abreise aus Mailand erhielt Henry Dunant tatsächlich noch ein Schreiben aus dem Büro des Hauptquartiers des Kaisers in Brescia. Welche Nachricht mochte es enthalten? Mit zitternden Händen öffnete er das Couvert, um die Depesche zu lesen. Freilich musste er sie mehrmals lesen, um ihre Aussage zu begreifen:

»*... Seine Majestät haben mich beauftragt, Sie davon in Kenntnis zu setzen, dass er, bei allem Dank für Ihre Sendung, die Widmung nicht akzeptieren kann und Sie in Anbetracht der gegenwärtigen politischen Lage ersucht, die Veröffentlichung zu unterlassen, da sie geeignet wäre, Spannungen heraufzubeschwören ...*«

Die überraschende Post war nicht gerade dazu geeignet, die trübe Stimmung des Kaufmanns und Kaiserfreundes zu erhellen. Ganz im Gegenteil. Die Botschaft schlug bei ihm ein wie das Geschoss einer Kartätsche. Deren Bleikugeln zerschlugen mit einem Mal all die Illusionen über den Fortgang seiner Algeriengeschäfte, die der Mann heimlich immer noch gehegt hatte. Die Ablehnung der Huldigung deutete an, dass Napoleon auf diesem Wege nicht für andere Anliegen zu öffnen war. Was sollte er seinen Aktionären nun erzählen? Nun wurde es auf lange Sicht wohl nichts mit der Verbesserung der Geschäftsbedingungen für die Mühlen von Mons-Djémila! Zutiefst enttäuscht ließ Henry Dunant das kaiserliche Schreiben in seiner Tasche verschwinden. Bedauerlich! Ärgerlich! Schade! Es sollte wohl alles nicht sein! Aber was sollte es? Andere Gedanken beschäftigten ihn zurzeit ohnehin viel mehr als die Sorge um seine Aktiengesellschaft und die Interessen seiner Aktionäre.

»Eine Erinnerung an Solferino«

»Schön, dass du wieder hier bist, Henry. Aber du siehst krank aus, mein Junge. Du hast einige Pfund abgenommen«, stellte Mamá Dunant zum wiederholten Male fest, als sie mit ihrem Sohn, der am Nachmittag dieses 12. Juli 1859 heimgekehrt war, in der Stube zum Begrüßungstee am Tisch saß. Hier war es angenehm kühl, während draußen die Hitze des Sommertages brütete. »Du solltest für ein paar Tage irgendwohin in die Berge fahren und ausspannen.«

»Das werde ich tun, Mamá, wenn ich mich ausgeschlafen habe«, gab Henry müde zurück.

»Kannst du überhaupt schlafen nach dem, was du erlebt hast?«, sorgte sich die Mutter.

»Kaum, Mamá, die Bilder verfolgen mich, und die Stimmen der Leidenden und Sterbenden sind mir ständig in den Ohren«, gestand der Sohn ein. Seine Stimme war leise und klang gebrochen.

»Es müssen schlimme Bilder und Stimmen sein.«

»Schlimm ist eine schwache Beschreibung, Mamá.« Henrys Hand zitterte, als er die Tasse nahm. »Ich wünschte, ich könnte sie aus dem Bewusstsein drängen und vergessen.«

»Du wirst einen Weg finden, sie zu verarbeiten«, war Anne-Antoinette Dunant überzeugt. »Hab Geduld. Das braucht Zeit. Aber mit Gottes Hilfe wird es gehen.«

»Mit Gottes Hilfe?«, seufzte Henry auf. »Ich habe Gott zuweilen vermisst in dem Elend von Castiglione. Der Teufel mit seiner entsetzlichen Fratze schien mir wesentlich präsenter. Es war die Hölle, Mamá, und der Himmel war weit weg.«

»Hast du ihn nicht dennoch zuweilen gespürt?«

»Hätte ich es nicht, ich hätte nach spätestens einer Woche vor der Aufgabe kapituliert. Ach, schon viel früher. Calvin hat schon recht, wenn er sagt: ›Nichts tröstet mächtiger als die Gewissheit, in allen Lagen von der Liebe Gottes umfangen zu werden.‹ Nur ist diese Gewissheit nicht jederzeit präsent. – Ich glaube, Papá kommt.«

Bei diesem Satz betrat Vater Jean-Jacques Dunant die Stube. »Schön, dass du da bist, mein Junge.« Er nahm seinen Sohn, der sich sofort von seinem Stuhl erhoben und dem Vater zugewandt hatte, flüchtig in die Arme und fragte: »Hast du gute Nachrichten für die Gesellschaft? Wie haben seine durchlauchtigste Majestät auf das erneute Gesuch wegen der algerischen Konzessionen reagiert?«

Bei dieser direkten Frage zuckte Henry zusammen. Sein Gesicht wurde für den Moment noch blasser, als es ohnehin war, um dann plötzlich hochrot zu werden. »Seine Majestät, der Kaiser, Papá? Worauf sollte der reagieren?« Jetzt klang Henrys Stimme plötzlich sehr erregt.

»Hast du ihm etwa nicht …?«, fragte der Vater zurück.

»Napoleon hatte anderes zu tun als einem Bittsteller Audienz zu gewähren«, antwortete Henry mit derselben Schärfe, mit der sein Vater ihn gefragt hatte.

»Und was wird dann aus den Mühlen von Mons-Djémila?«

»Es gab Wichtigeres als diese Mühlen, mein Herr Vater.« Sichtlich verärgert sprang Henry auf, stellte sich vors Fenster und blickte hinaus.

»Was sollte es für dich Wichtigeres gegeben haben als dein Auftrag für die Gesellschaft, mein Sohn? Deshalb warst du unterwegs!«

Henry schluckte ein paarmal bei dieser Frage. Er empfand sie in diesem Augenblick als äußerst unerhört. Höchst erregt stellte er sich vor seinen Vater, und dann brach es sehr zynisch aus ihm heraus: »Als die Kollekte für das Elend von Solferino und Castiglione erhoben wurde, hast du mit großer Geste dein Portemonnaie gezückt – ich sehe das so richtig vor mir –, und deine honorigen Freunde haben es wahrscheinlich ebenso gemacht. Ich habe derweil in Blut und Eiter und Kot gestanden und Myriaden von Ungeziefer und schlimmsten Gestank ertragen, Durst und Hunger und Hitze. Während sich euer Saal gefüllt hat mit den Lobwasser-Klängen von ›Nun saget Dank und lobt den Herren ...‹, war meine Kirche bis in den letzten Winkel gefüllt mit Schreien und Jammern und Klagen, mit Ächzen und Stöhnen, Lästern und Fluchen. Papá, es gab für mich nichts Wichtigeres, als in diesem höllischen, chaotischen Elend die Mühlen von Mons-Djémila und ihre Aktionäre zu vergessen und meinen Christenmann zu stehen. Ich habe gelernt, das Wesentliche vom Wichtigen zu unterscheiden, Papá! Und der Mensch ist nun einmal wichtiger als das Geld. Ich habe die Barmherzigkeit gelebt, die ihr in euren Liedern nur besungen habt.«

Nach diesem Gefühlsausbruch sank Henry auf seinen Stuhl und barg sein Gesicht in den Händen. Sein ganzer Körper zitterte, Tränen flossen dem Dreißigjährigen durch den Bart und durch die Finger. In der Stube herrschte betretenes Schweigen. Die Eheleute Dunant blickten sich betroffen und fragend an. So hatten sie ihren Sohn noch nicht erlebt. Er hatte sich seit seiner Abreise vor acht Wochen verändert und war offenbar sehr dünnhäutig geworden. Wie sollten sie darauf reagieren? In einer eher hilflosen Geste reichte die Mutter ihrem Sohn ein Tuch, damit er sich die Tränen wischen und die Nase schnäuzen könnte. Henry wies diese Geste mit einer schroffen Bewegung zurück.

Ehe Vater oder Mutter Worte gefunden hatten, die vielleicht angebracht gewesen wären, ging ein deutlicher Ruck durch den Sohn. Henry erhob sich abrupt, wischte sich mit dem Taschentuch die Tränen aus dem Gesicht, schaute seine Eltern mit verschleierten Augen nacheinander an, holte einmal tief Luft und sagte, an den Vater gewandt, mit erstickter Stimme: »Verzeih meinen Ausbruch, Papá. Er geziemte sich nicht. Halte ihn meiner Schwäche zugute.« Und zur Mutter sagte er noch: »Danke für die liebevolle Begrüßung und den Tee, Mamá.« Dann verließ er ohne ein weiteres Wort den Raum und ließ zwei Menschen zurück, denen immer noch die Worte fehlten.

Eine ganze Weile hatten die Eheleute Dunant schweigend beisammen gesessen, als Anne-Antoinette schließlich die Hände ihres Mannes in die ihren nahm und ihn mit traurigen Augen anschaute. »Du hast deinen Sohn sehr verletzt, Jean-Jacques. Verzeih, wenn ich dir das so sage. So hättest du Henry nicht begrüßen dürfen. Er hat getan, was er tun musste. Die Liebe Christi hat ihn gedrungen. Er muss Furchtbares erlebt haben in diesem Chaos des Krieges und dabei schier Übermenschliches geleistet. Und du fragst ihn nach seinen Erfolgen beim Kaiser wegen der Konzessionen! Der Kaiser war doch nur an seinem Sieg interessiert, nicht an dem finanziellen Geschick einer schweizerischen Aktiengesellschaft und ihres Präsidenten.«

»Aber die Aktionäre sitzen mir im Nacken, meine Liebe. Ich bin der Vater dieses Präsidenten«, versuchte der Mann sich für seine Begrüßungsfrage an den Sohn zu rechtfertigen.

»Deine Aktionärsfreunde denken genauso falsch wie du, Jean-Jacques. Gibt es denn wirklich an nichts anderes zu denken als an Zahlen und Erfolge und Gewinne?« Anne-Antoinettes Worte klangen scharf. So sprach sie für gewöhnlich nicht mit ihrem Mann. Ein wenig milder fuhr sie dann fort:

»Wenn Gott will, dann werden die Konzessionen auf anderem Wege erteilt.« Und nach einem Moment Pause fügte sie an: »Du solltest deinen Sohn noch einmal willkommen heißen, Jean-Jacques. Dann aber, ohne sein inneres Leiden noch zu vergrößern.« Anne-Antoinette küsste ihrem Mann die Hände, erhob sich und verließ die Stube. »Ich werde nach Henry sehen«, sagte sie beim Hinausgehen mit einem Blick über die Schulter und ließ einen noch nachdenklicher gewordenen Ehemann und Vater zurück.

Erst am folgenden Morgen trafen Vater und Sohn wieder aufeinander. Beider Gemüter hatten sich wieder beruhigt, und jeder konnte nach einem guten Gespräch seinen eigenen Tag ohne die Last des Vorabends in Angriff nehmen.

Später hatte Henry dann noch eine Frage an seine Mutter. »Es hat mir nicht gefallen, dass Gräfin de Gasparin meinen Hilfs-Appell im Genfer Journal veröffentlicht hat. Dazu hatte ich den Brief nicht geschrieben. War in dem Artikel mein Name genannt?«

Die Mutter überlegte einen Moment. Dann antwortete sie: »Mach dir keine Gedanken, Junge. Dein Name war genannt, aber nur als Absender des Schreibens aus Castiglione. Von deiner Tätigkeit dort war nicht die Rede. Nur von den schrecklichen Ereignissen und der schlimmen Not der Menschen.«

»Dann will ich es zufrieden sein, Mamá«, gab Henry erleichtert zurück. »Ich möchte nicht als etwas Besonderes erscheinen. Ich bin kein Held, auch wenn man mein Handeln vielleicht als heldenhaft beschreiben könnte. Ich habe getan, was ich zu dem Zeitpunkt tun musste: Als Jünger meines Herrn Liebe üben. Mehr nicht. Andere an meiner Stelle hätten wahrscheinlich ähnlich gehandelt. – Um die Konzessionen werde ich mich später wieder kümmern. Dieser leidige Italien-Krieg muss zunächst einmal verarbeitet werden und aus meinem Bewusstsein verschwinden. Er darf mich nicht mehr belasten. Danach wird es einen Weg geben, auf dem ich mir Gehör verschaffen kann. Gott kann es in seiner Güte lenken. Ich fahre morgen hinauf in die Savoyer Berge. Ich brauche Ruhe und Abstand.«

»Tu das, mein Junge«, bestätigte die Mutter, sichtlich erleichtert über die Veränderung der Familienatmosphäre, und nahm ihren Sohn liebevoll in die Arme. »Tu das. Bernard wird dich kutschieren, und du wirst eine passende Pension finden. Ich packe dir ein, was du brauchst.«

Als der junge Dunant nach sechs Wochen Aufenthalt in den Bergen nach Genf zurückkam, hatte er sich körperlich erholt und seinen Gewichtsverlust ausgeglichen. Sein Gesicht zeigte wieder eine gesunde Farbe. Henry wirkte frisch und ausgeruht. In seiner Seele aber hatten die beiden Wochen in Castiglione deutliche Spuren hinterlassen. Die wirkten sich in seinem Verhalten auch jetzt noch aus. Er war nachdenklicher und stiller geworden. Er saß oft in sich gekehrt und wie träumend am Familientisch, während sich Eltern und Geschwister, oder wer sonst anwesend war, lebhaft unterhielten. Kam dann die Rede auf seine Italienreise und den eigentlichen Zweck seiner Reise und was daraus geworden war, dann konnte Henry sich sehr schnell erregen und heftig reagieren.

Es störte ihn inzwischen zutiefst, dass es Menschen gab, denen ihr eigenes Wohlergehen, ihr eigener Wohlstand, ihr Ansehen und ihre Erfolge wichtiger waren als das Schicksal anderer, besonders das Schicksal derer, die für die Mehrung ihres Glücks ihren Leib hinhielten und ihr Leben einsetzten. Kriege nutzten doch immer nur denen, die sie zwar anzettelten, selbst aber nicht daran teilnehmen mussten. Die verdienten an der Vorbereitung, an den militärischen Auseinandersetzungen und auch daran, ihre sichtbaren gegenständlichen Folgen zu beseitigen. Aber die Menschen in den Waffenröcken waren nicht in ihren Blicken. Musste deren trauriges Los – zugegeben für manche ein selbst gewähltes, für die meisten aber doch wohl ein erzwungenes – nicht wenigstens erleichtert werden durch Hilfen, die von außen her zu organisieren waren, und zwar nicht erst, wenn es für die meisten zu spät war? Ein Krieg, der immer unmenschlich war, konnte so wenigstens ein bisschen menschlicher gemacht werden. Hätte in den Lazaretten von Castiglione und den umliegenden Ortschaften nicht eine große Zahl Verwundeter gerettet werden können, wenn ausgebildete Menschen und vorbereitetes Material zu ihrer Rettung bereitgestanden hätten? …

Über dieses Thema hatte Henry Dunant sich in seiner Erholungszeit viele Gedanken gemacht, und er konnte sich in Gesprächen heftig darüber ereifern und auch schon einmal seine Fassung verlieren und harte und verletzende Worte gebrauchen. Es war ihm nicht gelungen, seine Eindrücke von Castiglione so zu verarbeiten, dass sie ihm keine Mühe mehr gemacht hätten. Im Gegenteil …

»Du musst anders mit deinen Erinnerungen umgehen, mein Junge«, sprach Mutter Anne-Antoinette ihren Sohn nach einem familiären Streitgespräch, das wieder einmal ausgeartet war, auf seine Probleme an. »Gefühlsausbrüche helfen niemandem.«

»Sie tun mir ja auch leid, Mamá. Aber ich habe immer den Eindruck, ich stünde vor einer Wand unüberwindlicher Ignoranz. Was schlägst du mir vor, was ich tun soll?« Henry machte der Verlauf der erneuten Auseinandersetzung zu schaffen.

»Du musst versuchen, nüchterner damit umzugehen, Henry. Ich weiß, das ist schwer für eine wunde Seele. Wenn du sachlich beschreibst, was du erlebt hast und wie du über das Ganze denkst, auch im Blick auf die Zukunft und im Blick auf die ganze Menschheit, dann hören dir die Leute zu. Dann kannst du ihnen auch Vorschläge machen, wie man mit einer solchen Situation künftig besser umgehen könnte.«

»Und wie stellst du dir das vor, Mamá? Soll ich mich für Berichte in Zirkeln und Kreisen anbieten? Soll ich selbst eine

Versammlung interessierter Leute einberufen, vor denen ich dann …?«

Die Mutter legte ihrem Sohn lächelnd die Hand auf den Arm. »Das brauchst du gar nicht mehr, mein Lieber. Es liegt bereits eine ausgezeichnete Einladung vor.«

»Da bin ich jetzt aber gespannt, Mamá.« Henry schaute seine Mutter erwartungsvoll an. »Wer will meinen Bericht denn hören?«

»Madame de Gasparin lädt dich ein. Die Gräfin gibt einen großen Empfang mit internationalen renommierten Gästen. Das ist eine gute Gelegenheit, die Barbarei des Krieges zu entlarven und eine Lanze für die Humanität zu brechen.«

Henry kratzte sich am Kopf. »Begeistert bin ich nicht gerade, auch wenn sich das gut anhört«, meinte er nachdenklich. »Ich bin der Comtesse immer noch ein wenig gram wegen des Zeitungsartikels. Das Gespräch mit ihr neulich war unerquicklich.«

»Das solltest du vergessen. Vergeben und vergessen, mein Junge. Die adelige Dame hatte es nur gut gemeint. Außerdem hatte ihr Aufruf weit mehr als den erwarteten Erfolg.«

»Nun gut, Mamá, du magst ihr meine Anwesenheit bei dem Empfang und meinen Bericht zusagen. Sag ihr, ich sei ihr nicht mehr gram«, nahm Henry die Einladung an. »Du hast aber noch einen anderen Gedanken im Kopf, wie ich umgehen soll mit meinen …«

»Du solltest deine Erinnerungen aufschreiben und als Buch publizieren. Dann erfahren noch mehr Menschen …«

»Mamá, ich bin doch kein Schriftsteller«, widersprach Henry diesem Vorschlag.

»Du wolltest schon als kleiner Junge ein Buch gegen die Sklaverei schreiben und gegen die Behandlung von Gefangenen. Erinnerst du dich?«

»Kinderkram, Mamá. Ich bin kein Bücherschreiber«, lachte Henry, »ein Schreiberling der zwölften Kategorie höchstens.«

»Da irrst du, mein Lieber. Denk an deine ›Regentschaft in Tunesien‹, Henry. Das Buch war gut geschrieben und hat viel Zuspruch erhalten, selbst der Kaiser war davon angetan.«

»Stimmt. Aber dennoch. Ich muss mich zunächst ohnehin um mein ›Memorandum‹ kümmern. Dies Exposé muss zuerst fertig werden. Ich will es demnächst nach Paris mitnehmen. Vielleicht kann ich ja nach dem Friedensschluss von Villafranca vom Juli und nach der kommenden Siegesparade in Paris damit etwas für die Mühlen-Gesellschaft erreichen. Das kaiserliche Haus sollte zunächst zu den normalen Tagesgeschäften zurückgekehrt sein.«

»Dann mach es so, mein Junge«, beschloss Mutter Dunant das Gespräch. »Lass dich leiten nach Psalm 31,4.«

»Du, Herr, bist mein Fels und meine Burg, und um deines Namens willen wollest du mich leiten und führen«, zitierte Henry die erwähnte Stelle. »So soll es sein und bleiben, Mamá. In Gottes Hände befehle ich meine Sache.«

»Ja, so ähnlich steht es dort, und so soll es sein!«, bestätigte Anne-Antoinette Dunant, strich ihrem Sohn über das dunkle, volle Haar und fuhrt fort: »Ich sage dir noch einen guten biblischen Rat. Er steht im zwölften Kapitel des Römerbriefes. Da stimmt sogar der Zusammenhang.«

»Ich weiß, Mamá, da steht: ›*Lass dich nicht vom Bösen überwinden, sondern überwinde das Böse mit Gutem*‹. Das ist mein Anliegen, Mamá, nicht nur in dieser Sache.«

»Ich weiß, mein Junge. Lass es auch immer so bleiben. Ich danke Gott, dass er dich uns gegeben hat. Ich bin stolz auf dich.« Sie nahm ihren Sohn noch einmal in die Arme und ließ ihn dann allein.

Henry Dunant nahm die letzten Sätze seiner geliebten Mutter noch einmal tief in sich auf, um dann seine Gedanken in den Salon der Gräfin de Gasparin wandern zu lassen. Sein Bericht vor dem erlauchten Auditorium sollte gut vorbereitet sein, und dann mochte Gott es schenken, dass er Auswirkungen hatte ...

Es wurde dann auch wirklich eine glanzvolle Veranstaltung mit einer langen eindrücklichen Rede des besonderen Gastes vor einem sehr aufmerksamen Publikum. Henry Dunant, der Genfer Samariter von Castiglione, war der absolute Mittelpunkt des Abends, und er genoss die Anerkennung, die ihm von allen Seiten entgegengebracht wurde. Von so vielen Leuten beachtet und geehrt zu werden, das tat seiner Seele gut. Und es bestätigte seine Gedanken bezüglich eines internationalen Hilfswerks für verwundete Soldaten im Krieg, die er freilich lediglich angedeutet hatte. Mit Madame Agénor de Gasparin schloss er endgültig Frieden, und mit einigen Gästen vereinbarte er weitere Begegnungen, auch schon solche für später in Paris.

Im Herbst des Jahres vollendete er seine Denkschrift über das Mühlenprojekt von Mons-Djémila, ließ es in einer einzigen vornehmen Ausfertigung drucken und nahm es mit in die Stadt an der Seine. Hier sollte diese Schrift, die die Odyssee des Projektes in den vergangenen Jahren lückenlos auflistete, das Wunder bewirken, auf das ihr Autor immer noch hoffte. Und das mit einer Kraft und Zuversicht, die seine Aktionäre mitzureißen verstand und die Kritik aus ihren Reihen an den fehlenden Gewinnen aus ihren Investitionen verstummen ließ. Zumindest eine Zeit lang.

In Paris, der damaligen Weltmetropole des Geistes, richtete sich Henry Dunant in einer Wohnung am Boulevard des Italiens häuslich ein und umgab sich – auf eigene Kosten! – mit einem Luxus, der so gar nicht seiner calvinistischen Prägung und seinem bisherigen Lebensstil entsprach, der aber erforderlich war, um in dieser mondänen Stadt Anerkennung zu finden und dadurch den gewünschten Eingang in die Zirkel des Adels und der Oberschicht zu erreichen. In gewissen Kreisen galt nun einmal nur der Mensch etwas, der nach der französischen Mode der Zeit gekleidet war, der sich in seinen privaten Räumen von Angestellten versorgen und bedienen ließ und der mit der eigenen Karosse vorfuhr. – Gut, dass Genf um einiges von Paris entfernt lag und seine Freunde ihn jetzt nicht erlebten.

Vom Boulevard des Italiens aus tat der Schweizer Kaufmann und Präsident einer Aktiengesellschaft, der er nun wieder war, über viele Monate im Wesentlichen zweierlei: Er ließ zunächst, entgegen seiner ursprünglichen Absicht, seine Denkschrift in größerer Stückzahl nachdrucken und verteilte sie gezielt unter wichtigen Persönlichkeiten der Stadt und des Hofes. Das Original, versehen mit einer Empfehlung seines Genfer Freundes und Mitaktionärs General Henri Dufour, der in Frankreich einen ebenso guten Ruf genoss wie in der Schweiz, übergab er an Constant Mocquard, den Kabinettschef des Kaisers, damit er es gemeinsam mit dem Gesuch um die ersehnten Konzessionen bei Gelegenheit wohlwollend und befürwortend an Napoleon III. weiterleitete.

Die Wartezeit bis zur Antwort aus dem Kaiserhaus füllte Henry Dunant aus mit vielen Vorträgen über »Solferino«, die er in den unterschiedlichsten Salons des Pariser Adels hielt. – In dem Namen »Solferino« wurden die Ereignisse um jene furchtbare Schlacht vom 24. Juni inzwischen übrigens auch offiziell zusammengefasst. – Henrys Zugehörigkeit zur Geographischen Gesellschaft öffnete ihm die Türen zu Kreisen der Pariser Intelligenz. Das wiederum brachte ihm neue ordentliche Mitgliedschaften in der Orientalischen und in der Amerikanischen Ethnographischen Gesellschaft ein und damit eine Reihe weiterer Gelegenheiten, um über »Solferino« und seine notwendigen Konsequenzen zu sprechen.

Der Genfer Henry Dunant und seine barmherzigen Taten und Gedanken wurden zum Pariser Stadtgespräch. Dadurch machte der Kaufmann und Samariter auch am kaiserlichen Hof Eindruck. Das wiederum schuf die Bereitschaft, sein wirtschaftliches Anliegen zu hören und positiv zu beantworten: Anfang des Jahres 1860 bekam die »Gesellschaft der Mühlen von Mons-Djémila« die Nutzungserlaubnis für 234

Hektar Land und einen Wasserfall, der zur Bewässerung des Landes verwendet werden durfte. – Der allmächtige Gott hatte endlich eingegriffen und das von vielen erbetene Wunder wahr werden lassen. Ihm gebührte alles Lob! Die Gesellschaft war dadurch fürs Erste gerettet, ihr junger Präsident in seiner Position ebenfalls. Henry Dunant konnte aufatmen und voll Zuversicht in die Zukunft schauen, seine Wohnung und seinen »Staat« in Paris auflösen und in das bescheidenere Leben in seiner Heimatstadt zurückkehren.

Dort fand er zu seinem weiteren Erstaunen einen Brief seines Freundes und ehemaligen Partners Heinrich Nick vor. Auch ein Wink des Himmels? Als hätte der Deutsch-Franzose im fernen Algerien geahnt, dass sich die Arbeitsbedingungen der Genfer Gesellschaft verbessert hatten! Der Geschäftsmann und frühere Kompagnon schlug Henry Dunant vor, die Gesellschaft auf ein breiteres Fundament zu stellen und zum Anbau des Getreides und seiner Verarbeitung die Nutzung von Minen und Steinbrüchen in den Bergen und auch die der Wälder im Umland von Sétif künftig in seine Aktivitäten einzubeziehen. Er habe die Möglichkeiten gründlich erkundet und kalkuliert. Es bestehe in allem lediglich ein geringes Geschäftsrisiko. Im Grunde gar keins. Eigentlich sogar im Gegenteil: Die Gewinne seien garantiert! Er sei gerne bereit, sich wieder auf die Zusammenarbeit einzulassen und sich zu kümmern, wenn er den Auftrag dazu bekäme. Er warte auf baldige Antwort und Weisung.

Henry Dunant war begeistert von diesem Vorschlag – Gott hatte deutlich seine Hand im Spiel! –, und es gelang dem Präsidenten der Aktiengesellschaft der Mühlen von Mons-Djémila, die Männer seines Aufsichtsrats ebenso von der Erweiterung des Gesamtunternehmens zu überzeugen. Per einstimmigen Beschluss holten sie Heinrich Nick in die Geschäfte zurück und beauftragten ihn, ihre alten und neuen Interessen im fernen Algerien wahrzunehmen. Der Mann telegrafierte von Algier aus umgehend – das war seit einiger

Zeit möglich –, er nehme den Auftrag gerne an und ginge auch gleich ans Werk.

Das lief zunächst recht gut und brachte auch erfreuliche Geschäftserfolge. Es lief sogar so gut, dass Henry Dunant sich in der Zentrale der Gesellschaft erneut zurücklehnte und die Zügel seiner Geschäftsführung schleifen ließ. Er wandte sich wieder mehr den Dingen zu, die seinen inneren Interessen viel eher entsprachen. Er entsann sich des Rates seiner Mutter, seine Erlebnisse zu »Solferino« aufzuschreiben. Jetzt, wo er nicht mehr so häufig zu Vorträgen eingeladen wurde, schien das auch angebracht. Das Eisen musste am Glühen gehalten werden, ehe die Betroffenheit der Leute sich verflüchtigt hatte und ihre Gespräche wieder von den Tagesgeschäften beherrscht wurden.

Henry Dunant begann, die Ereignisse von »Solferino« gründlich zu recherchieren. Er selbst war ja auf den Hügeln und in den Senken im weiten Umland dieses Ortes und im direkten Kampfgeschehen nicht dabei gewesen. Also besorgte er sich die genauen Zahlen über die feindlichen Heere, ihre einzelnen Abteilungen und ihre Bewegungen im Gelände. Er erkundigte sich auch nach den verwendeten Waffensystemen, nach deren Einsatz und Schlagkraft und nach ihren wechselnden Standorten während der Schlacht. Da er das eigentliche Schlachtfeld nur flüchtig kannte, ließ er sich von einem Kenner der Region eine möglichst exakte Geländekarte anfertigen, in die er die Stellungen und Bewegungen der Heeresteile eintrug.

Dann befragte er Augenzeugen, die unmittelbar am Geschehen beteiligt gewesen waren und die er von Castiglione her kannte. Damals wären diese Männer zu Auskünften nicht in der Lage gewesen. Aber jetzt erfuhr der Fragesteller manches Unsägliche über Distanzgefechte und Nahkämpfe Mann gegen Mann, über brutalsten Einsatz von Bajonetten und Gewehrkolben, von Fäusten und bloßen Händen. Er erfuhr auch, dass mancher noch lebende Verwundete mit seinen toten Kameraden im Massengrab verschwunden sei, weil die Bestatter die herumliegenden Leiber nicht untersucht hatten. Den Leichen und solchen Körpern, die sie für tot hielten, brauchbare und wertvoll erscheinende Gegenstände abzunehmen, also Leichenfledderei zu betreiben, war ihnen wichtiger gewesen. Von solchen Dingen und manchen anderen Grausamkeiten hatte der »Mann in Weiß« in Castiglione damals nicht einmal eine Ahnung gehabt.

Manches, was Henry Dunant bei seinen Gesprächen erfuhr, ließ ihm nachträglich das Blut in den Adern gefrieren. Dabei interessierte er sich doch vor allem für Hilfsmaßnahmen, die die feindlichen Heere auf ihrer jeweiligen Seite vorbereitet hatten. Zu dieser Frage bekam er allerdings Antworten, die ihn zusätzlich erschrecken ließen, die aber erklärten, warum die Zahl der Opfer so hoch war: Auf tausend Soldaten sei ein einziger Arzt gekommen, ausgebildetes Hilfspersonal sei ebenso nur mit der Lupe zu finden gewesen, und Sanitätsmaterial habe es so gut wie gar nicht gegeben. In dieser Hinsicht sei nichts vorbereitet gewesen. Die wenigen Verbandsplätze, die spontan eingerichtet und durch eine schwarze oder rote Fahne gekennzeichnet worden seien, seien bald vom Kampfgeschehen überrannt worden. Da habe es von beiden Seiten im tosenden Hin und Her keinerlei Rücksichtnahme gegeben.

Nicht zuletzt hielt Henry Dunant regen Kontakt zu Dr. Louis Appia, der in Castiglione seine Arbeit übernommen und weitergeführt hatte. Der Arzt war Mitglied renommierter medizinischer Gesellschaften in Turin, Neapel, Marseille, Kopenhagen, Bordeaux und anderswo und inzwischen zum Präsidenten der Medizinischen Gesellschaft Genf gewählt. Sein Wort galt etwas in der medizinischen Welt, und es wurde auch in der militärischen gehört. Durch seine ebenfalls in Oberitalien gesammelten Informationen bestätigte Dr. Appia Henry Dunants Gedanken. Er gab ihm auch aus seiner eigenen Erfahrung aus seinem Einsatz als Kriegs-Chirurg im Krimkrieg und aus seiner Begegnung mit Florence Nightingale manchen weiteren wichtigen Hinweis, den der Autor für sein Buch gut gebrauchen konnte. Er sagte ihm auch eigene Ausführungen zu über die von ihm erfundenen technischen Hilfen zum Verwundeten-Transport und über einen praktischen Apparat zur Ruhigstellung von gebrochenen Gliedmaßen, damit er sie vielleicht als Anhang seines Buches verwenden könne.

Was Henry Dunant schließlich gesammelt hatte, bewirkte, dass ihm seine eigenen Erlebnisse und Erfahrungen auch in den Nächten wieder riesengroß und bedrängend vor Augen standen. Das war alles schrecklich, einfach nur schrecklich, unmenschlich, teuflisch, höllisch! Dass es in diesem erbitterten Kampf, in diesem Krieg um die Befreiung Italiens von fremder Macht, die doch zugleich nur die Installation neuer Macht bedeuten konnte, eine Menge Opfer geben würde, die versorgt werden mussten – es waren an diesem 24. Juni, in fünfzehn Stunden eines einzigen Tages, schließlich an die 40 000 geworden –, hatten die Kommandierenden in ihrem Machtrausch offenbar überhaupt nicht bedacht. Und wenn sie es bedacht hatten, dann jeweils nur im Blick auf die eigenen Leute. Feindliche Verwundete konnten ruhig verrecken – erforderlichenfalls war ihnen eben der Gnadenstoß oder auch Gnadenschuss zu verpassen. Eine solche Denkweise war einfach nur scheußlich und unmenschlich!

Über diese skandalösen Zustände musste eine große und breite Öffentlichkeit unbedingt gründlich informiert werden! Henry Dunant begann aufzuschreiben, was er recherchiert und was er selbst erlebt hatte. Und er zog seine Folgerungen daraus, die die Welt vernehmen sollte, nein, musste, damit bereits im Vorfeld der wahrscheinlich ewig unvermeidlichen Kriege etwas geschähe. »Solferino« mit seinem Elend durfte sich so nicht wiederholen!

Der Schriftsteller wider Willen, der dabei doch von unsichtbarer Macht getrieben war, zog sich für mehrere Monate des Jahres 1862 zurück in die Stille einer Wohnung in der Rue Puits-Saint-Pierre in der Nähe der Kathedrale, in der Nachbarschaft des Hauses, das er gemeinsam mit seinem Bruder David inzwischen von Tante Sophie-Elisabeth geerbt hatte. Niemand sollte zunächst erfahren, was er hier tat. Hier störte auch niemand seine Ruhe, außer vielleicht die Glocken der Kathedrale. Aber deren Geläut war ihm schon immer himmlisch erschienen. Das tat ihm gut, und es ließ ihn an göttliche Sphären und zukünftige Zeiten denken, in denen ein solches Elend wie das, mit dem er sich befasste, ein für alle Mal beendet sein würde, wie es in Kapitel 21 der Offenbarung des Johannes beschrieben war.

Wenn die Mamá kam, um ihren Sohn zu versorgen, dann galt ihm das nicht als Störung. Die Anwesenheit von Anne-Antoinette Dunant in der Wohnung tat ihrem Henry immer gut, und die Unterhaltung mit seiner Mutter war Balsam für seine wunde Seele, auch die Gespräche über sein Manuskript. Der Rat, es zu schreiben, stammte ja ursprünglich von dieser Frau, und die konnte schweigen. Jedem anderen Besuch verweigerte sich der Skribent, wie er sich selbst nannte. Selbst ging er auch kaum hinaus außer zum Gottesdienst, zu Versammlungen des CVJM oder zu Veranstaltungen der Almosengesellschaft, um seine Freunde für einen kurzen Gedankenaustausch zu treffen. Dabei vermied er es, über seine derzeitige Arbeit zu reden. Diesbezüglichen Fragen ging er konsequent aus dem Weg.

Nein, Henry Dunant wollte allein sein mit sich und seinen Erinnerungen und mit seinen Gedanken zu einer humaneren Zukunft für Not leidendes Kriegsvolk. »Eine Erinnerung an Solferino« stand auf dem Titelblatt. Die schrieb er auf, Seite für Seite, und er hatte dabei den Eindruck, dass gar nicht er selbst die Feder führte. Nein, es war ihm zuweilen, als führte sein Gott ihm die Hand, sodass aufs Papier kam, was aufs Papier musste, damit die nahe und ferne Menschheit erschüttert würde und zur Besinnung käme über grundlegende Fragen der Mitmenschlichkeit in Kriegszeiten und auch oder sogar noch mehr in Friedenszeiten.

Nachdem der Autor im September 1862 sein Manuskript noch einmal kritisch durchgesehen hatte, nachdem er den letzten Federstrich gezogen, das befreiende Wort »Ende« notiert und den Schlusspunkt gesetzt hatte, war es ihm, als habe er sich eine unendlich schwere Last von der Seele geschrieben.

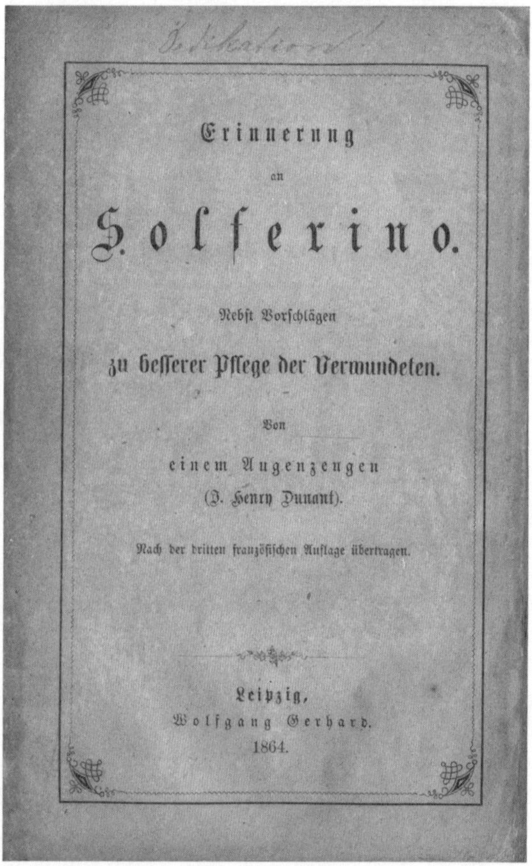

Erinnerung
an
Solferino.

Nebst Vorschlägen
zu besserer Pflege der Verwundeten.

Von
einem Augenzeugen
(J. Henry Dunant).

Nach der dritten französischen Auflage übertragen.

Leipzig,
Wolfgang Gerhard.
1864.

Bald nach Erscheinen wurde das Werk ins Deutsche übersetzt (Abb. 5)

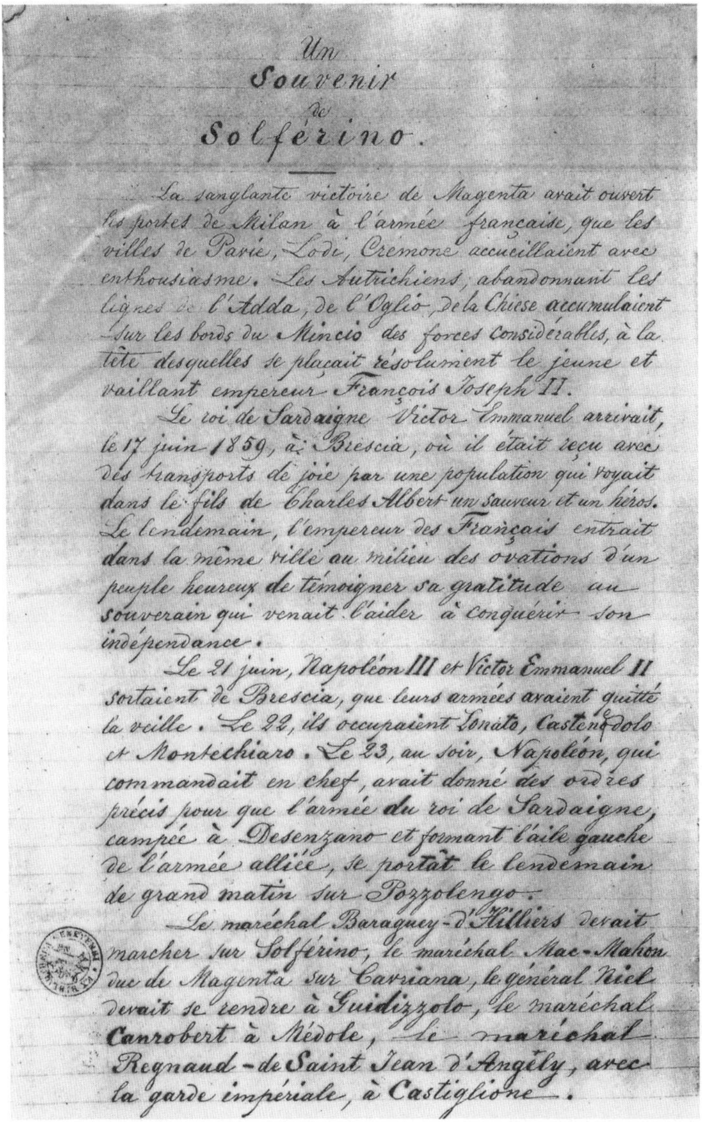
Un
Souvenir
de
Solférino.

La sanglante victoire de Magenta avait ouvert les portes de Milan à l'armée française, que les villes de Pavie, Lodi, Crémone accueillaient avec enthousiasme. Les Autrichiens, abandonnant les lignes de l'Adda, de l'Oglio, de la Chiese accumulaient sur les bords du Mincio des forces considérables, à la tête desquelles se plaçait résolument le jeune et vaillant empereur François Joseph II.

Le roi de Sardaigne Victor Emmanuel arrivait, le 17 juin 1859, à Brescia, où il était reçu avec des transports de joie par une population qui voyait dans le fils de Charles Albert un sauveur et un héros. Le lendemain, l'empereur des Français entrait dans la même ville au milieu des ovations d'un peuple heureux de témoigner sa gratitude au souverain qui venait l'aider à conquérir son indépendance.

Le 21 juin, Napoléon III et Victor Emmanuel II sortaient de Brescia, que leurs armées avaient quitté la veille. Le 22, ils occupaient Lonato, Castenedolo et Montechiaro. Le 23, au soir, Napoléon, qui commandait en chef, avait donné des ordres précis pour que l'armée du roi de Sardaigne, campée à Desenzano et formant l'aile gauche de l'armée alliée, se portât le lendemain de grand matin sur Pozzolengo.

Le maréchal Baraguey-d'Hilliers devait marcher sur Solférino, le maréchal Mac-Mahon duc de Magenta sur Cavriana, le général Niel devait se rendre à Guidizzolo, le maréchal Canrobert à Médole, le maréchal Regnaud-de Saint Jean d'Angély, avec la garde impériale, à Castiglione.

Die erste Seite des Buches »Eine Erinnerung an Solferino« in Dunants Handschrift (Abb. 6)

Henry Dunant im Alter von ca. 33 Jahren, als er das Buch »Eine Erinnerung an Solferino« verfasste (Abb. 7)

Ihm war spürbar leicht um sein Herz geworden. Diese neue Leichtigkeit war gepaart mit dem Empfinden, mit diesem Buch deute sich ein neues Zeitalter gelebter Humanität an. Wenn nur genügend Leute seine »Erinnerung« lasen und sich von ihr ansprechen und zu Taten anspornen ließen, dann ... Aber das lag in Gottes Hand. Er musste das Werk nun in Umlauf bringen, das nach der ausführlichen und manchmal grausam genauen Schilderung der Ereignisse von Solferino eine Reihe von Vorschlägen für Veränderungen des Denkens und Handelns zum Umgang mit Kriegsverletzten enthielt. Gott musste den Lesern die Herzen und den Sinn öffnen für die Idee einer letztlich weltweiten Organisation der freiwilligen Verwundetenhilfe. Er musste einzelne Menschen gewinnen, nein, viele Menschen, sehr viele Menschen musste er gewinnen, sich einzusetzen für ...

Henry Dunant geriet ins Träumen über das, was sein Werk ausrichten könnte und würde, wenn ... Aber zunächst musste das Buch ja gedruckt und verbreitet werden. Um Ersteres sollte sich die bewährte Genfer Druckanstalt Fick kümmern, die schon häufiger für ihn gearbeitet hatte. Das Zweite würde er selbst in die Hand nehmen. 1600 Exemplare – auf der ersten Seite stand die Bemerkung, die Arbeit sei unverkäuflich – sollten an ausgesuchte Empfänger in ganz Europa gehen. Die entsprechende Liste war während der Schreibarbeit nach und nach entstanden. Eine mögliche spätere Auflage konnte dann in den freien Handel gehen, wenn sich das als nötig und sinnvoll erweisen würde ... So hatte der Autor und Herausgeber Henry Dunant es für sich beschlossen, und so führte er seinen Beschluss auch aus.

Das erste Komitee für Verwundetenhilfe

Das Buch schlug bei seinen Lesern ein wie das Geschoss einer Kartätsche. Sein Inhalt traf den jeweiligen Adressaten mitten ins Leben, ob in Genf, in der übrigen Schweiz, in Paris und im weiten Frankreich, in den Hauptstädten Europas oder andernorts in der Welt. Und wo es einschlug, hatte es sofort Streuwirkung. Das Buch wurde weitergereicht, und es wurde zum Gesprächsthema Nummer eins in den betroffenen Kreisen. Die Post bekam eine Menge Arbeit, und auf Henry Dunants Schreibtisch stapelten sich die Briefe. Dabei enthielten nur wenige der Reaktionen Protest gegen seine »verherrlichende« Darstellung des Krieges. Diese Absender hatten das Buch offenbar schlecht gelesen oder den Text zu früh aus der Hand gelegt. Die weitaus meisten Zuschriften enthielten Lob und Anerkennung für die wirklichkeitsnahe und ehrliche

Darstellung der Schrecken eines grausamen Krieges und für die interessanten Vorschläge, die der Autor über die Notwendigkeit freiwilliger Hilfstruppen zur Linderung der Not verwundeter Kriegsteilnehmer an seine »Erinnerung« angehängt hatte. Unter den Absendern waren die Sekretariate mancher Königs- und Fürstenhäuser aus ganz Europa, waren Militärs hoher und höchster Dienstgrade aus verschiedenen Ländern, waren Präsidien wichtiger Gesellschaften und Vereinigungen, waren einzelne Persönlichkeiten aus der kleinen und großen Politik, aus Wirtschaft, Wissenschaft und Kultur und auch weniger wichtige Personen, die das Buch zwar nicht selbst erhalten, es aber weitergereicht bekommen und gelesen hatten. Die allgemeine Begeisterung war groß. Der Stolz in der Familie Dunant über den Schriftsteller aus ihren Reihen und über seinen Erfolg ebenso.

Und der Skribent selbst? Henry Dunant sonnte sich in seinem Ruhm, ließ sich gerne die Hände schütteln und auf die Schulter klopfen und hörte genussvoll hin, wenn wieder jemand eine Lobeshymne auf das Buch und seinen Autor sang, egal ob in der persönlichen Begegnung, bei irgendeiner Veranstaltung, an der er teilnahm, oder auch im Genfer Journal oder einer anderen Zeitung. Artikel-Sammeln wurde eine Nebenbeschäftigung des inzwischen vierunddreißigjährigen Kaufmanns, und die positive Resonanz gab ihm immer wieder Anlass zum Danken. Ja, den Dank an seinen Gott wollte Henry Dunant dann doch nicht vergessen. Das Echo auf seine »Erinnerung« erschien ihm als von Gott ermöglicht und gegeben. Wie diese Geschichte nun weiterging, wie Gott sie weiterführte, darauf war ihr Autor selbst sehr gespannt.

»Gustave Moynier, welch eine Überraschung!« Henry Dunant erhob sich aus seinem Schreibtischsessel und ging seinem Gast ein paar Schritte entgegen. »Legen Sie bitte ab, Gustave. Wir sind uns sehr lange nicht begegnet. Zuletzt im Sommer, als wir uns an St. Pierre trafen und über Ihre ›Biblische Biographie von St. Peter‹ unterhalten haben. Ich erinnere mich gut. Ein interessantes, ein gutes Buch! Was verschafft mir die Ehre Ihres Besuchs hier draußen in La Monnaie? Und das an einem so unwirtlichen Wintertag. Da schickt man doch keinen Hund vor die Tür.«

»Diesmal ist es Ihr Buch, Henry, Ihre so sehr bewegende ›Erinnerung an Solferino‹«, antwortete der Mann und drückte dem Autor dieses Buches herzlich die Hand. »Ich wollte Ihnen meine Anerkennung noch einmal persönlich aussprechen.«

»Danke, Gustave, vielen Dank! Ich fühle mich sehr geehrt. Ich habe Ihre freundliche Rezension im Genfer Journal gerne gelesen. Setzen wir uns an den Tisch. Ich nehme Mantel, Hut und Stock mit zur Garderobe und bestelle uns in der Küche einen Tee und ein wenig Gebäck. Ist das recht? Mit Milch oder ohne?«

»Gerne mit Milch«, erwiderte der Besucher. »Wenn Sie vielleicht auch ein wenig Kandis hätten?«

»Haben wir sicher. Nehmen Sie schon einmal Platz. Ich bin sofort wieder da.« Beim Hinausgehen mit Mantel, Hut und Stock in der Linken drehte Henry Dunant mit der rechten Hand die Lampen im Zimmer etwas heller. Sein Gast sollte nicht im Dämmerlicht sitzen, und er wollte ihm in die Augen schauen können.

Es dauerte auch keine Minute, bis der Schriftsteller und Kaufmann Henry Dunant dem um zwei Jahre älteren Juristen Gustave Moynier, der sich bekanntermaßen in vielfältiger Weise für das Wohl seiner Mitmenschen einsetzte – vor allem der ärmeren und benachteiligten –, gegenübersaß, bereit, von ihm zu hören, welches wirkliche Anliegen den Mann durch Kälte, Eis und Schnee nach hier draußen vor die Stadt geführt hatte.

»Ich soll Ihnen Grüße ausrichten«, begann der Gast das Gespräch.

»Von den Herren des Vorstandes Ihrer Gesellschaft?!«

»Das auch, Henry. Von wem aber zuerst, das werden Sie nicht erraten.«

»Dann spannen Sie mich bitte nicht auf die Folter, mein verehrter Gustave. Ich bin ein ungeduldiger Mensch.« Henry Dunant blickte sein Gegenüber mit großen fragenden Augen an.

»Erinnern Sie sich an den Fürsten von Isenburg? Er lässt Sie herzlich grüßen. Er ist täglich dankbar, Ihnen begegnet zu sein.«

»Selbstverständlich erinnere ich mich. Ich habe den armen Kerl in meinem Buch erwähnt. Dass der junge Fürst von Büdingen noch lebt, sehe ich als ein Wunder Gottes an.«

»Sie haben ihm doch das Leben gerettet«, wusste Gustave Moynier, wobei er das ›Sie‹ besonders betonte.

»Nicht ich, Gustave«, wehrte Henry Dunant entschieden ab. »Das waren Männer aus Castiglione, die den Halbtoten unter seinem Pferd hervorgezogen und zur Chiesa Maggiore geschleppt haben. Wenn das edle Tier in seinen Schmerzen nicht so jämmerlich gewiehert – besser geschrien – hätte, wäre niemand auf den unter ihm begrabenen Reiter aufmerksam geworden, der in der Kuhle voller toter Kabylen und Kroaten lag. Freund und Feind, die sich gegenseitig gemeuchelt hatten, lagen nun im selben Loch, und im Tode vereint. Mitten drin ein eingeklemmter lebender junger Korporal der Österreicher.« Der Gastgeber schüttelte sich bei dieser Erinnerung.

Die Unterbrechung des Gesprächs durch die Küchenfrau, die den Tee und eine Schale mit Gebäck hereinbrachte, kam ihm gerade gelegen. So konnte er seine plötzliche innere Erregung wieder überwinden.

»Aber der Fürst darf durch Ihren Samariterdienst weiterleben!«, nahm der Gast den Faden wieder auf, nachdem beide Männer einen Schluck Tee und ein Gebäckstück genommen hatten.

»Mehr schlecht als recht und sehr mühsam, wie ich weiß, Gustave«, schränkte Henry ein. »Ich denke, Sie haben das beobachtet, als sie dem adligen Mann begegnet sind. Hätte man ihn damals früher gefunden ... wären andere Transportmittel zur Verfügung gewesen ... An seinen eigenen Armen und Beinen hat man ihn herbeigeschleppt und ihm dabei zusätzlichen Schaden bereitet. Hätten wir ordentliche Schmerzmittel gehabt und Verbandsmittel .... Chloroform bekamen nur hoch dekorierte Verwundete. Wir hatten aber auch keins mehr. Und wir hatten auch nur noch Reste von Scharpie. Die Mädchen von Castiglione hatten keine Leinwand mehr, um dieses Zeug zu rupfen ... Benötigt der Fürst noch seine Krücken?«

»Als ich ihn in Frankfurt traf, wo ich zu tun hatte, benutzte er mit der Rechten einen Krückstock. Er sei selten ohne Schmerzen, berichtete er mir. Er sprach von Ihnen in den höchsten Tönen als von einem gottgesandten Engel.«

»Das tun wahrscheinlich viele, Gustave, denen wir helfen konnten. Ich gebe zu, dass ich das durchaus gerne höre. Aber mir steht das Lob in Wahrheit nicht zu. Ich sage es, ob man es hören will oder nicht: Ich war lediglich ein Werkzeug meines Gottes. Mehr nicht.«

»Aber ein ausgezeichnetes Werkzeug, Henry, ein begnadetes, vielleicht tatsächlich als Engel«, unterstrich der Gast und wollte wohl noch mehr dazu sagen.

Sein Gastgeber ließ es nicht zu, indem er rasch fragte: »Sie kommen aber nicht nur wegen der Grüße des jungen Büdinger Fürsten?!«

»Nein, Henry«, gab der Besucher zu. »Der Vorstand der Genfer Gemeinnützigen Gesellschaft schickt mich mit dem Auftrag, Ihnen zwei Bitten vorzutragen.«

»Dann ehrt es mich besonders, dass der Herr Präsident mich persönlich aufsucht. Welches wären die Bitten?«

»Der Präsident bin ich in der Tat, Henry. Aber ... Also: Zum einen würde es der Vorstand meiner Gesellschaft sehr begrüßen, wenn Sie Mitglied bei uns würden. Die Herren bitten Sie sogar ausdrücklich um Ihre Mitgliedschaft. Ich unterstütze die Bitte aus vollem Herzen!«

»Und zum andern ...?«, fragte der Gastgeber weiter, ohne zunächst auf die besondere Offerte einzugehen.

»... bittet er Sie um einen Vortrag vor den Mitgliedern unserer Gesellschaft und um eine anschließende öffentliche Aussprache zu den Anliegen Ihres Buches. Könnten Sie sich vorstellen ...?« Er nahm einen Schluck Tee und blickte sein Gegenüber dabei fragend an.

Henry Dunant wiegte für einen Moment den Kopf, strich seinen Bart, holte ein paarmal tief Luft, trank auch einen Schluck Tee und sagte dann: »Ich könnte mir beides vorstellen, Gustave. Ich fühle mich durch Ihr Ansinnen geehrt. Was muss ich tun, um in Ihre Gesellschaft aufgenommen zu werden, und wann soll die Vortragsveranstaltung stattfinden?«

»Zum Ersten brauchen Sie nur die Beitrittserklärung zu unterschreiben. Sie müssen keine Aufnahmeprüfung bestehen«, lachte Gustave Moynier und griff in seine Tasche. »Ich habe das Formular bei mir. Den Veranstaltungstermin müssen wir noch vereinbaren. Sind Sie demnächst wieder irgendwo unterwegs?«

»Ich sollte unbedingt für meine Aktiengesellschaft nach Algerien reisen. Die Arbeit dort braucht meine Inspektion. Es läuft zurzeit nicht sehr gut. Irgendwo klemmen die Geschäfte, und ich muss unserem Mitarbeiter in Algier und Mons-Djémila auf die Finger schauen, vielleicht sogar klopfen. Aber ich zögere die Reise noch ein wenig hinaus. Der Winter sollte vorbei sein. Das Mittelmeer ist mir jetzt zu rau. Wenn Ihre Versammlung innerhalb der nächsten acht Wochen stattfinden könnte?!«

Gustave Moynier überlegte einen Moment. Dann sagte er: »Das lässt sich für die Zeit Ende Januar – Anfang Februar wohl einrichten. Sie bekommen umgehend Nachricht, sobald der Termin feststeht. Vorher werde ich mit Ihrer Unterschrift und mit Ihrer Zusage Freude und Genugtuung verbreiten, meinem Vorstand und der Gesellschaft quasi ein vorgezogenes Weihnachtsgeschenk überbringen. Vielleicht erleben Sie an jenem Abend sogar noch eine Überraschung.«

»Welche Überraschung? Darf ich dazu wenigstens schon eine Andeutung hören?«

»Besser nicht. Üben Sie sich in Geduld, Jean-Henry Dunant. Manche Dinge brauchen Zeit. Haben Sie übrigens schon an eine weitere Auflage Ihres Buches gedacht?«

»Das habe ich. Die erste Auflage ist von mir persönlich verteilt worden, und ich werde beinahe täglich und von überall her nach weiteren Exemplaren gefragt.«

»Es gibt doch sicher auch schon Übersetzungswünsche?«

Henry Dunant lachte kurz auf. »Auch die gibt es schon. Ich kann nur staunen und danken! Miss Florence Nightingale, die ich neben der ehemaligen Prinzessin von Württemberg und jetzigen Großfürstin Helena-Paulowna von Russland in meiner ›Erinnerung‹ erwähnt habe, möchte es ins Englische übersetzt wissen. Aus Preußen kam eine Anfrage und auch aus Holland. Es sollte mir sehr recht sein, wenn das Buch dann auch in diesen Ländern bewirkt, was ich mir vorstelle und beabsichtige.«

»Eben darüber sollten Sie im Januar genauer reden, Henry. Und jetzt bitte ich um Entlassung. Ich möchte zurück in die Stadt, ehe es dunkel wird. Ihre Hausdame mag mir Mantel und Hut bringen.« Bei diesem Satz erhob sich Gustave Moynier und reichte seinem Gastgeber zum Abschied die Hand. »Danke für das Gespräch. Danke für den Tee. Danke für Ihre Unterschrift und für die Zusage Ihres Vortrags. Empfehlen Sie mich bitte Ihrer Frau Mutter.«

Henry Dunant blickte am Fenster stehend der Kutsche noch einen Moment hinterher, obwohl sie schon bald seinen Augen entschwunden war. Er hatte plötzlich das Empfinden, als sei dieses Gespräch ein wichtiger Schritt gewesen auf einem Weg, der seine Fortsetzung finden und zu dem Ziel führen würde, das er sich wünschte und das er in seiner »Erinnerung« angedeutet hatte. Gustave Moynier, angesehener Rechtsanwalt und einflussreicher Bürger Genfs, würde bei der weiteren Entwicklung der Dinge eine wichtige Rolle spielen, und er selbst, der den Anstoß zu all dem gegeben hatte, würde irgendwann seine Aufgabe erledigt und seine Hände frei haben für wieder anderes, wieder Neues ...

Ein merkwürdiges Empfinden, das den Schriftsteller und Kaufmann fortan immer wieder überkam. Ja, jene Veranstaltung der Gemeinnützigen Gesellschaft würde eine weitere bedeutsame Station auf dem begonnenen Weg sein.

Am Abend des 8. Februar 1863 sprach Henry Dunant dann vor einem deutlich interessierten Auditorium mit bewegenden Worten über sein Buch und über »Solferino« und über seine visionären persönlichen Schlussfolgerungen, die den letzten Teil seines Buches ausmachten. Der Beifall der Zuhörer, nach seiner Rede stehend vorgebracht, wollte schier nicht enden. Dem Referenten tat das wohl, war er doch bei den Aktionären seiner eigenen Gesellschaft wegen wirtschaftlicher Fehlschläge in Algerien zurzeit wieder einmal stark in die Kritik geraten. Aber selbst die, die aus ihren Reihen an diesem Abend anwesend waren, konnten sich der entstandenen Atmosphäre nicht entziehen. Auch von daher war das ein guter Abend.

In der anschließenden Aussprache, zu der nahezu alle Besucher der Veranstaltung zurückblieben, musste Henry Dunant, der »Samariter von Castiglione«, Rede und Antwort stehen zu manchen Fragen bezüglich seiner mit großer Leidenschaft vorgetragenen Ausführungen. Während Gustave Moynier die Diskussion leitete, beantwortete Henry alle Fragen des Publikums geduldig und in großer Ruhe.

– »Haben Sie nicht hier und da sehr übertrieben in Ihrer Darstellung der Ereignisse?«

»Ich habe mich bemüht, in allem so dicht wie möglich an der Wahrheit zu sein. Was Sie als Übertreibung empfinden, würde ich eher als noch untertrieben bezeichnen. Es war alles sehr viel schlimmer, als ich es darzustellen vermocht habe.«

– »Ist es richtig, dass erst durch Ihre Intervention verwundeten Angehörigen der feindlichen Armee Beistand geleistet wurde?«

»Das möchte ich so verallgemeinernd nicht für mich in Anspruch nehmen. Mein Tätigkeitsfeld war, wie Sie wissen, in der Hauptsache die Stadt Castiglione, die sich hinter dem Kampfgetümmel auf französisch-italienischer Seite befand. Dorthin wurden zumeist Verwundete des franko-sardischen Heeres gebracht. In der Chiesa Maggiore befand sich aber auch eine große Gruppe verwundeter Österreicher und einiger ihrer Verbündeten. Diese Männer wurden zunächst überhaupt nicht versorgt und in ihrem Elend liegen gelassen. Erst durch meine Intervention und durch meine Appelle an die einheimische Bevölkerung wurde auch ihnen Hilfe geleistet. Ich wiederhole das Motto, das von diesem Moment an für alle verbindlich wurde: ›Tutti Fratelli!‹ – ›Wir sind alle Brüder!‹ Ich erinnere auch an das Wort jener edlen Dame von Cremona, das ich in meinem Buch zitiert habe. Lesen Sie es nach.«

– »Kann ein Mensch überhaupt so Übermenschliches leisten, wie Sie es vorgeben, getan zu haben?«

»Er kann es, wenn er von sich selbst absieht und in den Gesichtern der leidenden Menschen das Angesicht Gottes sieht, der auch ihr Schöpfer ist und der nicht will, dass Menschen gegeneinander barbarische Kriege führen und dabei Tausende für vermeintlich gerechte Ziele niedermetzeln, die doch nur der Förderung des eigenen Ruhmes dienen. Wie teuer ein solcher Ruhm ist, geben die Opferzahlen von Solferino und die der ungezählten Schlachten zuvor wieder. – Aber noch ein Satz zu Ihrer Frage: Es gab in Castiglione und auch in anderen lombardischen Städten und Dörfern unzählige Männer und Frauen und sogar Kinder, zumeist aber Frauen und Mädchen, denen dieser barmherzige Blick geschenkt wurde. Sie haben alle Übermenschliches geleistet.«

– »Haben Sie in Ihrem Buch in Ihrer Darstellung den Krieg nicht unzulässig verherrlicht und glorifiziert? Und glauben Sie, dass Kriege grundsätzlich vermeidbar sind?«

»Das sind zwei Fragen zugleich, mein Herr. Zur ersten sage ich, dass das nach außen hin so erscheinen mag. Meine Absicht war das ganz und gar nicht. Aber ist es nicht so: Wenn eine Sache in helles Licht gestellt wird, dann erscheinen ihre Schatten umso dunkler und schwärzer? Ich hoffe sehr, dass der aufmerksame Leser diese meine Absicht erkennt.

Zu Ihrer zweiten Frage sage ich, dass das wohl mein Wunsch wäre, den ich sicher mit den meisten von Ihnen hier im Saal teile. Aber Kriege werden sich zu keiner Zeit vermeiden lassen, solange sich die Erde dreht und auf ihr Menschen wohnen, die nach der Art Kains ihre Machtansprüche mit allen Mitteln durchsetzen möchten. Dass Schwerter zu Pflugscharen umgeschmiedet werden und die Menschen auf Kriege verzichten, das steht vorläufig nur in der alttestamentlichen Prophetie, im zweiten Kapitel des Propheten Jesaja. Ich befürchte sogar, dass die Kriege künftiger Zeiten noch brutaler geführt werden als das bisher der Fall war. Das von mir geschilderte Gemetzel von Solferino wird dagegen wie ein dummer Streit zweier wilder Bubenscharen erscheinen, der leider einige Opfer gekostet hat. Der rasche technische Fortschritt in der Konstruktion und dem Bau von Schusswaffen und anderen Zerstörungsmitteln wird das möglich machen.«

– »Wenn Sie diese Ansicht hier vor uns vertreten, dann sagen Sie uns doch bitte in Kürze noch einmal, was vor diesem traurigen Hintergrund dann ihr eigentliches Anliegen ist.«

»Das will ich gerne tun, mein Herr. Wenn es stimmt, dass sich Kriege mit menschlichen Mitteln nicht verhindern lassen, kann für die Zukunft eigentlich nur eins gelten: Man muss den Krieg humaner ausgehen lassen. Man muss mit den Kriegsopfern humaner umgehen, als das bisher der Fall ist. Ich denke an Hilfsgesellschaften, deren Zweck es ist, die Verwundeten in Kriegszeiten zu pflegen oder pflegen zu lassen. Diese Gesellschaften sollten aus Freiwilligen bestehen. Sie sollten in Friedenszeiten allerorts gegründet und gebildet werden, damit sie in Kriegszeiten ausgebildetes Personal zum Einsatz bringen können zur ersten Versorgung der Verwundeten schon auf dem Schlachtfeld während des Gefechts. Dasselbe Personal sollte später zu Verfügung stehen, um die Pflege der Verwundeten in Spitälern und anderen Anstalten bis zu ihrer vollständigen Genesung zu übernehmen.«

– »Warum, bitteschön, sollten diese Hilfsgesellschaften aus Freiwilligen bestehen?«

»Für eine solche Aufgabe kann man keine söldnerähnlich angestellten Leute gebrauchen. Die machen ihren Dienst nach Anweisung, und wenn es für sie kritisch wird, dann suchen sie den Ausweg und den Umweg oder gar das Weite. Nur wer sich freiwillig einbringt, wird nicht vor Blut und Eiter, vor offenen Wunden, vor abgerissenen Gliedmaßen oder auch nur vor seiner eigenen Müdigkeit oder vor der unpassenden Tageszeit zurückschrecken. Der Freiwillige wird da sein, wann und wo er gebraucht wird.«

– »Glauben Sie wirklich, Herr Dunant, dass sich genügend Menschen finden, die sich einer solchen freiwilligen, das heißt doch dann auch unentgeltlichen, Tätigkeit zur Verfügung stellen? Das ginge dann doch nur auf eigene Kosten.«

»Mein lieber Herr, ich glaube das wirklich. Ich bin sogar überzeugt davon, dass es in unserem als egoistisch und kaltherzig verschrienen Jahrhundert genügend gefühlvolle und edle Herzen gibt, dass es genügend ritterliche Charaktere gibt, die bereit sind, denselben Gefahren zu trotzen wie die mutigen Männer in ihren Waffenröcken, um auf diesem Weg der Selbstverleugnung anderen Trost und Hilfe zu bringen. Sie dienen damit einer Mission des Friedens und das in der Tat auf eigene Kosten.«

– »Sie sind ein Phantast und ein Utopist, Herr Dunant!«

»Sie mögen das wohl von mir annehmen, werter Herr. Aber beanspruchen Sie etwa nicht, ein ritterlicher Charakter zu sein und ein edles Herz zu haben? Haben Sie etwa Zweifel daran, dass die Geschichte sich wiederholt? *›Es geschieht nichts Neues unter der Sonne.‹* Das wusste bereits der weise König Salomo. Auch meine Gedanken sind doch im Grunde gar nicht neu. Es hat solche Menschen schon immer gegeben, vor dem barmherzigen Samariter des Lukasevangeliums der Bibel und auch nach ihm. Ich könnte Ihnen eine lange Liste solcher Menschen vortragen. Ich habe etliche in meinem Buch aufgezählt. Sie sollten es nachlesen.«

– »Denken Sie bei Ihren Überlegungen an Männer oder an Frauen oder an beide?«

»Ich denke selbstverständlich an beide. Männer mit ihrer äußeren Robustheit und mit ihrer größeren körperlichen Kraft bedürfen der Ergänzung durch Frauen mit ihrer Liebesfähigkeit und ihrem tieferen Einfühlungsvermögen.«

– »Was, glauben Sie, werden die Militärs zu Ihren Ideen sagen? Lassen die sich denn von Zivilisten in ihr Handwerk pfuschen? Freiwillige Krankenwärter auf dem Schlachtfeld?!«

»Ich habe bereits sehr viele Reaktionen auf meinen Appell erhalten, auch von hohen Militärs verschiedener Länder Europas. Der Widerspruch war gering. Im Wesentlichen wird mein Appell von den meisten begrüßt. In diesem Bereich sehe ich keine Probleme auf die Sache zukommen.«

– »Müssen diese Freiwilligencorps nicht besonderen Schutz genießen, wenn sie sich ins Kampfgetümmel begeben? Denen wird die rote oder schwarze Flagge über einem improvisierten Verbandsplatz auch künftig nichts nützen, wie die Berichte von den Kriegsschauplätzen lehren.«

»Danke für den besonderen Hinweis in Ihrem Beitrag! Zu diesem Problem wird es eine Lösung geben. Es wird sie geben müssen als eine allseits anerkannte. Es darf nicht länger vorkommen, dass Sanitätspersonal während seines Einsatzes unter Beschuss genommen wird und gar selbst zu Tode kommt, weil es als solches nicht erkennbar ist. Ähnliches gilt für Transportfahrzeuge im Sanitätseinsatz und für Gebäude, die als Lazarette benutzt werden. Sie alle brauchen ein weithin sichtbares anerkanntes Erkennungszeichen. Ich habe dazu auch bereits gewisse Vorstellungen, die in einem kleineren Kreis zunächst weiter bedacht werden müssen. Seien Sie bitte nachsichtig, wenn ich hierzu noch nichts Weiteres ausführe, und haben Sie Geduld. Ich hoffe, es wird bald eine Antwort auf diese Frage geben. Ich danke Ihnen aber noch einmal für die Anregung.«

– »Herr Dunant, Sie sprachen davon, solche freiwilligen Hilfsgesellschaften sollten allerorts gegründet werden. Wie soll das nach ihrer Vorstellung gehen?«

»Mein Appell ist mehr als tausendfach in die Länder Europas und darüber hinaus gegangen. Er ist gelesen worden in vielen Häusern des niederen und des höheren Adels und in den Häusern einflussreicher Bürger. Er ist auch in viele Kasernen Europas gelangt und unter höchsten Militärs diskutiert worden. Ich bin überzeugt, dass es eine Menge Initiativen zur Gründung von Hilfskomitees geben wird. Es wird sogar nötig sein – so nehme ich stark an –, von einer zu schaffenden Zentrale aus diese Initiativen zu koordinieren und zwischen ihnen einen regelmäßigen Gedankenaustausch zu ermöglichen.«

- »Könnte oder sollte diese Zentrale dann nicht hier in Genf eingerichtet werden, von wo aus der Gedanke doch in die Welt gegangen ist?«
- »Bietet sich die Gemeinnützige Gesellschaft, in der wir uns hier heute Abend befinden, nicht bereits als Zentrale an?«
- »Sollte nicht besser ein spezifisch christliches Werk, wie es zum Beispiel die Evangelische Gesellschaft unserer Stadt ist, oder auch die Kirche die Koordination der neuen Hilfsgesellschaften übernehmen? Ihre Initiative, Herr Dunant, ist doch eine ausgesprochen christliche.«
- »Welche Kirche sollte es denn dann sein?«, warf an dieser Stelle ein weiterer Zuhörer ein, ehe Henry Dunant antworten konnte. »Etwa die reformierte calvinistischer Ausrichtung oder die päpstliche oder gar die ›Erweckungsbewegung‹, die meint, ihre eigenen Wege gehen zu müssen?«

»Nun, meine Damen und Herren, das waren gleich mehrere Gedanken auf einmal. Ich versuche, auf jeden einzugehen. Ich beginne bei den letzten, um so zu den ersten zu kommen.

Ich widerspreche dem Eindruck nicht, dass meine Gedanken über die Humanisierung des Krieges aus meinem persönlichen christlichen Glauben und Empfinden geboren sind. Dennoch: Sollte mein Appell tatsächlich dazu führen, dass an vielen Orten Europas und der Welt über die Bildung barmherziger Hilfsgesellschaften nachgedacht wird, dann sollte ihre Gründung nicht abhängig gemacht werden davon, ob ihre Gründer überzeugte Christen sind und dieser oder jener oder überhaupt einer Kirche angehören. Es gibt in allen Gesellschaftskreisen humanistisch gesinnte Menschen, ob sie nun evangelisch oder katholisch oder methodistisch oder auch säkular geprägt sind. Meiner Überzeugung nach sollten die Hilfsgesellschaften in keiner Weise konfessionell geprägt sein oder einer bestimmten Denomination angehören. Sie sollten universal sein und alle geistigen und ideologischen Denkweisen und Lebenseinstellungen umfassen. Jedermann, der dem Grundgedanken eines ehrlichen Humanismus anhängt, sollte uneingeschränkt Mitglied in einer solchen Vereinigung werden können. Ich lehne also jede geistliche Instanz als zentrale Einrichtung der gedachten übergreifenden Organisation ab.

Selbstverständlich würde ich es begrüßen, wenn es in unserer Stadt Genf, die auch meine Stadt ist, die sich schon immer in großer Breite und Tiefe um die Not der Armen dieser Welt gekümmert und sich der Elenden angenommen hat, wenn es in unserer Stadt ein Komitee aus mutigen und weitsichtigen Männern geben könnte, die bereit wären, die wohl nicht geringe Mühe auf sich zu nehmen, eine europaweite oder sogar weltweite Organisation barmherziger Hilfsgesellschaften zu koordinieren und die angesprochenen Konferenzen für den Gedankenaustausch vieler Komitees zu ermöglichen. Ich möchte in dieser Frage offen sein für die Entwicklung, die die Sache nehmen wird, die ich durch den Appell in meinem Buch angestoßen habe.«

An dieser Stelle schaltete sich Gustave Moynier selbst in die Aussprache ein, die er bisher lediglich moderiert hatte. »Ich möchte den letzten Gedanken unseres verehrten Mitglieds Henry Dunant aufgreifen und Ihnen allen im Saal mitteilen, dass die Frage nach dem Sitz und den Mitgliedern eines derartigen Komitees bereits geklärt scheint. Es gibt in unseren Reihen Männer, die ihre Bereitschaft signalisiert haben, gemeinsam mit mir ein solches Komitee zu bilden.«

Herrschte bis zu diesem Moment im Saal eine gespannte Aufmerksamkeit, so sorgte diese Mitteilung doch für erhebliche Unruhe. Ein Raunen ging durch die Reihen. Jeder fragte sich selbst und offenbar auch seine Nachbarn, wer diese Männer sein könnten und warum Henry Dunant sich verhalten hatte, als wisse er davon nichts. Der eine oder andere mochte sich auch fragen, weshalb die Mitgliedschaft des Redners in der Gemeinnützigen Gesellschaft ausgerechnet an dieser Stelle und dann auch nur so nebenbei erwähnt wurde.

Der Mann hinter dem Katheder aber war tatsächlich ebenso überrascht von dieser Aussage wie die Hörerschaft im Saal. Er schien sogar ein wenig erschrocken und schaute mit fragendem Gesicht zu Gustave Moynier hinüber. Was hatte der vor? Wieso hatte er nichts, aber auch gar nichts darüber verlauten lassen, dass er sich offenbar im Vorfeld mit dieser Frage beschäftigt hatte und nun schon eine Antwort bereithielt? »... es gibt Männer, die gemeinsam mit mir ...«, hatte er gesagt. Das war schon sehr merkwürdig und forderte besondere Wachsamkeit.

Der Präsident erhob sich jetzt von seinem Platz und trat selbst ans Rednerpult. Dabei schob er Henry Dunant mehr oder weniger zur Seite, als habe der seine Schuldigkeit für heute getan und als werde er hier nicht weiter gebraucht. »Vielen Dank, verehrter Henry Dunant. Danke für Ihre beeindruckenden Ausführungen und für die geduldige Beantwortung der Fragen aus dem Publikum.«

Während der ›verehrte Henry Dunant‹ sich unter erneutem Beifall des Publikums deutlich verunsichert in die erste Reihe setzte, wandte sich Gustave Moynier in einer merkwürdig überlegenen Art an die Zuhörerschaft. »Meine Damen und Herren! Sie wundern sich vielleicht über meine Einlassung.

Ich werde sie Ihnen sogleich erklären.« Der Präsident machte eine Pause, um sich auch die Aufmerksamkeit des letzten Anwesenden zu sichern. Dann fuhr er fort: »Die Materie dieses Abends war mir nicht neu, sondern bereits sehr geläufig und präsent. Ich habe die ›Erinnerung an Solferino‹ mehrfach gelesen. Ein Buch mit einer ganz besonderen Ausstrahlungskraft! Ich habe im Vorfeld dieses Abends ausführlich mit Henry Dunant darüber gesprochen. Sein Anliegen hatte ich bereits bei der Lektüre seines Buches zu dem meinen gemacht und damit zugleich auch zu einem Anliegen der Gemeinnützigen Gesellschaft. Ich habe danach mit den Mitgliedern des Vorstands darüber gesprochen und mit den Herren überlegt, welche bewährten Persönlichkeiten sich zu einem Komitee zusammenfinden könnten, das die weitere Arbeit in die Hand nimmt und koordiniert. Wenn ich Ihnen jetzt einige Namen nenne, sage ich sogleich dazu, dass ich keinerlei Überredungskünste anzuwenden brauchte, um die Herren mit ins Boot zu nehmen.«

Gustave Moynier hielt einen Moment inne, wohl um die Spannung im Saal zu erhöhen. »Ich nenne Ihnen die Herren Dr. Louis Appia, Dr. Théodore Maunoir und General Guillaume-Henri Dufour.« Die drei Genannten erhoben sich kurz und wandten sich mit leichten Verbeugungen dem Publikum zu. Der Sprecher fuhr fort: »Sie kennen die Herren als Männer, die sich in ihrem jeweiligen Metier mehr als verdient gemacht haben und weit über die Stadt Genf hinaus einen ausgezeichneten Ruf genießen. Sie sind gemeinsam mit mir willens, ein solches Komitee zu bilden. General Dufour ist bereit, den Vorsitz zu übernehmen. Ich fungiere als sein Stellvertreter. Über meine Person und ihre öffentliche Reputation muss ich mich hier wohl nicht auslassen.«

Henry Dunant, der Vordenker der Thematik dieses Abends, wurde auf seinem Platz immer unruhiger. Was sollte das? Wieso riss Gustave Moynier die Initiative auf diese plumpe Art an sich? Wieso stellte er ihn und das Auditorium vor vollendete

Tatsachen? Das Komitee bereits gebildet?! Sein erster und zweiter Vorsitzender schon ernannt?! Und wo blieb er, der Urheber dieser Gedanken? Dem Mann wurde schwindelig und übel. Wie aus weiter Ferne registrierte er einen Zwischenruf aus dem Publikum: »Was ist mit Herrn Dunant? Gibt es für ihn keinen Platz im Komitee?« Der Genannte riss sich zusammen, schluckte den aufgekommenen Unmut herunter und schaute dem Präsidenten erwartungsvoll ins Gesicht. Wie würde der jetzt antworten?

Gustave Moynier schien von dem Zwischenruf ein wenig irritiert zu sein. Er brauchte einige Momente, um seine Antwort zu finden und zu formulieren. Nach einem Hilfe suchenden Blickkontakt mit dem General sagte er: »Meine sehr verehrten Damen und Herren, selbstverständlich wird Herr Dunant dem Komitee angehören, wenn er es möchte. Schließlich ist er der Vater der Idee der freiwilligen Hilfsvereine.« Der Präsident hatte sich wieder gefasst und wandte sich an den ›Vater der Idee‹, der ihn von seinem Platz aus mit hochrotem Kopf und deutlicher Erregung aus großen Augen anschaute: »Herr Dunant, möchten Sie dem Komitee angehören?«

Diese Frage ist eine Unverschämtheit, schoss es dem Angesprochenen durch den Kopf. Was hatte der Präsident der Gemeinnützigen Gesellschaft nur im Sinn? Was hatte der mit seinen, Henry Dunants, Ideen vor? Wollte er sie künftig als die seinen ausgeben? General Dufour als Vorsitzender des Komitees war doch nur vorgeschoben. Der alte Herr war ein freundlicher und äußerst liebenswürdiger Mann, der sich längst hinlänglich Ruhm und Ehre erworben hatte und nun seinen Ruhestand genoss. Nein, Gustave Moynier schien der zu sein, der den Ruhm und die Ehre für sich beanspruchen wollte, der »Vater« einer nationalen oder gar internationalen Bewegung für wohltätige Hilfsgesellschaften zur Verbesserung des Loses kriegsverletzter Menschen zu sein. Das konnte doch wohl nicht angehen! Nein, selbst wenn es künftig eine Zusammenarbeit mit Gustave Moynier geben sollte – die heute Abend vorgestellte Sache war nicht die dieses Mannes! Sie war, zumindest so lange, bis sie richtig in Gang gekommen war, seine eigene und höchst persönliche Sache. Später, wenn das Kind geboren war, mochte der Rechtsanwalt es weiter pflegen, gerne auch unter der Obhut des Generals...

Henry Dunant

Dr. Louis Appia

General Wilhelm Dufour

Gustave Moynier *Dr. Theodor Maunoir*

Das Gründungskomitee des Roten Kreuzes (Abb. 8, 9, 10, 11, 12)

Henry Dunant kämpfte mit sich um die richtige Antwort. Schließlich erhob er sich, wandte sich dem Publikum zu und sagte – dabei bemühte er sich deutlich, seine Stimme nicht zittern zu lassen –: »Ich denke, meine verehrten Damen und Herren, dass mir als dem Urheber der hier verhandelten Sache ein Platz in dem Komitee zusteht, das ohne mein Wissen und ohne meine Beteiligung offenbar bereits gegründet ist. Ich wünsche selbstverständlich, als weitere Person in das Gremium aufgenommen zu werden. Ich stelle mich dem Herrn Vorsitzenden Dufour und den Herren Beisitzern, die ich sämtlich hoch schätze, als Schriftführer und Korrespondent zur Verfügung.«

Mit diesen Worten wandte Henry Dunant sich Gustave Moynier zu, verbeugte sich kurz und setzte sich wieder hin. Im Saal gab es zum zweiten Mal für diesen Abend Beifall, der dem »Samariter von Castiglione« galt, vielleicht auch seinem Schachzug, mit dem er den Vorgriff des Präsidenten Moynier beantwortet hatte. Der war jetzt gezwungen, das Angebot anzunehmen und ihm die Aufgaben eines Schriftführers und Korrespondenten des Komitees zu übertragen, wollte er nicht vor dem Publikum des Abends sein Gesicht verlieren.

Gustave Moynier machte tatsächlich gute Miene zu dem für ihn wohl – freilich selbst verschuldet – ein wenig schnöden Spiel. Dennoch kam seine Antwort spürbar säuerlich, und sie bedeutete zugleich auch den Abschluss des Abends: »Ich danke Ihnen, verehrter Herr Dunant, für Ihre Bereitschaft zur Mitarbeit im Komitee und auch noch einmal für die Mitgestaltung dieses Abends. Ich bitte im Namen von General Dufour die Herren des Gremiums, noch für ein paar Minuten zurückzubleiben zur Absprache der nächsten Schritte und Termine. Die Ergebnisse unserer künftigen Beratungen werden wir Ihnen, den Mitgliedern unserer Gesellschaft, mitteilen, sobald sie vorliegen. Meine Damen und Herren, ich danke Ihnen und wünsche Ihnen noch einen guten Abend.«

Eine Konvention der Menschlichkeit

Die fünf Herren des Komitees standen nur noch für wenige Momente zusammen, wobei Gustave Moynier das Wort führte und nicht etwa der Vorsitzende. Dabei fragte er zunächst danach, ob jeder mit der Zugehörigkeit von Henry Dunant zum Gremium und mit seiner Position als Schriftführer einverstanden sei. Die Zustimmung war einhellig. Danach schlug er vor, sich zur ersten offiziellen Komitee-Sitzung am Abend des 17. Februar wieder zu treffen. Dann solle es um die Strategie gehen, mit der das Anliegen der »freiwilligen Hilfsgesellschaften« vorangetrieben werden könne. Nachdem niemand diesem Vorschlag widersprach, verbeugte der Leiter des Abends sich lediglich zum Gruß und verließ den Kreis, um sich einigen wartenden Teilnehmern zuzuwenden.

Die beiden Ärzte und General Dufour dagegen reichten dem »Neuen«, dem Jüngsten in der Runde, freundlich die Hand und wünschten eine gute und gedeihliche Zusammenarbeit und ein erfolgreiches Bemühen um die gute Sache. Der Älteste des Komitees – General Dufour war bereits im 76. Lebensjahr, damit etwa so alt wie Henry Dunants Vater und diesem seit Langem freundschaftlich verbunden – schaute ihm mit einem vielsagenden Blick in die Augen: »Seien Sie herzlich willkommen, Henry. Wir brauchen Sie. Sie haben die Ideen und die Fähigkeit, sie auszuformulieren. Sie haben weithin den Boden vorbereitet. Moynier hat vielleicht die stärkere Kraft, ihn zu bearbeiten und Ihre Ideen durchzusetzen. Wir werden sehen, wie es wird. Gott möge seinen Segen zu allem geben.«

Ein gutes Schlusswort für diesen Abend, registrierte Henry Dunant. Es vermochte die letzten Spuren des Unmuts über die vergangenen Minuten restlos zu vertreiben.

In der vereinbarten Sitzung am 17. Februar ging es dann sowohl um strategische Fragen bezüglich einer sinnvollen, langfristigen und umfassenden Verwirklichung der »freiwilligen Hilfsgesellschaften« als auch um einzelne Inhalte des Gesamtplans. Am Ende der mehrstündigen Beratung, in der Henry Dunant und Gustave Moynier die umfangreichsten Redeanteile hatten, gab es trotz zuweilen kontroverser und streckenweise sogar heftiger Diskussionen – die beiden Hauptpersonen waren sich in ihrem manchmal ungestümen Temperament zu ähnlich, in ihren Ansichten aber zu verschieden – Einvernehmen in den wichtigen Fragen des weiteren Vorgehens:

- Um seinem Bemühen einen internationalen Anstrich zu geben, gab sich das Fünfer-Gremium den Namen »Ständiges Internationales Komitee«. Schließlich sollte am Ende des gesamten Prozesses eine weltumfassende Organisation gebildet sein.

- In den künftigen Überlegungen sollte es nicht nur um die bestmögliche Versorgung von Verwundeten durch geschultes ärztliches und pflegerisches Personal während eines Krieges und nach seiner Beendigung gehen, sondern auch um eine ständig zu verbessernde medizinische Ausstattung von Feldlazaretten.
- Ferner wurde angestrebt, alle technischen Fortschritte und Neuerungen bei Hilfs- und Transportmitteln rasch zu nutzen und die diesbezüglichen Kenntnisse und Informationen jeweils zwischen den beteiligten Nationen auszutauschen.
- Nicht zuletzt sollte darüber nachgedacht werden, wie es zu bewerkstelligen sei, dass die zu gründenden Komitees jeweils unter den Schutz ihrer Regierungen zu stehen kämen und dass diese Regierungen sich einer international anerkannten Konvention unterstellten.
- Schließlich wurde der Verfasser der »Erinnerung« beauftragt, ein Memorandum über die Ziele der Arbeit zu entwerfen, die sich das Fünfer-Komitee vorgenommen hatte. Diese Denkschrift sollte geeignet sein, auf dem großen Wohltätigkeitskongress, der für Anfang September nach Berlin einberufen war, einem internationalen Publikum vorgestellt zu werden. Gustave Moynier sollte die Vorstellung übernehmen, da er ohnehin an diesem Kongress teilnehmen würde.

Ehe Henry Dunant diese Arbeit in Angriff nahm, reiste er nach Paris, um sich dort zum einen um seine algerischen Geschäfte zu kümmern, was dringend notwendig war, und um zum anderen unter seinen vielen Bekannten in der Stadt für seine Idee zu werben. Letzteres tat er mit großem Erfolg. Es öffneten sich ihm erstaunlich viele Türen bis hinein in die höchsten Kreise der französischen Hauptstadt. Seiner Person und seiner Idee kam das sehr zugute, seinen Geschäften freilich nicht. Dazu hätten diese freilich einen höheren Stellenwert im Bewusstsein des Genfer Kaufmanns haben müssen. Den hatten sie aber nicht. Im Gegenteil, sie waren ihm zurzeit überhaupt nicht wichtig, und er vernachlässigte sie sträflich.

Bei Henrys Rückkehr nach Genf kamen die vier anderen Herren des Komitees aus dem Staunen nicht heraus angesichts der Erfolge, von denen ihr Sekretär zu berichten wusste. Da tauchten eine Menge illustre Namen auf wie der von Saint Marc Girardin, einem angesehenen Mitglied der Académie française, oder der des Grafen Adolphe de Circourt, der dem eifrigen Kämpfer für mehr Menschlichkeit im Krieg einen guten Zugang zu monarchistischen Adelskreisen verschafft hatte. Der Name Victor Hugos, des bekannten Schriftstellers, wurde genannt wie auch der von Frédéric Passy, dem Führer der Pazifistenbewegung in Frankreich. Diese Männer waren allesamt sehr offen für die Gedanken Henry Dunants. In Paris war somit der Boden für die Gründung eines örtlichen Komitees vorbereitet. Wann es gebildet würde, war nur eine Frage der Zeit und bedurfte vielleicht nur noch eines geringen Anstoßes.

Henry Dunant war begeistert von der Aufnahme, die seine Idee in den führenden Pariser Kreisen gefunden hatte, und seine Mitstreiter im Fünfer-Komitee ließen sich mitreißen. Sie ließen sich auch mitreißen von der Begeisterung ihres Sekretärs für Dr. S. H. C. Basting, einen holländischen Militärarzt. Dieser hatte, von der Lektüre der »Erinnerung an Solferino« zutiefst bewegt, um die Erlaubnis gebeten, dieses Buch in seine Sprache übersetzen und in seiner Heimat in der Presse oder auch in Buchform veröffentlichen zu dürfen. Die Idee zog weitere Kreise! Die Welt öffnete sich zunehmend für die Anliegen des »Ständigen Internationalen Komitees« und seines Sekretärs. Wie nebenbei hatte Dr. Basting in seinem Brief erwähnt, er werde im September an einem Internationalen Statistischen Kongress in Berlin teilnehmen. Das sei vielleicht eine Gelegenheit, sich persönlich kennenzulernen.

Nun, der September war noch ein paar Monate hin. Und dann war da zunächst ja auch der Wohltätigkeitskongress, der die Möglichkeit bot, die gute Idee von der Humanisierung kriegerischen Kampfgeschehens weiter bekannt zu machen. Allerdings fand Henry Dunants »Denkschrift über die Verwundeten und Freiwilligen« ganz und gar nicht das Gefallen der anderen Mitglieder des Fünfer-Komitees. Die Schrift könne in dieser Fassung unmöglich den Teilnehmern des Berliner Kongresses vorgelegt werden. Sie sei der Sache nach ja richtig, aber im Ton gliche sie einer frommen Predigt, die wohl keiner hören oder lesen wolle. Der Autor musste sich überzeugen lassen, dass der Text in eine andere Sprache und in eine andere Ordnung gebracht werden musste. Gustave Moynier werde ihm als der nüchterne Jurist helfen, ein Papier zu erstellen, das in gebotener Kürze und Sachlichkeit und in einer geordneten und klaren Struktur deutlich machte, worum es dem Genfer Komitee ging.

Es kam jedoch alles anders als geplant und gedacht. In der August-Sitzung des Ständigen Internationalen Komitees lag zwar das neue Papier vor und wurde auch akzeptiert. Henry Dunant freilich war von dem nüchternen Text wenig begeistert. Ihm fehlten »Herz« und »Gefühl« in der sachlichen Auflistung der zehn Punkte. Außerdem hatte er schlucken müssen, dass sein Mitautor keinen Mut hatte, den »revolutionären Gedanken der Neutralität« in den Text aufzunehmen. Diese Zugeständnisse zu ertragen machte ihm deutlich Mühe.

Gustave Moynier aber musste zum großen Bedauern des Ausschusses mitteilen, dass der Wohltätigkeitskongress nicht stattfände – er war von den Verantwortlichen offiziell abgesagt worden. Was war jetzt zu tun? Sollten sie sich diesem Schicksal beugen und die hochtrabenden Pläne zurückschrauben? Sollten sie das neue Papier ins Land schicken, ohne dass es …? Nein, das konnte nicht sein!

In die Überlegungen hinein, die diesbezüglich hin und her gingen, machte Gustave Moynier, als folge er einer plötzlichen

Eingebung, den Vorschlag: »Meine Herren, was halten Sie davon, wenn wir einen eigenen Kongress nach Genf einberufen, der unser Anliegen und die Denkschrift zum einzigen Thema hat?«

Dieser Gedanke war so außergewöhnlich und so kühn, dass er für eine Weile das Gespräch verstummen ließ. Henry Dunant überwand seine Überraschung als Erster. Während General Dufour und die Ärzte Dr. Appia und Dr. Maunoir noch mit umwölkten Stirnen überlegten, wie sie auf diesen kühnen Vorschlag reagieren sollten, hellte sich das ernste Gesicht des Sekretärs auf, und er gab seiner Begeisterung Ausdruck: »Ein ausgezeichneter Einfall, Gustave Moynier! Den muss Ihnen der Himmel eingegeben haben!«

Sofort entwickelte sich ein lebhaftes Gespräch um das Wann und Wo, das Wer und Wie und um andere Fragen, die sich zwangsläufig aus dem Vorschlag ergaben. Am Ende der Sitzung waren sich die fünf Herren einig, für den 26. Oktober zu einem Kongress nach Genf einzuladen, der das Ziel haben sollte, »die Ideen des M. Dunant vom Felde der Theorie zu dem der Praxis zu bringen.« Nach einer Liste, die Henry Dunant aus seinem großen Adressenfundus erstellen würde, sollten Einladungen verschickt werden, denen das neue Zehn-Punkte-Papier beigelegt werden würde. Außerdem sollte der Sekretär nach Berlin reisen – allerdings bitte auf eigene Kosten –, um zu versuchen, über Dr. Basting Zugang zu dem Statistischen Kongress zu bekommen, auch wenn dort ganz andere Themen verhandelt würden.

In den ersten Septembertagen des Jahres 1863 ging eine große Zahl von Einladungen zu dem geplanten Kongress an Regierungen, führende Militärs, Mediziner und an viele andere wichtige Leute in allen Teilen Europas. Wie vereinbart, wurde jedem Brief das noch einmal überarbeitete Zehn-Punkte-Papier zur Information und zur Vorbereitung der späteren Erörterungen beigelegt. So konnte sich jeder Briefempfänger schon einmal mit den Vorgaben des Genfer Komitees auseinandersetzen, die wie folgt lauteten:

»Abschnitt I
Allgemeine Bestimmungen

Art. 1: Es besteht in jedem Land ein nationaler Ausschuss, dessen Aufgabe es ist, mit allen in seiner Macht stehenden Mitteln der Unzulänglichkeit des Sanitätsdienstes der im Felde stehenden Heere abzuhelfen.

Dieser Ausschuss bildet sich selbst in der Art und Weise, die ihm am nützlichsten und angemessensten erscheint.

Art. 2: Sektionen können sich in unbeschränkter Zahl zur Unterstützung dieses Ausschusses bilden. Sie befinden sich notwendigerweise in Abhängigkeit von diesem Ausschuss, welchem allein die Oberleitung zusteht.

Art. 3: Jeder Ausschuss muss sich mit der Regierung seines Landes in Verbindung setzen und sich vergewissern, dass seine Dienstanerbietungen im Kriegsfalle angenommen werden.

Art. 4: In Friedenszeiten widmen sich die Ausschüsse und Sektionen notwendigen Verbesserungen beim militärischen Sanitätsdienst, bei der Einrichtung von Ambulanzen und Lazaretten, bei Transportmitteln für die Verwundeten usw. und wirken auf deren Realisierung hin.

Art. 5: Die Ausschüsse und Sektionen der verschiedenen Länder können sich in internationalen Kongressen versammeln, um einander ihre Erfahrungen mitzuteilen und sich über die zum Besten der Sache zu ergreifenden Maßnahmen zu verständigen.

Art. 6: Im Januar jedes Jahres legen die nationalen Ausschüsse einen Bericht vor über ihre Arbeit im vergangenen Jahr, wobei sie Mitteilungen hinzufügen, deren Kenntnisnahme durch die Komitees der anderen Länder sie für nützlich erachten. – Der Austausch dieser Mitteilungen und Berichte erfolgt durch die Vermittlung des Genfer Komitees, an das sie gerichtet werden.

Abschnitt II
Besondere Bestimmungen für den Kriegsfall

Art. 7: Im Kriegsfall leisten die Ausschüsse der Krieg führenden Nationen ihren betreffenden Armeen die notwendige Hilfe; besonders sorgen sie für die Aufstellung und Organisation der Korps freiwilliger Krankenpfleger. Sie können die Mithilfe der Ausschüsse der neutralen Nationen in Anspruch nehmen.

Art. 8: Die freiwilligen Helfer verpflichten sich, für eine begrenzte Zeit zu dienen und sich in keiner Weise in die Kriegshandlungen einzumischen. – Sie werden entsprechend ihrem Wunsch im Dienst auf dem Feld oder in Lazaretten eingesetzt. Frauen werden nur letzteren zugeteilt.

Art. 9: Die freiwilligen Helfer tragen in allen Ländern eine Uniform oder ein gleichwertiges Erkennungszeichen. Ihre Person ist ›unverletzlich‹ oder ›neutral‹, und die militärischen Führer schulden ihnen Schutz. Zu Beginn eines Feldzugs werden die Soldaten beider Seiten von der Existenz dieser Korps und ihrem ausschließlich wohltätigen Charakter unterrichtet.

Art. 10: Die Korps der Sanitäter oder freiwilligen Krankenpfleger marschieren hinter den Armeen, denen sie weder hinderlich sein noch Kosten verursachen dürfen.

Sie haben eigene Transportmittel, Verpflegung, Vorräte an Medikamenten und Hilfsmittel jedweder Art. – Sie werden den militärischen Führern zur Verfügung gestellt, die sich ihrer nur bedienen, wenn sie es für nötig halten. Während der Dauer ihres aktiven Dienstes unterstehen sie der Befehlsgewalt der militärischen Führung und unterliegen derselben Disziplin wie die regulären Sanitäter.«

Anfang September reiste Henry Dunant nach Berlin, um dort Dr. Basting zu begegnen. Der holländische Arzt hatte ihm mitgeteilt, er wisse einen Weg, die Thematik der Denkschrift in den Kongress einzubringen. Das hatte sich gut angehört! Unterwegs machte der Genfer Sendbote Halt in verschiedenen Residenzstädten an seiner Reiseroute, um dort persönlich für sein Anliegen zu werben und zu dem Kongress in seine Heimatstadt einzuladen. Dass er dabei die ersten Zusagen erhielt, beflügelte ihn ungemein. Dass sich dann auch der Statistische Kongress der Thematik annahm – Dr. Basting hatte es mit besonderem Geschick verstanden, sie in seiner Sektion der Tagung zur Sprache zu bringen und später auch noch einmal das Plenum damit zu konfrontieren –, machte ihn glücklich und überzeugte ihn mehr und mehr davon, dass auch die Frage der Neutralisierung der Verwundeten unbedingt in das Zehn-Punkte-Papier aufgenommen werden musste. Warum nur hatten sich seine Genfer Komitee-Kollegen so vehement gegen die Aufnahme dieses Stichworts gesträubt? Die sollten einmal erleben, wie offen die meisten Delegierten hier in Berlin für gerade diese Frage waren!

Henry Dunant beschloss einen Alleingang, zu dem ihn Dr. Basting ausdrücklich ermunterte, und setzte seinen Beschluss auch um. Er modifizierte gemeinsam mit seinem holländischen Freund das Einladungsschreiben Gustave Moyniers durch einen »Zusatz zur Einberufung einer internationalen Konferenz in Genf«. Er erwähnte, dass der Berliner Kongress ausdrücklich den Plan unterstütze, »internationale und ständige Hilfsgesellschaften für verwundete Soldaten in Kriegszeiten« ins Leben zu rufen, und erweiterte das Anliegen seines Komitees für den Genfer Kongress in seinem Artikel 3 um den Text: »*Diese gleichen Regierungen sollen erklären, dass künftig das ärztliche Personal und die von ihm abhängigen Personen*[5]*, die anerkannten freiwilligen Helfer eingeschlossen, von den Krieg führenden Mächten als neutrale Personen betrachtet werden.*«

Dann ließ er das Schreiben neu drucken und verteilte es am letzten Kongresstag noch hier in Berlin. Weitere Exemplare verschickte er an die Adressaten, die er nicht über einen der Delegierten erreichen konnte. Die vollständige Empfängerliste hatte er bei sich. Dass er seine Genfer Kollegen bei dieser Aktion übergehen musste, sollte ihn jetzt nicht kümmern. Wie hätte er auch in kürzester Frist ihre Zustimmung zur Erweiterung der Kongress-Thematik erhalten sollen? Und ob er die überhaupt erhalten hätte, war äußerst fraglich. Die kritischen Reaktionen, die ihm nach seiner Rückkehr in die Schweiz mit Sicherheit begegnen würden, wollte er gerne aushalten. Die Sache war es wert.

Nach Abschluss des Kongresses und nach getaner Arbeit, die ihn manche Stunde Schlaf und viel Kraft gekostet hatte, hätte sich Henry Dunant in der Stadt an der Spree gerne ein wenig Ruhe und Erholung gegönnt. Aber daraus wurde nichts. Am Preußischen Hof in Potsdam hatte man von der Anwesenheit des Autors der »Erinnerung an Solferino« im benachbarten Berlin erfahren. Im Königshaus hatte man sein Buch gelesen und seinen Appell für mehr Menschlichkeit im Krieg mit Begeisterung aufgenommen. Jetzt, wo der Verfasser dieser bewegenden Erlebnisse und wertvollen Gedanken selbst anwesend war, konnte und wollte man ihm persönlich königliche Bewunderung und Anerkennung zollen und ihm von höchster Stelle die Unterstützung seines Anliegens zusagen. Der »Samariter von Castiglione« wurde zu mehreren Empfängen geladen, die den Statistischen Kongress abrundeten, und er traf in einigen Privataudienzen Mitglieder des Königshauses und Repräsentanten des Staates. Sie alle waren offen für seine Gedanken und Ideen und sagten ihre Unterstützung zu. Sogar der preußische Kriegsminister von Roon bekannte sich zu dem neuen Grundsatz der Neutralisierung der Verwundeten auf dem Schlachtfeld und derer, die sich als Ärzte und Sanitäter oder auch als Hilfspersonal ihrer annahmen. Auf jeden Fall würde Potsdam zur Unterstützung dieses Anliegens einen Vertreter zum Kongress nach Genf schicken. – Das war alles viel Grund zum Danken!

Henry Dunant schwelgte im Glück. Er geriet ein wenig in Gefahr, die Bodenhaftung zu verlieren. Seine Briefe nach Genf sowohl an die Mitglieder des Komitees als auch an seine Familie sprühten vor Begeisterung. Wenn sich in den nächsten Tagen auch noch die Türen der Residenzen von Dresden, Prag, Wien, München, Stuttgart öffneten, dann war der Erfolg der Versammlung des 26. Oktober bereits im Voraus sicher. Die »Türöffner« für die Audienzräume entlang der geplanten Route auf dem Weg zurück nach Genf, die Delegierten ihrer Residenzen für den Statistischen Kongress, waren bereits unterwegs in ihre Heimatstädte. Er brauchte ihnen nur nachzureisen.

Als Henry Dunant am 20. Oktober endlich zu Hause ankam, hatte er eine überaus ereignisreiche Reise hinter sich. Und er hatte einige Teilnahme-Zusagen im Gepäck. Die wichtigste war ihm die des sächsischen Hofes. Die hatte nämlich eine ganz besondere Begründung. Wie hatte seine Majestät Johann von Sachsen doch geruht zu formulieren?: »Sicherlich würde eine Nation, die an einem solchen Werk der Menschlichkeit nicht teilnähme, von der öffentlichen Meinung Europas geächtet werden.« Ein wunderbarer Satz! Ein besonderer Schlüssel zur Öffnung unverständiger oder auch zögernder Geister, den der Reisende in Sachen Menschlichkeit mehrfach erfolgreich verwenden konnte.

Alles andere als begeistert von den Berichten des Sohnes und Bruders und Präsidenten der Mühlengesellschaft, der Henry Dunant nun einmal auch noch war, waren seine Familie und seine Geldgeber. Die Geschäfte in Algerien liefen nämlich gar nicht gut. Wenn der Verantwortliche für den finanziellen Einsatz hoher Summen sich nicht bald besser kümmerte, drohte der Aktiengesellschaft der Zusammenbruch. Das wäre ein Ereignis, das nicht nur die Familien Dunant und Colladon erschüttern würde, sondern die gesamte Finanzwelt in Genf und darüber hinaus. Nicht auszudenken, welche Folgen das haben konnte!

Ebenso wenig entzückt von den Aktionen ihres Sekretärs waren die anderen Mitglieder des Komitees – ausgenommen General Dufour. Der zollte dem Heimgekehrten Anerkennung für seine Mühe und für seine Erfolge. Zumal er selbst eine Nachricht aus Paris beisteuern konnte: Seine Majestät der Kaiser würde, als Antwort auf die Bemühungen seines jungen Freundes Henry Dunant, eine hochrangige Delegation nach Genf schicken mit dem Auftrag, die Vorschläge des Komitees zu unterstützen.

Auf Gustave Moynier machte das keinen Eindruck. Der war sogar ausgesprochen verärgert. Wie konnte sich der Phantast von Schriftführer erdreisten, einen Rundbrief im Auftrag des Ausschusses zu versenden, ohne dafür autorisiert zu sein?! Dass der Mann zudem ein Stichwort ins Gespräch gebracht hatte, das den Erfolg des bevorstehenden Kongresses seiner Meinung nach eher verhindern als fördern würde, nahm er ihm zutiefst übel. Als Antwort erstellte er mit Rückendeckung der beiden Ärzte im Ausschuss ein Tagungsprogramm, in dem der »Vater der Idee« nicht vorkam. Der sollte lediglich seinen Aufgaben als Schriftführer nachkommen. Das Stichwort »Neutralisierung« suchte man dann auch vergeblich auf der Tagesordnung. Die blieb begrenzt auf die Verhandlung des ursprünglichen Zehn-Punkte-Papiers.

Henry Dunant schluckte beides, die harsche Kritik aus dem Umfeld seiner Familie und der Mühlengesellschaft ebenso wie die Demütigung durch seine Gegner im Komitee. Wenn der Zweite Vorsitzende selbst die Ehre für dieses Projekt einstreichen wollte, dann sollte er es tun. Wenn der Schuss dann nur nicht nach hinten losging! Mindestens sein holländischer Freund Dr. Basting würde das besondere Anliegen der Neutralität als Gegenstand der Diskussion vermissen. Und der würde dessen Streichung nicht so ohne Weiteres akzeptieren. Der Kongress konnte spannend werden – und Gustave Moynier in Bedrängnis geraten!

Die Tagung wurde spannend, und sie wurde ein Erfolg. 36 Vertreter aus 16 Ländern, darunter 18 Gesandte von verschiedenen Wohlfahrtsverbänden und 18 Delegierte von 14 europäischen Regierungen, diskutierten mehrere Tage lang sach- und fachkundig, teils heftig und kontrovers, teils friedlich und einmütig über jeden einzelnen Punkt der Vorlage – nur nicht über die Frage der Neutralität, die ja auch nicht auf der Agenda stand. Die internationale Versammlung honoriger, in vornehmem Schwarz gekleideter Männer im Palast Athenäum der Madame Eynard-Lullin befürwortete am Ende ausdrücklich die Einrichtung nationaler Hilfskomitees und den Einsatz freiwilliger Hilfskorps. Sie einigte sich auch darauf, diese Hilfskorps, ihre Fahrzeuge und auch die Lazarette zu ihrem Schutz gegen Angriffe einheitlich durch das Zeichen eines roten Kreuzes auf weißem Grund, der Umkehrung des Emblems der schweizerischen Eidgenossenschaft, erkennbar zu machen.

General Guillaume-Henri Dufour hatte als Erster an ein Zeichen dieser Art gedacht. Henry Dunant hatte diesen Gedanken gerne aufgegriffen und den Freund im Vorfeld des Kongresses gebeten, als Mann des Militärs den Vorschlag zur Übernahme dieses Zeichens in das Gespräch zum Artikel 9 einzubringen. Der General hatte das auch gerne getan, zumal Dr. Appia als auf dem Schlachtfeld erfahrener Arzt ihn ausdrücklich dazu ermuntert hatte. Er hatte zur Unterstützung des Antrags bereits eine entsprechende Armbinde anfertigen lassen. General Dufour hatte bei seiner Vorstellung des neuen

Zeichens dann aber nicht sich selbst, sondern Henry Dunant als den Urheber dieses Vorschlags genannt – zu dessen Freude und Genugtuung und zum Ärger von Gustave Moynier.

Der Hartnäckigkeit des holländischen Vertreters Dr. Basting, unterstützt durch den spanischen Delegierten Dr. Nicasio Landa, war es zu verdanken, dass schließlich doch noch darüber gesprochen wurde, die Menschen und die Gegenstände als neutral anzusehen, die durch das vereinbarte Zeichen des roten Kreuzes auf weißem Grund gekennzeichnet waren. Hierüber gab es dann zwar keinen Beschluss, aber doch eine Empfehlung, die dem Protokoll des Kongresses angefügt werden sollte. Henry Dunant auf seinem bescheidenen Schriftführerplatz war es zufrieden. Wenigstens keine Ablehnung des wichtigsten Teils der ganzen Sache, wie sie Gustave Moynier als sicher angenommen hatte. Es tat dem »Vater der Idee« dann sehr gut, und es streichelte ein wenig seine wunde Seele, dass der Kongressleiter auf einen deutlichen Hinweis des holländischen Freundes reagierte und seinen Namen im Schlusswort dann doch noch einmal erwähnte. Der Protokollant glaubte, Gustave Moyniers Zähneknirschen zu hören, als der die geforderte Ehrung formulierte: »Herr Dunant, der durch seine ausdauernden Bestrebungen zu einer internationalen Erforschung der Mittel angeregt hat, die für eine wirksame Hilfe für Verwundete auf dem Schlachtfeld notwendig sind, und die Genfer Gemeinnützige Gesellschaft, die den edelmütigen Gedanken, der in Herrn Dunant sein Sprachrohr gefunden hat, nach Kräften unterstützte, haben sich um die Menschheit wohl verdient gemacht und sich ein unbestreitbares Anrecht auf die allgemeine Dankbarkeit erworben.«

Jawohl, das Anrecht auf allgemeine Dankbarkeit hatte er sich wahrlich erworben! Diese Eitelkeit durfte jetzt sein! Die Anwesenden im Saal schienen das endlich begriffen zu haben. Sie erhoben sich von ihren Plätzen, wandten sich dem stillen, innerlich sehr stolzen und dennoch ein wenig zitternden Schreiber zu, riefen »Bravo!« und klatschten Beifall. Der so

Geehrte wusste vor Freude und Verlegenheit kaum, wie er sich jetzt verhalten sollte. Er erhob sich ebenfalls, lächelte mit hochrotem Kopf den Männern entgegen, verbeugte sich mehrmals zum Dank und setzte sich wieder. Er hatte noch eine Notiz ins Protokoll zu schreiben. Dr. Appia hatte vor dem Schlusswort noch einmal darauf hingewiesen, dass die Vereinbarungen des Kongresses auf der Basis des Zehn-Punkte-Papiers dringend einer offiziellen Bestätigung der einzelnen Staatsregierungen bedürften. Dieser Satz durfte im Protokoll nicht fehlen, denn erst nach dieser Bestätigung war sein »Werk« völkerrechtlich anerkannt und damit wirklich vollendet.

Dass Gustave Moynier mit seinem Hinweis auf die Genfer Gemeinnützige Gesellschaft, die sich dieser wichtigen Sache angenommen habe, sich selbst einen Orden anheftete, nahm Henry Dunant hin. Er hatte ohnehin den Eindruck, als mache sich dieser ehrgeizige und gefühlskalte Mann, den er einmal für einen guten Freund geachtet hatte, schon jetzt und für die Zukunft zur wichtigsten Gestalt des weiteren Prozesses. Sollte er doch. Nur, für ihn hatten sich die Konferenzteilnehmer wohl nicht von ihren Plätzen erhoben …

In den folgenden Monaten reiften die Früchte des Genfer Kongresses in vielen europäischen Ländern sichtbar heran. Die Korrespondenz des »Provisorischen Zentralkomitees«, wie sich das Fünfer-Gremium fortan nannte, mit den Staaten Europas wuchs ins Unermessliche, und manche Reisen zur Teilnahme an Vereinsgründungen waren zu unternehmen. In Württemberg, in Oldenburg, in Belgien, in Preußen, in Spanien und andernorts wurden bald Hilfsvereine für Kriegsverwundete gegründet. In Paris war es Henry Dunant selbst – immerhin war er ja auch französischer Staatsbürger! –, der auf ausdrückliche Empfehlung Seiner Majestät des Kaisers Napoleon III. das »Französische Zentralkomitee der Hilfsvereinigung für Kriegsverletzte« gründete – und das gegen den hartnäckigen Widerstand des Kriegsministers Marschall

Randon und einiger anderer wichtiger Persönlichkeiten aus der Umgebung des Hofes. Welch ein Sieg der guten Sache!

Nach diesem wichtigen Erfolg gab es kein Hindernis mehr, den vereinbarten internationalen Folgekongress für den 9. August 1864 einzuberufen. Das »Provisorische Zentralkomitee« bat den Schweizerischen Bundesrat in Bern darum, die Einladung nach Genf auszusprechen. Damit bekam die Veranstaltung den notwendigen »offiziellen Anstrich«, sollte es doch in der »diplomatischen Konferenz« um eine zukunftsweisende Konvention gehen, die die teilnehmenden Staaten durch ihre Unterschriften für verbindlich erklärten.

Henry Dunant sah sich am Ziel seiner Wünsche, seiner Träume, seiner Visionen. Allerdings sah er sich auch am Ende seiner Kräfte. Er fühlte sich müde und krank. Er fühlte sich in seinen wirtschaftlichen Geschäften, die er freilich seit dem Genfer Kongress wieder sträflich vernachlässigt hatte, von seinen algerischen Mitarbeitern betrogen und von den Behörden in Algier und Paris in den Bestrebungen der Mühlengesellschaft beeinträchtigt, wenn nicht sogar hintergangen. Da ging nichts vorwärts, aber auch gar nichts. Riesige Summen verschwanden irgendwo in den algerischen Geschäften und Unternehmungen oder auch in den Schatullen derer, die sie als von der Gesellschaft Beauftrage zu verwalten hatten. Henry Dunant konnte die Dinge nicht nachvollziehen und auch nicht kontrollieren. Dafür hätte er reisen müssen, wozu ihm die Zeit fehlte.

Zudem fühlte er sich in seinen Aktivitäten für die Sache, die ihm am Herzen lag, für sein Werk, von Gustave Moynier, Dr. Appia und Dr. Maunoir missverstanden und immer weniger anerkannt, ja sogar regelrecht bekämpft. Er hatte erfahren, dass seine Genfer Mitstreiter ihm misstrauten und seine Redlichkeit anzweifelten. Gustave Moynier holte offenbar hinter seinem Rücken Erkundigungen ein, ob die positiven Nachrichten in seinen Briefen auch der Wahrheit entsprachen. Lediglich der väterliche General Dufour hielt sich aus diesen

Machenschaften heraus und stand zum Sekretär seines Komitees und zu dessen Arbeit. Der alte Herr scheute allerdings die Auseinandersetzung mit seinen Kollegen. Er hätte ihnen als Präsident des Gremiums, der er zumindest auf dem Papier noch war, wohl hin und wieder widersprechen sollen, was er aber leider nicht tat.

In alldem fühlte sich Henry Dunant auch von seinem Gott im Stich gelassen. Warum ließ der dieses Misstrauen und diese Widerstände frommer Calvinisten, die sie doch alle sein wollten, zu? Warum bekannte er sich nicht deutlicher zu seinem Knecht? Warum sorgte er nicht für den nötigen geschäftlichen Erfolg? Warum gab er nicht mehr Kraft, die Widerwärtigkeiten zu ertragen? Warum …? In einem Anflug von Depression setzte sich der Kämpfer für mehr Menschlichkeit Ende Mai hin und schrieb einen langen Brief an Gustave Moynier. Auf mehreren Seiten beschrieb er noch einmal seine Erfolge, nannte die illustren Namen der Mitglieder des gegründeten Pariser Komitees und betonte die Bereitschaft Frankreichs, in der Sache der Konvention für die europäischen Staaten eine Vorreiterrolle zu spielen. Damit sei seine Arbeit getan,

> *»um unser Werk voranzutreiben und zum Erfolg zu bringen. Von jetzt an möchte ich mich im Hintergrund halten. Zählen Sie nicht mehr auf meine aktive Mitarbeit. Ich trete in den Schatten zurück. Das Werk ist in Gang gebracht. Ich war nur ein Werkzeug in der Hand Gottes. Jetzt müssen es andere, Berufenere als ich, vorantreiben und weiterführen.«*

Wenige Tage später schon hielt er die Antwort Gustave Moyniers in seinen Händen. Der gratulierte ihm mit öligen Worten für seine Pariser Erfolge, lobte ihn in den höchsten Tönen für seine hervorragende Arbeit und bat nachdrücklich darum, sich der Arbeit jetzt nicht zu entziehen. Er gefährde sonst den Erfolg der kommenden Tagung und damit den seines überaus wichtigen Anliegens. »Wir sind für Sie Gehilfen, aber kein Ersatz. Sie werden uns Ihre Mitarbeit nicht verweigern, wenn Sie wieder unter uns weilen.«

Der Brief irritierte seinen Empfänger. Meinte Moynier es wirklich ehrlich? Hatte er ihn nicht neulich geringschätzig einen »Dilettanten der Humanität« genannt? War die Anerkennung, die er da jetzt zum Ausdruck brachte, ehrlich gemeint und war seine plötzliche Bescheidenheit echt? Oder trieb ihn lediglich die Angst vor einem möglichen bösen Scheitern der Konferenz, wenn ihr eigentlicher Initiator nicht dabei war?

Henry Dunant überwand seinen gekränkten Stolz und seine Eitelkeit, raffte alle seine Kräfte zusammen und reiste nach Genf zurück, um sich der Arbeit doch wieder zur Verfügung zu stellen. Dabei mochte er selbst gar nicht im Mittelpunkt stehen. Aber sein Werk wollte er unter keinen Umständen gefährden. Da stand doch zu viel auf dem Spiel! Allerdings musste er bald erfahren, dass er im offiziellen Programm der Tagung gar nicht vorkam. Das Komitee hatte ihm sogar sein bisheriges Amt als Schriftführer genommen und ihn aus den entscheidenden Beratungen verbannt. Dafür hatte es ihn »wegen seines allseits bekannten diplomatischen Geschicks« zum »Maître de Plaisir«, zum »Vergnügungskommissär« ausersehen, der die zahlreichen geselligen Begleitveranstaltungen organisieren und begleiten durfte. Also war der Brief Moyniers doch ein heuchlerischer gewesen! Es ging dem Mann offenbar nur um seine eigene Person und seine führende Rolle im Geschehen.

Nun gut, Henry Dunant ballte innerlich die Fäuste und schluckte auch diese Kröte. Er tröstete sich damit, dass in der informellen persönlichen Begegnung mit den Delegierten der Teilnehmerstaaten sich sicher auch manches beeinflussen und bewegen ließ. Er kannte die meisten von ihnen ja bereits vom Statistischen Kongress in Berlin und von der vorjährigen Genfer Tagung her.

Für sich selbst blieb ihm die Genugtuung und die Freude, dass es ihm noch gelungen war, den Brückenschlag in die sogenannte Neue Welt zu erreichen und den amerikanischen Präsidenten Abraham Lincoln dazu zu bewegen, zwei offizielle Delegierte in die Konferenz zu entsenden. Moynier hätte das nicht hinbekommen! Bis nach Amerika vermochte der doch auch gar nicht zu denken.

Bezeichnend und dennoch merkwürdig war, dass dieser erneute Erfolg des Kämpfers für die Menschlichkeit den Zweiten Vorsitzenden des »Provisorischen Zentralkomitees« noch mehr gegen ihn aufbrachte. Sollte es doch so sein! Gustave Moynier war ohnehin auf dem besten Weg, die offizielle Gründung des Roten Kreuzes – so sollte die Organisation in kurzer Form genannt werden – an sich zu reißen und als seine eigene Sache hinzustellen. Henry Dunant sah für sich keine Notwendigkeit, allerdings auch keine Möglichkeit und keinen Weg, diese Entwicklung der Dinge zu verhindern oder auch nur aufzuhalten. Der Fortgang der Geschichte musste und würde wohl auch der Wahrheit irgendwann die Ehre geben ...

Am 22. August 1864 wurde die »Konvention zur Verbesserung des Schicksals der verwundeten Soldaten der Armeen im Felde« nach fünfzehntägiger Beratung und Erörterung von zwölf der sechzehn Teilnehmerstaaten feierlich unterzeichnet.

Internationale Konferenz in Genf im August 1864 (Abb. 13)

Und das – Ironie des Schicksals? – ausgerechnet an dem Tag, an dem die Stadt Genf im Vorfeld von kommunalen Wahlen durch einen politischen Aufstand der ärmeren Bevölkerung erschüttert wurde, bei dem es sogar Tote und Verletzte gegeben hatte! Das große humanitäre Lebenswerk seines Vordenkers war zwei Jahre nach dem Erscheinen seiner »Erinnerung an Solferino« vollbracht, ohne dass er selbst auch nur einen neuen Gedanken während der Beratungen und Abstimmungen beigesteuert hätte. Das hatte sein Widersacher Gustave Moynier zu verhindern gewusst. Dennoch: Henry Dunant war am Ziel seiner Träume, nein, am Ziel seiner intensiven Bemühungen und seines unermüdlichen Einsatzes für eine gute und notwendige Sache. Er war am Ziel eines selbstlosen Kampfes für die Menschlichkeit, der ihn immer wieder an die Grenzen seiner körperlichen und seelischen Kraft und auch an die Grenzen seiner Glaubenskraft geführt hatte. Die ersten zwölf Staaten hatten durch die Beauftragten ihrer Majestäten und königlichen Hoheiten die »Genfer Konvention« verbindlich angenommen! Erfreulich, dass darunter auch die Schweizer Eidgenossenschaft war und dass andere Staaten nach den Hinweisen ihrer Gesandten irgendwann folgen würden. Manches Ding brauchte halt Weile, Geduld und Reifezeit…

Aber darum sollte sich künftig gerne Gustave Moynier kümmern, der ohnehin den Vorsitz des Genfer Internationalen Komitees im Auge hatte und den Posten wohl auch bald von General Dufour übernehmen würde. Seine, Henry Dunants, Arbeit als »Werkzeug in der Hand Gottes« war nun wirklich getan, und der »Samariter von Castiglione« konnte nach Beendigung der Konferenz endgültig »in den Schatten zurücktreten«. Dabei war er sich bewusst, dass sein Gegenspieler einen großen Schatten warf…

Teil III

1864 – 1910

Bankrott und Ruin

Nein, so ganz trat Henry Dunant doch noch nicht in den Schatten des Gustave Moynier hinein. Er nutzte zunächst noch seinen eigenen bekannten Namen und guten Ruf, um vor allem die Staatsregierungen, die am 22. August nicht unterschrieben hatten, und auch andere, die erst gar nicht dabei gewesen waren, von der Richtigkeit seiner Idee zu überzeugen und von der Notwendigkeit, die Unterschrift nachzuliefern und damit der »Genfer Konvention« beizutreten. Dabei berief er sich auf Erfahrungen, die der Arzt Dr. Appia, sein Komitee-Kollege, und Hauptmann Van de Velde, der holländische Delegierte des Genfer Kongresses von 1863, als Abgesandte des Fünfer-Gremiums im preußisch-dänischen Krieg um Schleswig-Holstein gemacht und von denen sie beim zweiten Kongress begeistert berichtet hatten. Obwohl die Konvention noch nicht unterschrieben war, hatte sie sich in der Versorgung der Verwundeten in diesem Konflikt bereits bewährt, und es hatte wesentlich weniger Opfer gegeben, als das ohne die beiderseitige Beachtung der Genfer Vereinbarungen von 1863 der Fall gewesen wäre. England, Sachsen, Österreich und andere Länder mochten aus diesen Erfahrungen lernen und den baldigen Beitritt zur Konvention bedenken. Und vielleicht überwand ja auch der päpstliche Vatikanstaat eines Tages seine Vorbehalte gegen das calvinistische Genf…

Dann aber wandte sich Henry Dunant, der Präsident der Mühlengesellschaft, endlich auch wieder seinen eigentlichen

Aufgaben zu. Seine Geldgeber saßen ihm allerdings auch heftig im Nacken, drängten vehement auf positive Geschäftsergebnisse und erinnerten daran, dass ihnen für ihre Einlagen einmal eine Rendite von zehn Prozent versprochen worden war. Wenn sich der Genfer Kaufmann daran erinnerte, wurde ihm übel. Dann geriet er an den Rand der Verzweiflung. Woher sollte er das Geld nehmen, um überhaupt irgendwelche Renditen auszahlen zu können? Es war kein Geld vorhanden! Die Geschäfte um die großen Landwirtschaften, um die Mühlen, um die Wälder, um die Minen und um die Steinbrüche drüben in der französischen Kolonie verschlangen größere Summen, als sie einzubringen vermochten. Heinrich Nick hatte mit seinen Gewinnerwartungen wohl den Mund allzu voll genommen, auch in der Darstellung seiner eigenen Fähigkeiten, sich um diese Dinge zu kümmern. Über der Aktiengesellschaft der Mühlen von Mons-Djémila zogen schwarze Wolken auf, und um ihren Präsidenten wurde es beängstigend dunkel. Ein gewaltiges Unwetter braute sich zusammen mit Blitz und Donner und unbändigen Fluten, wogegen es keine Schutzmaßnahmen gab. Oder gab es im letzten Moment doch noch einen Ausweg aus der Misere?

Mit einer neuen Idee gelang es Henry Dunant, seine Gläubiger noch einmal hinzuhalten, ja, es gelang ihm sogar, neue Freunde für seine Pläne zu gewinnen und frisches Geld zu beschaffen. Mit entsprechenden Zusagen aus den Familien Dunant und Colladon, von seinem alten Freund General Dufour und anderen trat er in Verhandlungen mit der Bank Crédit Genevois, deren Verwaltungsrat er selbst seit einiger Zeit angehörte. Dabei wurde eine neu organisierte Gesellschaft mit einem Kapital von 45 Millionen Franc geboren, die den Namen »Omnium algérien« erhielt. Diese Gesellschaft sollte die größte in Algerien werden und unter anderem den Bau einer Eisenbahn im Land finanzieren. Dieses anspruchsvolle Projekt musste doch endlich allen älteren Geschäften, die unter diesem neuen Dach ihren Platz fanden, auf die Beine helfen. Die hatten zwar im Jahr 1864 zusätzlich zu seiner persönlichen Misswirtschaft und der des Herrn Nick durch eine ungewöhnlich große Dürre und ein damit verbundenes Viehsterben in Algerien gelitten, aber sie waren auf diesem Weg wohl doch noch zu retten.

Dies neue Projekt für die französische Kolonie musste endlich auch den Kaiser überzeugen, wenn der im Frühjahr 1865 nach Algerien kam, um sich in der »Fortsetzung Frankreichs jenseits des Mittelmeeres« umzuschauen und nach dem Rechten zu sehen. Freilich war dem Genfer Kaufmann und seiner Aktiengesellschaft dort inzwischen eine mächtige Konkurrenz erwachsen in einem Unternehmen, das von einigen finanzstarken Pariser Kaufleuten gegründet worden war, sich »Société générale de l'Algérie« nannte und ein rein französisches Unternehmen war. Henry Dunant war sich sicher, dass Napoleon III. dennoch seiner Gesellschaft sein Wohlwollen entgegenbringen würde, hatte doch Seine Majestät ihn, den »Samariter von Solferino«, erst kürzlich zum Mitglied der französischen Ehrenlegion ernannt. Welch eine Anerkennung seiner Person und seines Wirkens! Wenn das keine gute Voraussetzung war, aus der Begegnung mit dem kaiserlichen Herrn in Algier die erforderliche Konzession für die »Omnium« mit nach Hause zu nehmen, was sollte dann noch helfen!?

Doch Henry Dunant machte wieder einmal die Rechnung ohne den Wirt. Auf Vermittlung des Marschalls Charles Mac Mahon, der seit dem Frieden Frankreichs mit Österreich seine Aufgaben in der Militärverwaltung Algeriens hatte und der sich gut an »Solferino« erinnerte, kam es zwar zu einer Begegnung des damaligen »Mannes in Weiß« mit Seiner Majestät. Aber bei dem kurzen Gespräch des Kaisers mit dem Genfer Kaufmann über das von ihm gegründete »Französische Zentralkomitee der Hilfsvereinigung für Kriegsverletzte«, bei dem Henry Dunant auch seine neue Firma »Omnium« erwähnte, machte Napoleon III. nur eine kurze Bemerkung: »Ihre Gesellschaft wird durch meine Regierung gefördert.«

Der kaufmännische Gesprächspartner Seiner Majestät bezog in seiner Begeisterung über die Begegnung diese wenigen Worte natürlich auf seine geschäftlichen Bemühungen. Leider hatte der gutgläubige Präsident der Aktiengesellschaft sich aber darin gründlich geirrt, denn der Kaiser hatte dabei offensichtlich nicht die Gesellschaft »Omnium« im Auge gehabt. Diese hatte nämlich gar keine Chance mehr, die Gunst des Kaisers zu gewinnen. Dafür hatte Henry Dunants persönlicher französischer Feind längst gesorgt: Marschall Randon, der für die algerische Kolonie zuständige Minister in der kaiserlichen Regierung, hatte bereits mit der »Société générale« ein Abkommen geschlossen, das ein Unternehmen von der Größe der »Omnium« in dem Land jenseits des Mittelmeers nicht mehr zuließ. Die algerischen Geschäfte des Henry Dunant drohten endgültig in den Schluchten des Atlasgebirges oder auch im Mittelmeer zu versinken.

Der glücklose Kaufmann flüchtete sich derweil zunächst einmal wieder in andere Projekte, die ihm und seinem Naturell, Künftiges vorauszusehen, vorauszudenken und vorwegzunehmen, viel näher lagen als der harte Alltag eines Geschäftsmannes mit internationalen Ansprüchen. Als neues Mitglied einer »Internationalen Vereinigung für den Fortschritt der Sozialwissenschaften« in Paris kümmerte er sich darum, ob es nicht sinnvoll und möglich sei, dass die Hilfsgesellschaften für die Verwundeten in Kriegszeiten auch in Zeiten des Friedens Hilfe leisten würden bei Überschwemmungen, Epidemien und ähnlichen Katastrophen. Fortschrittliche Gedanken, die sehr rege und auch sehr kontrovers diskutiert wurden, wo immer Henry Dunant sie vortrug.

Er beschäftigte sich intensiv mit dem Volk der Juden, dem in alle Welt zerstreuten »Volk Gottes«, und plante die Gründung einer »Allgemeinen Internationalen Gesellschaft zur Erneuerung des Orients«. Deren Aufgabe sollte es sein, den Juden im Land ihrer biblischen Verheißung, in Palästina also, wieder eine Heimat zu schaffen, und das ganz im Einklang mit den biblischen Prophetien, wie sie etwa in Hesekiel 36 oder Sacharja 8 zu lesen waren. Das bedeutete natürlich, dass die Türken und auch der Islam aus Palästina vertrieben werden mussten. Napoleon III. sollte über diese Gesellschaft die Schirmherrschaft übernehmen. Ob das in dessen politische Gedanken hineinpasste, danach fragte der Vordenker für die »Heimkehr des Gottesvolkes« und Sympathisant der württembergischen Tempelgesellschaft natürlich nicht. Diese schwäbischen Frommen um ihren Leiter Christoph Hoffmann fühlten sich berufen, das prophetische Bibelwort aus der Offenbarung des Johannes zu erfüllen und nach Jerusalem zu ziehen, um dort das Tausendjährige Reich und die Wiederkunft Christi zu erwarten. Für Henry Dunant waren das durchaus sympathische Pläne, denen er sich gerne öffnete, weil sie seinen eigenen von der Kolonisierung Palästinas entgegenkamen.

Eine willkommene Ablenkung von seinen wirtschaftlichen Sorgen war für Henry Dunant auch die ehrenvolle Einladung zu den Siegesfeiern, die nach Abschluss des preußisch-österreichischen Krieges im September 1866 in Berlin stattfanden. Ihm wurde diese besondere Auszeichnung zuteil, weil sich die Vereinbarungen der Genfer Konvention in diesem Krieg deutlich bewährt hatten; zumindest galt das für die preußische Seite. Auf österreichischer Seite hatten die Dinge noch anders gelegen, da die Österreich-Ungarischen sich die Vereinbarungen der Konvention damals doch noch nicht zu eigen gemacht hatten. Sie waren der Konvention erst am 21. Juni, also einen Tag nach dem Friedensschluss, beigetreten.

Der Gründer des Roten Kreuzes reiste also ins Zentrum der preußischen Macht, das er 1863 bereits kennengelernt hatte. Er tat das freilich nicht gerade zur Freude Gustave

Moyniers. Der hätte diese Ehrung als neuer Vorsitzender des Genfer Komitees gerne selbst erfahren. Dass er grollte, kümmerte seinen Sekretär, der Henry Dunant zumindest auf dem Papier immer noch war, allerdings wenig. Er genoss es, seinem Firmensitz Genf und der Nähe und den ständigen Fragen und Mahnungen seiner Gläubiger für ein paar Tage entfliehen zu können und einem besonderen Höhepunkt seines Lebens entgegenzureisen.

Das preußische Herrscherhaus König Wilhelms I. tat dem bürgerlichen Mann aus Genf dann auch höchste Ehren an, indem es ihn behandelte wie einen, der für den Sieg über die Österreicher und Sachsen im böhmischen Königgrätz mitverantwortlich war. Henry Dunant wurde für einige Tage Mittelpunkt manchen Geschehens. Während der Parade der siegreichen preußischen Verbände bekam er einen Ehrenplatz auf der Tribüne, die mit großen neuen Rot-Kreuz-Fahnen geschmückt war. Der Bürger aus der fernen Schweiz wurde ebenso gefeiert wie die siegreichen Feldherren. An den folgenden Tagen reihte sich Empfang an Empfang, Gala an Gala, Ehrung an Ehrung für einen Mann, der sich in seinem schlichten schwarzen Anzug zwischen den prunkvollen und reich dekorierten Uniformen zuweilen vorkam wie ein besonderer Exot.

Dennoch genoss der »Samariter von Castiglione« die besondere herausgehobene Stellung, die er hier einnehmen durfte. Hatte er jemals so häufig den Satz gehört: »Sie sind einer der Menschen, deren persönliche Bekanntschaft zu machen ich mir schon lange gewünscht habe!«? Hatte er je irgendwo an einer Veranstaltung teilgenommen, bei der die Dekorationen in und vor den Palästen durchsetzt waren von Fahnen mit dem roten Kreuz auf weißem Grund, mit dem Zeichen seines Werkes, mit seinem Zeichen? Dass sogar Ihre Majestät Augusta von Sachsen-Weimar, die preußische Königin, bei der Privataudienz für einige besondere Gäste der Jubelfeiern die Armbinde des Roten Kreuzes trug, nahm ihrem Schöpfer für den ersten Moment schier den Atem. Dass die hochadlige Dame und Monarchin ihm, dem schlichten Bürgerlichen, dem Ausländer, dem Kaufmann, dem ... begegnete, als gehöre er zu ihrem Stand, hob ihn auf das höchste Podest, auf dem er je gestanden hatte.

Henry Dunant vergaß in diesen Berliner Tagen im September 1866 allen Kummer um seine Genfer Geschäfte und seine gestörten Beziehungen zu seinen Geldgebern und zu den Mitgliedern des Komitees. Er vergaß alle Nöte, mit denen er gegenwärtig in der Schweiz, in Paris oder auch in Algerien zu kämpfen hatte oder die noch auf ihn zukommen mochten. Er vergaß auch alle Beschwernisse, die er in der letzten Zeit gesundheitlich zu ertragen hatte. Er war einfach nur glücklich.

Hier im Zentrum Preußens fühlte er sich angesichts seiner Anerkennung durch Menschen seit Langem auch wieder von seinem Gott und Herrn bestätigt. »*Selig ist, wer sich selbst nicht zu verurteilen braucht, wenn er sich prüft.*« Diesen Vers aus Römer 14 hatte er dieser Tage wieder einmal gelesen – Henry Dunant hatte seine Bibel immer in seinem Gepäck, wohin er auch reiste –, und dieses Wort hatte ihm gutgetan, auch wenn er es für sich vielleicht ein wenig aus seinem direkten Zusammenhang gerissen hatte. Oder doch nicht? Wenn das Reich Gottes, wie es einige Verse zuvor hieß, aus »*Gerechtigkeit und Friede und Freude in dem Heiligen Geist*« bestand, und wenn es stimmte, was Paulus dazu noch geschrieben hatte: »*Wer darin Christus dient, der ist Gott wohlgefällig und bei den Menschen geachtet*«, dann durfte er diese Aussage schon guten Gewissens und ohne Überheblichkeit auf sich beziehen. Christus zu dienen, das war sein Bestreben seit seinen Jugendjahren immer gewesen, wenngleich er in seinem Einsatz um das Rote Kreuz wenig Aufhebens darum gemacht hatte. Das hätte er ja auch nicht tun dürfen angesichts seiner festen

Absicht, sein Werk zu einem universalen zu machen. Hätte er mit seiner Idee sonst Eingang gefunden im freigeistigen Paris? Im lutherischen Berlin oder auch in den ebenso lutherisch geprägten skandinavischen Ländern? Hätten sich die pietistischen Württemberger seiner Idee geöffnet oder das anglikanische England? Was wäre mit dem katholischen Wien? Das päpstliche Rom würde sicher auch noch einsehen, dass das Rote Kreuz keine lediglich calvinistische Angelegenheit war, nur weil es in der Stadt des Reformators aus der Taufe gehoben worden war. Nein, in dieser Sache hatte der Christ Henry Dunant ein gutes Gewissen und ein Herz voller Dankbarkeit gegen Gott. An ihn zu denken, fiel dem reformiert evangelischen Genfer in diesen Tagen leicht. Dennoch schlich sich bald nach der letzten Veranstaltung des preußischen Hofes der drängende Gedanke wieder in sein Bewusstsein, dass Gott ihm doch bitte auch gnädig sein möge, was seine Geschäfte betraf!

Aber in diesen Dingen schien er seinen Knecht doch eher alleinzulassen. Der Genfer Kaufmann kehrte mit gemischten Gefühlen aus Berlin zurück, um zunächst einmal wieder für eine Weile in La Monnaie zu wohnen. Unter der Obhut der geliebten Mamá – die im Übrigen bei aller Freude darüber, ihren Sohn wieder einmal bei sich zu haben, doch ein wenig betrübt darüber war, dass der schon beinah Vierzigjährige immer noch Junggeselle war – wollte er seine angeschlagene Gesundheit kurieren. Von hier aus bemühte er sich, seine Geschäfte zu ordnen und zu retten, was vielleicht noch zu retten war. Aber kaum hatte sich seine Rückkehr in der Stadt herumgesprochen, da brachen auch schon mit ganzer Wucht die Folgen seiner verfehlten und gescheiterten Unternehmungen auf den kranken Mann herein. Seine Geldgeber forderten mit Nachdruck und unerbittlich ihre Einlagen zurück. Woher das Geld dazu nehmen? Der Zusammenbruch der Gesellschaft der Mühlen von Mons-Djémila war jetzt wohl doch nicht mehr abzuwenden. Dabei kam ein Konkurs im calvinistischen Genf für den Menschen, der ihn traf und der ihn zu verantworten hatte, einer Katastrophe gleich. Mit dem endgültigen Scheitern der Gesellschaft drohten somit auch die endgültige Ächtung und der menschliche Absturz ihres immer noch jungen Präsidenten. War dem überhaupt noch zu entgehen?

Henry Dunant wandte sich von seinem Krankenbett aus an den elsässischen Fabrikanten Jean-Jacques Bourcart, einen Freund der Familie, von dem er wusste, dass er Zugang zum kaiserlichen Hof hatte. Der Mann sollte Napoleon III. an seine Zusagen beim Empfang in Algier erinnern und ihn bitten, diese Zusage doch möglichst rasch umzusetzen, damit er, Henry Dunant, den Forderungen seiner Gläubiger wenigstens zum Teil entsprechen könnte. Der Freund sagte seine Bereitschaft zu, den Versuch zu machen, eine Audienz bei Seiner kaiserlichen Majestät und/oder bei seiner Frau Eugenie zu erwirken. Die sei eine glühende Anhängerin des Roten Kreuzes. Er werde sich so bald wie möglich melden und hoffe dabei selbst auf gute Ergebnisse.

Die Zeit ging ins Land. Der Kranke kam unter Mamá Anne-Antoinettes Fürsorge langsam wieder zu Kräften – der Vater vermied aus tiefer Enttäuschung und Kränkung dabei, seinem gescheiterten Sohn zu begegnen –, aber leider nicht zu nennenswerten Erfolgen seiner Bemühungen, irgendwie zu Geld zu kommen. Auch Jean-Jacques Bourcart meldete sich lange nicht. Dafür griffen ihm einige Freunde von der württembergischen Tempelgesellschaft finanziell unter die Arme. Das waren allerdings lediglich winzige Tropfen auf den sehr heißen Stein, mehr leider nicht.

Erst im Sommer 1867 kam von dem Elsässer Familienfreund Bourcart die Nachricht, der Kaiser sei bereit, sich der notvollen Lage des Präsidenten der Gesellschaft der Mühlen von Mons-Djémila anzunehmen. Während bei Henry Dunant noch einmal Hoffnung auf Errettung aus seiner inzwischen verzweifelten Lage aufkeimte, hatten seine Gläubiger beim Handelsgericht in Genf bereits eine Klage gegen ihn angestrengt. Sie behaupteten, er habe sie mit seinen Geschäften wissentlich getäuscht und vorsätzlich um ihre Einlagen betrogen. Welch ein Vorwurf!

Am 17. Oktober 1867 – der Konkurs der Mühlengesellschaft war inzwischen amtlich bestätigt – stellte das Gericht dann aber fest, dem Präsidenten der nunmehr ehemaligen Gesellschaft sei eine Täuschung seiner Aktionäre und ein Betrug zu ihrem Schaden nicht nachzuweisen. In seiner Geschäftsführung seien keine strafbaren Handlungen auffindbar. Die Klage seiner Gläubiger sei unberechtigt und deshalb abzuweisen.

Henry Dunant konnte für den Moment aufatmen und das Gericht als unbescholtener Mann verlassen. Dennoch waren sein Name und sein Ruf nunmehr unwiderruflich beschädigt. Dasselbe galt auch für das Ansehen der ehrenwerten Familien Dunant und Colladon, die dem Neununddreißigjährigen jetzt die Familienzugehörigkeit streitig machten. Auch als Sekretär des Komitees des Roten Kreuzes war der Mann nicht mehr tragbar. Gustave Moynier konnte gar nicht anders, er war gezwungen, von seinem bisherigen Mitarbeiter dessen Rücktritt zu fordern. Zugegeben, er wollte auch gar nicht anders. Die besondere Situation kam ihm sogar sehr gelegen. Auf diese Weise wurde er seinen Kontrahenten in Sachen Ehre und Anerkennung der Arbeit des Komitees elegant los. Sogar der Christliche Verein Junger Männer, den er vor Jahren gegründet hatte, schloss Henry Dunant aus seinen Reihen aus und strich seinen Namen aus der Mitgliederliste.

Für den »Samariter von Castiglione«, für den Autor der berühmten »Erinnerung an Solferino«, für den Vater der Genfer Konvention gingen mehrere Welten zugleich unter.

Nach diesen Geschichten war für ihn ein Bleiben in Genf nicht länger möglich. Ihm blieb nur der Weg hinaus aus seiner geliebten Vaterstadt. Er verließ sie mehr oder weniger still und heimlich, um zunächst einmal ebenso still und heimlich in Paris, seiner zweiten Heimat, Zuflucht und Herberge zu suchen.

Das Urteil des Revisionsgerichts vom 23. August 1868, das Henry Dunants Verkläger wie erwartet angerufen hatten, erreichte den Mann später in einer billigen Absteige des Armenviertels der französischen Hauptstadt, die er sich gerade noch mit dem Geld leisten konnte, das ihm seine Mamá beim Abschied heimlich zugesteckt hatte. Diesmal hatte das Genfer Handelsgericht allerdings für Recht erkannt,

> *»dass der vorgeladene Herr Dunant im Verhältnis zu den Vorgeladenen für den Gesamtbetrag des Schadenersatzes haftet ... und zwar mit Rückgriffsrecht gegenüber Herrn Dunant bezüglich desjenigen, was an Hauptforderung, Zinsen und Kosten zu zahlen von jedem Einzelnen in Ausführung des vorliegenden Urteils verlangt werden wird ... wobei Herr Dunant verpflichtet ist, den anderen das von ihnen Geleistete zu erstatten und für sie einzutreten ...«*

Welch ein vernichtendes Urteil! Eins, das dem für schuldig Erklärten jede weitere Lebensgrundlage zerstörte, dem Verurteilten jeden Boden unter den Füßen wegzog und ihm keine Chance mehr ließ, jemals aus eigener Kraft aus den brutalen Konsequenzen des harten Richterspruchs wieder herauszukommen. Henry Dunant war verzweifelt. Welch eine gnadenlose Welt calvinistischer Frömmigkeit, in der beruflicher Erfolg als Beweis göttlicher Gnade betrachtet wurde! Wem der Erfolg abhandenkam, dem hatte Gott seine Gnade entzogen. Folglich hatten die Menschen ihre »Gnade« ebenfalls zu entziehen. Genf war diesem Denken gründlich und konsequent nachgekommen ...

Stern am dunklen Himmel

Paris, Herbst 1872. Henry Dunant stand am Fenster seiner kleinen, schmuddeligen und äußerst karg möblierten Stube und schaute durch die schmutzige Scheibe hinunter auf die triste, enge Gasse, in die sich zu dieser Jahreszeit bereits keine Sonnenstrahlen mehr hineinwagten, in der sich aber einiges Volk tummelte, Männer, Frauen, Kinder, denen man von Weitem ansah, dass es mit ihrem Wohlstand nicht weit her war. Elendes Volk am unteren Rand der Gesellschaft, ungebildet, arbeitslos, vergessen, hungernd, frierend, von der Hand in den Mund und von Almosen lebend, die sie sich in den Wohnbezirken der Reichen erbettelten. Ihm, dem seit seiner Flucht aus Genf nun schon zum wiederholten Mal mittellosen Schweizer Bürger mit französischen Papieren, blieb zurzeit auch keine andere Wahl und keine andere Möglichkeit, als unter diesen Menschen zu leben. Das Wenige, das ihm zur Verfügung stand, reichte selbst dazu kaum aus. Seine Genfer Gläubiger und Widersacher hätten einmal mehr keine Chance, ihm irgendein Einkommen zu pfänden, damit sie zu ihrem Recht kämen. Schlimme, unglückliche Zeit! Und in diese traurige Lage nun dieser Brief.

Immer wieder las Henry Dunant das Schreiben, das ihm ein Bote vorbeigebracht hatte, obwohl doch kaum jemand wissen konnte, wo er sein Quartier bezogen hatte, nachdem er das bescheidene und im Vergleich zu seinem jetzigen dennoch noble Zimmer, das er zuvor bewohnt hatte, hatte aufgeben müssen. Madame Léoni Kastner – der Name dieser wohlhabenden und wohltätigen Frau war ihm von irgendwoher bekannt – lud ihn dringend ein, sie in der Rue de Clichy 43 zu besuchen, und das auf eine Empfehlung Seiner Majestät des Kaisers Napoleon III. und der Kaiserin Eugénie, seiner Gemahlin. Wie kamen die beiden bedauernswerten Menschen dazu, von ihrem englischen Exil aus, in das sie sich nach der Niederlage im Deutsch-Französischen Krieg der Jahre 70/71 und dem Vorfrieden von Versailles hatten zurückziehen müssen, wie kamen sie dazu, die vermögende Witwe des bekannten Komponisten und Musikwissenschaftlers Jean George Kastner auf ihn armen Schlucker zu verweisen? Was wollte Madame Kastner von ihm? Oder anders gesagt: Was sollte sie auf Wunsch des Kaiserehepaars für ihn tun?

Henry Dunant betrachte sich für ein paar Momente in dem kleinen halbblinden Spiegel an seiner ansonsten kahlen Zimmerwand und schaute dann an sich herunter. Konnte er sich der vornehmen Dame in diesem Aufzug, in diesem verschlissenen Anzug präsentieren? Konnte er in diesen Schuhen …? Musste er nicht seine Frisur und seinen Bart …? Nein, die zumindest waren in letzter Zeit wieder in Ordnung und gepflegt. Aber konnte er als gescheiterter Geschäftsmann und Bankrotteur der Dame überhaupt gegenübertreten? Oder war ihr Brief etwa ein Eingriff des Himmels in sein Schicksal? Hatte nur das Kaiserpaar oder hatte Gott selbst seine Hand im Spiel? Drangen seine, Henry Dunants, Gebete doch noch zu ihm durch, wo er doch seit Langem den Eindruck hatte, das sei nicht mehr der Fall?

Der dreiundvierzigjährige Christ, Humanist, Idealist, Visionär und Kämpfer für eine bessere menschliche Welt gab sich einen Ruck. Er verjagte alle Bedenken und begann, mit Hilfe eines schwarzen Stiftes die verschlissenen hellen Kanten seines Anzugs dunkel zu färben und mit Hilfe eines dürftigen Kreidestücks seine Manschetten zu weißen. Mit einem Lappen putzte er seine Schuhe, so gut das eben ging. Zufrieden war er zwar nicht mit dem Erfolg seiner Maßnahme, aber was sollte es? Wenn Madame Kastner es aufrichtig und ehrlich mit ihm meinte, würde sie über solche Äußerlichkeiten hinwegsehen …

Zum erbetenen Zeitpunkt saß Henry Dunant der vornehmen Dame in ihrem Salon gegenüber – bis in sein tiefstes Inneres getroffen von ihrer Anmut und Freundlichkeit und ebenso von ihrer attraktiven Erscheinung. Diese Frau sah nicht aus wie eine Zweiundfünfzigjährige! Da hatte man ihn wohl falsch informiert und boshafterweise zehn Jahre auf ihr wahres Alter draufgelegt! Diese ausgesprochen schöne Frau sollte als Witwe alleine leben? Das hatte sie nicht verdient! Warum war sie nicht längst wieder verheiratet? Um diesen Liebreiz mussten sich doch die Männer streiten. Ob es da nicht sogar welche gab, die ...? Ob gar er selbst sich bemühen sollte, konnte, durfte ...? Eine solche Frau an seiner Seite ... ?!

Henry Dunant schlug sich innerlich mit der Hand gegen die Stirn bei den Gedanken, die sich in den ersten Momenten der Begegnung in seinem Kopf jagten. Wo denkst du nur hin, du alter Junggeselle! Diese Frau und du ...? Welch wirre und dabei höchst unbotmäßige Gedanken! Weg damit! Raus aus dem Hirn! Weit weg! Konzentrier dich auf das, was diese Dame dir jetzt zu sagen hat, Henry Dunant!, wies der Mann sich selbst zurecht und hörte im selben Moment Madame Kastner sagen: »Ich danke Ihnen, dass Sie gekommen sind, Herr Dunant. Es ist mir eine Ehre, den Vordenker und Begründer des Roten Kreuzes zu Gast zu haben. Nehmen Sie doch bitte Platz. Meine Hausdame bringt sogleich Tee und Kuchen.«

Immer noch ein wenig irritiert von dem ersten Eindruck seiner Begegnung mit dieser betörenden Frau stotterte der Gast einen höflichen Dank für die Einladung und eine Bestätigung, dass ihm Tee und Gebäck durchaus angenehm seien. Danach hatte sich Henry Dunant dann aber doch wieder in seiner Gewalt. »Was ist der Grund, gnädige Frau, dass Sie mich haben rufen lassen?«

»Eine Empfehlung des Kaisers und seiner Gemahlin«, gab die Frau zurück und lächelte ihren Gast an. »Ihre Majestäten haben mir bei meinem Besuch an ihrem Zufluchtsort von Ihren bemerkenswerten Vorträgen neulich in verschiedenen englischen Städten berichtet. Sie, Herr Dunant, haben Aufsehen erregt mit Ihren Gedanken einer ›Allgemeinen Allianz für Ordnung und Zivilisation‹ zur Verbesserung des menschlichen Miteinanders in der Welt.«

»Ich weiß«, antwortete der Gast, und sein Gesicht hellte sich auf. »Ich habe einen wunderbaren Brief von Seiner Majestät bekommen.«

»Darf ich wissen ...?«

»Warum nicht?« Henry Dunant zog einen sorgsam gefalteten Brief aus seiner Jacketttasche. »Möchten Sie hören?«

»Gerne!«, kam es lebhaft von Léoni Kastner.

Ihr Gast richtete sich auf, als müsse er eine besondere Haltung annehmen, und las:

»Cowes, den 20. September 1872. – Ich danke Ihnen, sehr geehrter Herr, für die schmeichelhaften Worte, die Sie mir auf dem Kongress in Plymouth geschrieben haben, und ich beglückwünsche Sie zu Ihren edlen Bemühungen für eine der Menschlichkeit dienenden Sache. Empfangen Sie die Versicherung meiner ausgezeichneten Wertschätzung. – Napoleon«

»Ein wunderbarer Brief«, bestätigte die Frau nach ein paar Augenblicken bewegter Stille.

»Ich halte ihn wie ein Heiligtum«, bestätigte Henry Dunant. Dann erschrak er offenbar nachträglich über die Ortsangabe im Brief. »Haben Ihnen die Majestäten mehr von meinem Vortrag in Plymouth ...?«, fragte er vorsichtig. »Ich hatte meinen Brief vorher geschrieben.«

Léoni Kastner blickte ihren Gast ein wenig mitleidsvoll an. »Auch von dem in Plymouth, Henry«, sagte sie mit einem leichten Seufzer und fuhr fort, als wolle sie die Situation bereits jetzt entspannen: »Erlauben Sie mir bitte, dass ich Sie bei Ihrem Vornamen nenne.«

Der Gast erschrak erneut. Dass Madame Léoni Kastner das Gespräch sofort auf eine vertrauliche Ebene hob, freute ihn. Aber dass sie von dem bedauerlichen Zwischenfall während seiner Rede in der südenglischen Hafenstadt wusste, war ihm peinlich.

»Ich war damals ein wenig krank und fühlte mich nicht wohl, gnädige Frau«, sagte er schnell, damit seine Gastgeberin nicht weiter auf die Geschichte von Plymouth einging. »Ich hatte den Vortrag absagen wollen, glaubte dann aber doch, stark genug zu sein, ihn zu halten. Es erwies sich als gut, dass ich ein sauber abgefasstes Manuskript hatte, das für den Leiter der Veranstaltung lesbar war, sodass er den Text zu Ende lesen konnte.«

»Verzeihen Sie, Henry, wenn ich sage: Der Zwischenfall musste wohl sein«, sagte Madame Kastner sanft. »Durch Ihren Zusammenbruch am Rednerpult haben Sie, ohne es zu wollen, auf Ihre traurige Lebenslage aufmerksam gemacht.«

Henry Dunant blickte seiner Gesprächspartnerin einen Moment in die schönen dunklen Augen. Die schienen ehrliches Mitgefühl auszudrücken. Das beruhigte den Mann, und er fragte: »Sie wissen also …?«

Die Antwort gab Léoni Kastner, nachdem ihre Hausdame Tee und Kuchen abgestellt und den Raum wieder verlassen hatte. »Ich weiß, Henry, dass Sie eine Menge Pech hatten mit Ihren Geschäften und mit manchen Geschäftspartnern. Ich weiß von Ihrem Unglück. Ich kenne das Urteil des Revisionsgerichts, an dem ich allerdings meine Zweifel habe. Sie sind kein Mann, der seine Mitmenschen betrügt. – Ich weiß auch, dass Ihre Gläubiger Sie auf Schritt und Tritt verfolgen und Ihnen das Leben schwer machen und dass Sie ständig vor Ihnen auf der Flucht sind. Ebenso weiß ich, dass Sie manches versucht haben, um zu Geld zu kommen, um wenigstens einige Ihrer Gläubiger zu befriedigen. Auch dabei hatten Sie eine Menge Pech, wie ich erfahren habe. – Ich beobachte Ihren Weg mit großem Interesse seit dem Jahr der Genfer Konvention, müssen Sie wissen. – Die Zeitschrift, die Sie herausgeben, und das Schreiben von Artikeln für diesen und jenen bringt nicht viel ein und lässt Sie selbst hungern. Sie sind zu gut, zu ehrlich, zu stolz, zu …, ich weiß nicht, was noch, Henry. Sie brauchen dringend einen Menschen, der es ehrlich und wirklich gut mit Ihnen meint und der Ihnen auf die Beine hilft, mein lieber Henry Dunant.«

Was sollte der nun darauf antworten? Léoni Kastner hatte recht in dem, was sie gesagt hatte. Und sie schien mehr über sein Geschick zu wissen, als ihm lieb war. Vorsichtig setzte er an: »Es ist mir peinlich ...«

Die Frau hakte sofort ein: »Hören Sie auf, Henry! Nichts muss Ihnen peinlich sein. Vor mir nicht! Auch nicht die Tatsache, dass Ihre Majestäten mich gebeten haben, der Mensch zu sein, der Ihnen auf die Beine hilft.«

»Sie wollen mir ... Sie sollen mir ...?«

»Ja, ich soll und ich will. Es ist mir eine Freude, dem Christen Henry Dunant unter die Arme zu greifen. Der nimmt wahrscheinlich an, sein Gott und Herr habe ihn vergessen oder gar verlassen. Dem ist aber nicht so! Es ist mir eine Ehre, Werkzeug Ihres Gottes zu sein und dem Gründer des Roten Kreuzes und Urheber der Genfer Konvention zu helfen, damit für ihn das Hungern und Darben aufhört.«

»Und wie haben Sie vor, das zu bewerkstelligen?«, wagte der Mann zu fragen, während er die zierliche Teetasse nahm, um einen Schluck zu trinken.

»Das sage ich Ihnen bald, nachdem ich von Ihnen noch ein wenig erfahren habe, wie es Ihnen in den vergangenen Jahren hier in Paris ergangen ist. Sie hätten als Schweizer die Stadt doch verlassen können, um dem Krieg mit den Deutschen und den Auseinandersetzungen mit der ›Kommune‹ aus dem Weg zu gehen.«

»Hätte ich leicht, Madame. Habe ich aber nicht«, wies der Mann den Gedanken zurück. »Ich sah hier in Paris meine Aufgaben und meine Pflicht, Menschlichkeit zu leben.«

»Sie haben während des Krieges und danach während der ›Kommune‹ dann ja auch kräftig von sich reden gemacht.«

»Habe ich das wirklich? Ich habe nur getan, wozu ich als Christ und als Mensch verpflichtet war«, versuchte Henry Dunant von seiner Person abzulenken. Es gelang ihm nicht.

Léoni Kastner hakte erneut nach: »Ganz Paris hing voller Rot-Kreuz-Fahnen, wurde mir erzählt. Ich hätte das gerne gesehen, aber ich war in den kritischen Monaten nicht hier.«

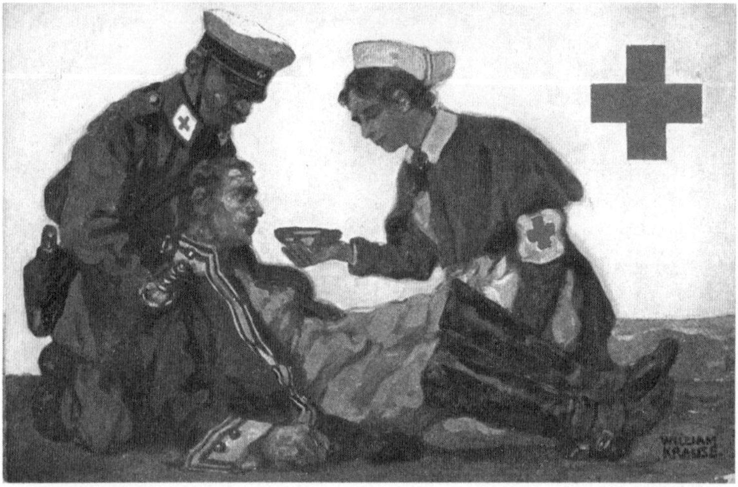

Rot-Kreuz-Kräfte im Einsatz,
dargestellt auf zeitgenössischen Postkarten (Abb. 14)

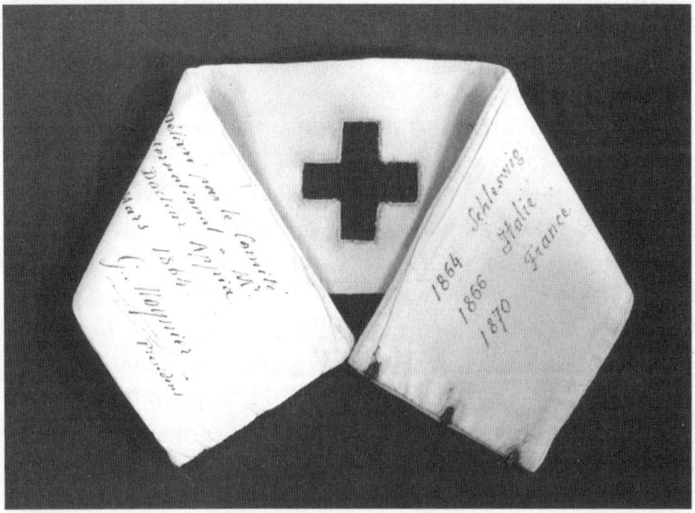

Eine der fünf ersten Rot-Kreuz-Armbinden, getragen von Dr. Louis Appia an den gekennzeichneten Einsatzorten (Abb. 15)

Der Gast holte ein paarmal tief Luft, trank noch einen weiteren Schluck Tee und fügte sich dann in die Erwartung seiner Gastgeberin. »Ich habe damals bei den verantwortlichen Stellen am Kaiserhof darauf hingewiesen, dass die Statuten des Roten Kreuzes auch in Paris akzeptiert seien. Sie waren aber leider in irgendwelchen Schubladen verschwunden und wurden im Krieg zunächst nicht oder nur wenig beachtet. Auf meine nachdrücklichen Einlassungen hin wurden sie schließlich ans Licht gezogen und durch die Presse unter das Volk gebracht. Das nahm sich sofort der Statuten an und setzte ihre Anliegen auch um. Deshalb die vielen Rot-Kreuz-Fahnen und -Armbinden in Paris. Wie vielen Menschen das gutgetan und geholfen hat, vermag ich nicht zu sagen. Aber es hat in der Tat manche Not gelindert.«

»Sie haben damals die ›Fürsorgegesellschaft‹ gegründet.«

»Ohne die Kleider-Sammlungen und Lebensmittel-Hilfen dieser Gesellschaft hätten viele Verwundete unter den Soldaten und auch viele Not leidende Zivilisten den grausam kalten Winter 70/71 nicht überlebt.«

»Und während der ›Kommune‹?«

»Die Monate des Aufstandes der ›Kommune‹ bis zu ihrer Zerschlagung am Ende der infernalischen Woche im Mai vorigen Jahres waren zum Teil noch schlimmer als die Kriegswochen. Die wild gewordenen Kommunarden machten alles nieder, was ihnen im Weg war, und stellten alle an die Wand, die auch nur von Weitem nach Widerstand rochen. Mich hätte es beinahe selbst getroffen. Ich sei ein schändlicher preußischer Spion, wurde mir vorgeworfen. Mein eigenes Werk, das Rote Kreuz, hat mich gerettet. Danach konnte ich den einen oder anderen ehrbaren Mann aus der Stadt bringen, bevor er von den Barbaren gefasst wurde und das Kommando zu seiner Erschießung gegeben wurde.«

»Ich hörte von Ihrer Verbindung zu Frédéric Passy.«

Henry Dunant blickte seine Gastgeberin wieder mit großen Augen an. Die charmante Dame hatte sich wirklich ausführlich über ihn erkundigt. »Frédéric Passy, ein ehrlicher und überzeugter Pazifist, ein hervorragender Mann! Ich schätze mich glücklich, ihm begegnet zu sein. Wir haben gemeinsam mit einigen anderen ebenso hervorragenden Männern – zum Beispiel gehörte auch Ferdinand Lesseps dazu, der Erbauer des Suezkanals – die ›Fürsorgegesellschaft‹ neu ausgerichtet und aus ihr die ›Allgemeine Allianz für Ordnung und Zivilisation‹ gemacht. Wir möchten den zivilisatorischen Fortschritt unter den Menschen fördern und den sozialen und politischen Frieden in den Staaten sichern. Uns schwebt dazu eine internationale Versammlung vor und ein internationales Schiedsgericht. Diese Institutionen sollen schon im Vorfeld von Konflikten aktiv werden, um – ich sage es ein wenig hoch gegriffen – künftige kriegerische Auseinandersetzungen in den Völkern und zwischen den Völkern zu verhindern. Aber das wissen Sie ja bereits von meinen Vorträgen in England her.«

»Sie stecken sich immer noch hohe Ziele, Henry. Dabei haben Sie mit dem Weltbund des CVJM und mit der Genfer Konvention des Roten Kreuzes schon so viel und so Großes für das Christentum und für die Menschheit erreicht! Meine Bewunderung, Henry! Für all Ihre Bemühungen kann ich Ihnen nur Glück und den Segen Gottes wünschen.« Aber noch etwas anderes interessierte Léoni Kastner, sodass der Gast nicht auf dieses Lob reagieren konnte: »Wollte die jetzige Regierung Thiers Ihnen nicht eine erhebliche Prämie für Ihren humanitären Einsatz für die Bürger der Stadt in den kritischen Monaten der vergangenen Zeit zusprechen? Sie müssten keine Not leiden!«

»Auch das wissen Sie?«, wunderte sich Henry Dunant und gab die gewünschte Antwort. Dabei holte er einmal tief Luft und strich deutlich verlegen mit der Linken seinen Bart: »Ich habe die finanzielle Zuwendung abgelehnt. Mir wäre von den vorgesehenen 200 000 Franc nichts geblieben. Welch eine Summe! Ich hätte sie wahrlich sehr gut gebrauchen können. Aber meine Gläubiger hätten das Geld sofort kassiert. Den Triumph wollte ich ihnen nicht gönnen – und mir die Schande ersparen«, fügte er leise an. »Die Sache hätte meinen anderen Bestrebungen wohl sehr geschadet.«

»Ich kann Sie verstehen, Henry, auch wenn ich Ihre Meinung da nicht unbedingt teile«, meinte Frau Kastner und wollte wohl eine weitere Frage anschließen. Doch ihr Gast wollte keine weitere zulassen. Mit der Teetasse in der Hand sagte er bestimmt: »Verehrte liebe Frau Kastner, lassen wir jetzt bitte die Vergangenheit und wenden uns der Gegenwart zu oder auch der Zukunft. Sie haben mich Ihren eigenen Worten nach eingeladen, um mir Ihre Hilfe anzubieten. Ich wüsste nun gerne, was ich für Sie tun kann, damit Sie mir helfen können.«

»Gerne, Henry«, gestand die Frau zu, »wenn Sie mir zuvor noch eine letzte Frage beantworten. Bitte!«

»Nun gut, gnädige Frau«, lenkte Henry Dunant doch noch einmal ein, »ich bin Ihr Gast. Was möchten Sie noch gerne wissen?«

»Ich wüsste gerne, warum Sie bei der Weltausstellung seinerzeit Ihre Büste aus dem Pavillon des Roten Kreuzes haben entfernen lassen. Die Veranstalter wollten Sie doch damit besonders ehren. Die Goldmedaille der Stadt Paris haben Sie dagegen angenommen.«

»Das ist lange her, Frau Kastner, und ich erinnere mich nur ungern an den Sommer 67. Muss ich wirklich …?«

»Bitte, Henry!«, bestand die Frau auf ihrem Anliegen und blickte ihn auffordernd an.

Ihr Gast fügte sich, wenngleich ein wenig widerstrebend. »Also, ich war damals in meinem Inneren sehr gespalten. Einerseits hatte ich mich darüber gefreut, dass die Weltausstellung der Genfer Konvention und dem Roten Kreuz einen eigenen Pavillon gewidmet hatte. Das war gut und dienlich für die Sache und für die Organisation. Dass Paris mir die Ehrung zuteil werden ließ und nicht dem Herrn Moynier, ihrem Präsidenten, hat mich – zugegeben – stolz gemacht. Die Stadt war – und sie ist es ja auch noch – für mich so etwas wie eine zweite Heimat und gerade in dem Jahr nach den Genfer Ereignissen um den Bankrott meiner Gesellschaft ein besonderer Zufluchtsort. Die Zeremonie um die Verleihung der Medaille war eine kurze Angelegenheit und bald wieder aus dem Bewusstsein der Leute verschwunden. Kaum dass die Presse davon Notiz genommen hätte. Deswegen konnte ich sie annehmen. Die Büste aber stand dauernd und für alle sichtbar auf ihrem Sockel, um von jedem Besucher gehätschelt und gestreichelt zu werden. Weil ich aber gerade davor stand, durch die Intrigen des Herrn Moynier und seiner Freunde von meinem Lebens-Sockel gestoßen zu werden, mochte ich es nicht dulden, dass jedermann meine Büste streicheln konnte. Ich fühlte mich dieser Art von Ehrung absolut unwürdig. Davon abgesehen galt und gilt die grundsätzliche Frage: Stellt man Büsten nicht für Tote auf? Mussten die meisten Besucher nicht glauben, der Henry Dunant, dessen Name auf dem Sockel der Büste geschrieben stand, sei längst tot, und ihre Spende in das Gefäß davor gälte dem Werk eines längst Verstorbenen? Nein, das wollte ich nicht ertragen. Ich bin zuweilen durchaus sehr geltungsbedürftig und eitel, und ich lebe doch noch, wenngleich mich meine Widersacher damals bereits wohl lieber tot gesehen hätten. Darum habe ich darauf gedrungen, den Kopf entfernen zu lassen. Das gute Werk des Roten Kreuzes blieb ja präsent, und die Spenden flossen weiter.«

Die letzten Worte des Mannes klangen deutlich bitter und bewirkten einige Momente des Schweigens zwischen den beiden Menschen am kleinen Teetisch. Madame Kastner überlegte wohl, wie sie darauf reagieren sollte. Schließlich sagte sie: »Mir tut es sehr leid, Henry, wie man mit Ihnen umgegangen ist. Sie sollten diese Erinnerungen hinter sich lassen und vergessen. Verzeihen Sie, dass ich sie hervorgeholt habe. – Kommen wir Ihrem Wunsch gemäß zur Gegenwart, mit der eine andere Zukunft beginnen mag.«

»Danke, Madame«, atmete Henry Dunant hörbar auf – er vermochte noch nicht die angebotene vertrauliche Anrede ›Léoni‹ zu verwenden – und fuhr fort: »Ich bin auf Ihre Offerte gespannt.«

»Also, mein lieber Henry«, begann die Frau, »noch einmal: Seine Majestät Kaiser Napoleon III. und seine Gemahlin Eugénie haben mich gebeten, Ihnen helfend unter die Arme zu greifen. Die beiden verehren Sie sehr, wie Sie wohl wissen. Ihrem Wunsch will ich also gerne nachkommen, weil auch ich Ihre vielfältigen humanitären Bemühungen bewundere und weil ich Sie auch als Mensch und Christ sehr schätze. Ich bin schon länger von den Zielen Ihrer ›Allgemeinen Allianz für Ordnung und Zivilisation‹ begeistert und möchte gerade diese Arbeit unterstützen. Ich biete Ihnen dieses Haus an, in dem wir uns heute begegnen. Hier mögen Sie ab sofort gerne wohnen und arbeiten – ohne dass Ihnen Kosten entstehen, versteht sich. Ich werde dafür sorgen, dass Sie täglich eine warme Mahlzeit bekommen, damit Sie wieder recht zu Kräften kommen und bei Kräften bleiben. Die Welt braucht Sie noch! Dazu gebe ich Ihnen meinen Sohn Frédéric zum Sekretär. Er soll Ihre Arbeit unterstützen und Sie selbst entlasten, damit Sie frei sind für anderes.«

Henry Dunant verschlug es die Sprache bei diesem Angebot. Für Momente glaubte er zu träumen. Er spürte, wie ihm das Blut in den Kopf stieg. Es schwindelte ihm vor innerer Erregung. Seine Hände begannen zu zittern, und in seinem Kopf jagten sich wieder merkwürdige Gedanken. Wie kam diese besondere Frau dazu, ihm so zu begegnen? Warum öffnete sie ihm ihr Haus? Warum förderte sie auf diese Weise seine Arbeit? Doch wohl nicht nur, weil Napoleon sie darum gebeten hatte?! Brachte sie ihm mehr entgegen als die eben beschriebene äußerliche Hilfe? Sprachen dabei auch andere Empfindungen? Sprach ihr Herz? Galt ihre deutliche Zuneigung nur der Sache oder doch auch der Person? Was bedeutete: »... weil ich Sie auch als Mensch und Christ sehr schätze«?

Der Mann in seinem mit Kohle und Kreide aufpolierten Äußeren hätte die Frau auf der anderen Seite des Tischchens am liebsten in seine Arme genommen und an sich gedrückt. Er tat das natürlich nicht. Sein Anstand und seine eigene Würde und die dieser besonderen Frau ließen eine solche Reaktion nicht zu. Henry Dunant erhob sich nur von seinem Stuhl, trat vor die Dame und ergriff ihre Hände. Mit deutlich bewegter Stimme dankte er ihr für ihre großmütige Hilfsbereitschaft und sagte dann: »Ich bin beschämt, verehrte Frau Kastner, ich bin sehr beschämt. Sagen Sie mir bitte, was ich als Gegenleistung erbringen kann.«

»Das will ich gerne tun, Henry. So ganz uneigennützig bin ich nun doch nicht bei meinem Angebot.«

Der Mann gab die Hände der Frau wieder frei und setzte sich zurück auf seinen Stuhl. »Bitte, gnädige Frau, ich höre. Und was ich vermag, werde ich leisten.«

»Ich habe die Bitte, dass Sie sich ein wenig um die Erfindung meines physikalisch-musikalischen Frédéric kümmern und ihm helfen, sein ›Pyrophon‹ zu verbessern und zu vollenden und es dann zu kommerzialisieren. Dies neue Instrument, diese ›Flammenorgel‹, wie er sie auch nennt, muss bekannt werden in der Welt der musikinteressierten Menschen. Wenn mein George noch lebte, würde der … Leider habe ich ihn vor fünf Jahren bereits hergeben müssen.«

»Das war sicher schlimm für Sie, Madame. Von daher wird es mir eine besondere Freude sein, mich dieser Schöpfung ihres Sohnes anzunehmen. Sie wissen, dass ich offen bin für alles Neue, das wie auch immer der Mitmenschlichkeit und dem Frieden dient. Und die Musik tut das allemal. Persönlich bin ich leider nicht sehr musikalisch. Und als Kaufmann habe ich mich in meiner Geschichte auch nicht gerade bewährt, wie Sie wissen. – Aber fahren Sie bitte fort. Da ist doch noch mehr.«

»Ich benötige für meine geschäftlichen Dinge gelegentlich einen Sekretär, der für mich die notwendigen Briefe schreibt, wenn ich hier in Paris bin. Dass Sie sich darauf verstehen, Henry, das weiß ich. An dieser Stelle könnten Sie mir gerne Gehilfe sein. Und dann brauche ich zuweilen Reisebegleitung. Ich habe zum Beispiel eine Reise nach Rom vor, die ich nur ungern allein machen möchte. Frédéric kann mich leider nicht begleiten. Könnten Sie sich vorstellen, Henry, dass Sie …?«

Wieder schlug dem Mann das Herz schneller, und es wurde ihm innerlich erneut merkwürdig warm. Er musste sich dazu zwingen, dass seine zustimmende Antwort nicht allzu euphorisch klang. Nein, die Empfindungen und Gefühle, die er zuvor nie gekannt hatte und die sich dieser Frau gegenüber in der vergangenen Stunde in sein Herz eingeschlichen hatten, wollte Henry Dunant nicht offenbaren, nicht jetzt, jetzt noch nicht. Dabei wünschte er sich in den Tiefen seiner Seele, dass es irgendwann einen solchen Zeitpunkt gäbe ….

Seine Antwort klang dann allerdings eher nüchtern und sachlich: »Ich kann mir das sehr gut vorstellen, Frau Kastner. Ich bin das Reisen doch gewohnt. Wo bin ich nicht schon überall gewesen im weiten Europa und an seinen orientalischen Grenzen?! Nur die Vereinigten Staaten von Amerika blieben mir bisher verwehrt. Vor Jahren musste ich die Einladung von Präsident Abraham Lincoln aus gesundheitlichen Gründen leider ablehnen. Und auch die von den beiden bekannten Frauen Harriet Beecher-Stowe und Clara Barton. Wie Sie vielleicht wissen, hat die eine sich große Verdienste erworben, indem sie sich stark gemacht hatte für die Abschaffung der Sklaverei, die andere hat gemäß ihrem persönlichen Motto ›Den Kanonen nach‹ im nordamerikanischen Bürgerkrieg an der Front als Pflegerin gewirkt, quasi eine amerikanische Florence Nightingale. – Aber zurück zu Ihrem Angebot. Ich nehme Ihre Offerte für mich und für meine Arbeit für die ›Allianz‹ also gerne an und mache Ihre Vorstellung von meiner Gegenleistung ebenso gerne zu der meinen. Wann soll Ihrem Wunsch gemäß unsere Zusammenarbeit beginnen?«

»Wenn es Ihnen recht ist, gleich morgen, Henry. Ziehen Sie morgen hier ein mit allem, was Sie haben. Ich zeige Ihnen gleich Ihr Zimmer und Ihr Büro und händige Ihnen auch die Schlüssel aus. Frédéric kommt in einer Woche nach Paris. Dann lernen Sie ihn kennen und auch seine technisch-musikalische Erfindung, die er sich vor drei Jahren bereits hat patentieren lassen. Da war der Junge gerade einmal siebzehn. Ich verstehe nicht viel von der besonderen Technik, von der übrigens der berühmte englische Physiker Michael Faraday schon geträumt hat. Von ihm hat Frédéric die theoretischen Grundlagen dieser Erfindung übernommen. Er hat sie praktisch ausgeführt. Sie werden begeistert sein von dem Instrument, das brennendes Leuchtgas in Glaspfeifen zum Klingen bringt.«

»Ich bin sehr gespannt, Frau Kastner, was da auf mich zukommt. Ich werde mir alle Mühe geben, Sie in keinem Punkt zu enttäuschen. Und Ihren Sohn auch nicht. – Ist es recht, wenn ich jetzt darum bitte, mir die Räumlichkeiten zu zeigen und mich danach gehen zu lassen? Wenn ich bereits morgen hier einziehen soll, sollte ich mich noch auf den Umzug vorbereiten.«

Léoni Kastner erhob sich als Erste von ihrem Platz und reichte ihrem Gast die Hand. »Ich freue mich sehr auf die Zusammenarbeit mit Ihnen, Henry. Und ich freue mich, dass ich Ihre Widersacher mit meiner Hilfe für Sie persönlich und für Ihre Sache ein wenig ärgern kann. Kommen Sie.«

Henry Dunant registrierte diese Bemerkung mit einem leichten Lächeln. Was für eine Frau!, ging es ihm wieder durch den Kopf, und er hielt nach der Besichtigung der Räume ihre Hand zum Abschied ein wenig länger in der seinen, als das eigentlich angebracht war. Auch den Blick in ihre schönen Augen hielt er ein wenig länger fest als er das getan hätte, wenn vor ihm ein anderer Mensch gestanden hätte. Schon morgen würde er dieser Frau wieder begegnen! Und hoffentlich danach noch oft! Wunderbar! Laut sagte er: »Ich weiß nicht, wie ich Ihnen recht danken soll, gnädige Frau. Dieser Tag wird als ein besonderer in meine Lebensgeschichte eingehen. – Wenn es recht ist, werde ich morgen gegen Mittag mit meinem Hab und Gut zum Einzug hier sein. Die Räume sind vorzüglich. Ich bin einer solchen Gunst und Gönnerschaft Ihrerseits gar nicht wert.«

»So sollten Sie bitte nicht reden, mein lieber Henry. Ich weiß wohl besser, wessen Sie wert sind. Ich bin übrigens gerne damit einverstanden, dass Sie morgen gegen Mittag hier eintreffen. Ich werde Sie erwarten. Und noch einmal: Ich wünsche uns beiden eine gute Zusammenarbeit.«

Mit diesem denkwürdigen Tag begann für Henry Dunant eine Zeit, in der er sich wie auf Glückswolken fühlte. Er hatte ein gutes Quartier, er hatte satt zu essen, und er konnte endlich seine Garderobe wieder einmal auf Vordermann bringen. Er konnte einigermaßen sorglos für die »Allianz« arbeiten und sich um das Pyrophon seines Sekretärs kümmern. Mit dem jungen Mann, der von seinem Alter her sein Sohn hätte sein können, verstand er sich prächtig. Er hielt in der nächsten Zeit hin und her in Frankreich und auf der britischen Insel Vorträge über die Anliegen der »Allianz« und ebenso über das neue Musikinstrument. Er verfasste Artikel zu beidem und brachte sie in Umlauf. Leider blieb ihm in beiden Bereichen der ganz große Erfolg seiner Arbeit versagt. Ob da nicht schon wieder seine Genfer Widersacher ihre Hände im Spiel hatten?

Später reiste Henry Dunant als ihr Sekretär mit Léoni Kastner nach Italien und wähnte sich dabei zuweilen wie in einer anderen Welt. Der Mann erholte sich innerlich und äußerlich. Es wäre ihm sicher noch besser gegangen, wenn er nicht unter dem Abstand gelitten hätte, den er bei allem guten Miteinander zwischen der Frau und sich selbst empfinden musste und den er nicht zu überbrücken vermochte. Ein offenes und ehrliches Gespräch, das sich ausgerechnet auf dem Petersplatz in Rom ergab – auf einem Platz in einer Stadt, die für den immer noch überzeugten Calvinisten Henry Dunant abgesehen von den Überbleibseln aus der Antike wenig Reizvolles enthielt, während seine katholische Wohltäterin vor Begeisterung nur so schwärmte – brachte keine Lösung des Problems, das inzwischen tatsächlich ein beiderseitiges war. Es gelang den beiden Menschen nicht, die hohe gesellschaftliche Barriere einzureißen, die zwischen ihnen nun einmal bestand – vor allem aus der Sicht des Mannes. Henry Dunant konnte den Makel des Bankrotteurs, mit dem er sich behaftet sah, einfach nicht abstreifen, so sehr Léoni Kastner sich auch bemühte, ihm Brücken zu bauen und sein Herz von dieser hindernden Last zu befreien. Der Mann glaubte, er würde diesen Makel zwangsläufig auf sie, die reiche, angesehene, vornehme Dame, übertragen. Das aber konnte und wollte er nicht verantworten.

So blieb Léoni Kastner für Henry Dunant unerreichbar. Seine Liebe zu dieser Frau konnte und durfte ihre im Stillen ersehnte Erfüllung nicht finden. In dieser Erkenntnis lag dann auch leider bereits die Ursache dafür, dass die glückliche Zeit des unglücklichen Genfers in Paris bald schon wieder ihrem Ende entgegenging. Zumal sich zunehmend böse Zungen regten, um durch üble Gerüchte und Verleumdungen einen Keil zwischen die beiden Menschen zu treiben. Da wurde frech behauptet und kolportiert, Henry Dunant habe sich in Léoni Kastners Leben geschlichen, um mit ihrem Geld aus seiner finanziellen Misere herauszukommen. Er nutze diese Dame nur aus und lasse sich von ihr unverschämt aushalten. Wie sonst sei es zu erklären, dass er sich geweigert habe, finanzielle Hilfen von anderen Seiten anzunehmen, zum Beispiel von einem eigens gebildeten Komitee mehrerer Pariser Freunde seiner Arbeit? Und ob die rein platonisch erscheinende Freundschaft der beiden wirklich nur eine solche sei und von daher auch vor der Öffentlichkeit verantwortbar, sei ja wohl anzuzweifeln.

Henry Dunant stieß in seinem großen Bekanntenkreis zunehmend auf Misstrauen und Distanz. Die Einladungen zu Vorträgen wurden geringer, die Arbeit für die »Allianz« begann zu stocken und wurde nicht mehr so recht angenommen, die Zeitschrift wurde immer weniger gelesen. Dem Mann blies der gesellschaftliche Wind mehr und mehr entgegen, und es wurde kälter um ihn. Als sich dann auch sein Sekretär noch gegen ihn stellte, weil er dem Geschwätz der Leute mehr glaubte als seiner Mutter und ihrem Schützling und weil auch die Erfolge um die Vermarktung des Pyrophons ausblieben, ging der Genfer in Paris auf Distanz. Der große Menschenfreund kehrte den Menschen den Rücken.

Henry Dunant gab seine Wohnung und seinen Arbeitsplatz in der Rue de Clichy 43 schweren Herzens auf, freilich ohne dabei die Freundschaft zu seiner Gönnerin aufzugeben. Nein, das war dann doch angesichts der Reinheit ihrer Beziehung nicht nötig. Die beiden waren sich allerdings darin einig, dass es der richtige Weg war, sich räumlich zu trennen und auf ein gemeinsames öffentliches Auftreten künftig zu verzichten. Es gab ja die Post, um gelegentliche Aufträge für Aufsätze und Abhandlungen zu geben und die Ergebnisse zurückzusenden, und es würde auch Gelegenheiten der Begegnung geben, irgendwann ..., irgendwo ... Gott konnte es schenken.

Traurige Jahre – Licht am Horizont

Henry Dunant wurde zu einem Menschen, der rast- und ruhelos einige Jahre in den Ländern Europas hin- und herreiste, mal in London, mal in Straßburg, mal in Brüssel, mal wieder in Paris oder anderswo auftauchte, um dort für ein paar Wochen oder auch Monate mehr oder weniger unerkannt zu leben. Sein Dasein wurde zu einer dauernden Flucht vor seinen Gläubigern und sonstigen Widersachern, von denen er sich ständig und überall beobachtet und verfolgt fühlte. Die monatliche Zuwendung von 100 Franken, die er seit dem Tod seines Onkels David aus Genf zugeschickt bekam und die ihn erstaunlicherweise auch immer erreichte, vermochte nicht, seinen sehr bescheidenen Unterhalt zu finanzieren. Das meiste, was ihm an Geld von hier und da zur Verfügung gestellt wurde oder was er sich durch Gelegenheitsarbeiten verdiente, gab er ohnehin nicht für sich selbst aus. Er verwendete es lieber dazu, wieder einmal eine Schrift über ein humanitäres Thema zu veröffentlichen, zum Beispiel über die menschliche Behandlung von Kriegsgefangenen, über erforderliche Erweiterungen der Genfer Konvention auf den Bereich der Seekriege, über die Notwendigkeit der Einrichtung eines Rot-Kreuz-Museums, über ....

Aber wer wollte die Gedanken eines Verfemten, eines Mittellosen, eines Heimatlosen schon lesen? Henry Dunant fand immer weniger Gehör und immer seltener einen Menschen, der ihn wenigstens für kurze Zeit bei sich aufnahm, damit er nicht wie ein Clochard auf einer Bank im Wartesaal eines

Bahnhofs oder gar auf einer Parkbank übernachten musste. Es kam oft genug vor, dass er keine andere Wahl hatte.

Seine Genfer »Freunde«, allen voran der Präsident des Internationalen Komitees des Roten Kreuzes, Gustave Moynier, mochten ihr Gefallen am Schicksal des Bankrotteurs haben. Der egoistische Genfer Rechtsanwalt heftete sich inzwischen alle Orden für die Erfolge seiner Organisation an die eigene Brust und strich alle Ehrungen ein, die eigentlich seinem vormaligen Sekretär gebührten. Selbst die preußische Monarchin Augusta ging dem aalglatten Menschen auf den Leim, als hätte es ihn, Henry Dunant, den Verfasser der Genfer Konvention, nie gegeben. Immer häufiger wurde er von bitteren Gedanken gequält. Er schien es wohl nicht anders verdient zu haben, als am Rande der Gesellschaft ein elendes Dasein zu fristen und mehr oder weniger wie ein Aussätziger dahinzuvegetieren. Wer als Kaufmann und Bankier mit dem Geld anderer Menschen nicht umzugehen verstand, der verdiente es auch nicht, eigenes Geld ausgeben zu können. Wer das Licht vermeintlichen Erfolges zu seinen eigenen Gunsten missbrauchte, der gehörte nun einmal nach calvinistischer Denkweise in die Dunkelheit. Wenn ihn dort Hunger und Krankheit trafen, dann musste er halt sehen, wie er damit zurechtkam. Mit seiner zeitweilig gelähmten Schreibhand konnte er wenigstens keinen Unfug mehr auf Papier bringen und verbreiten. Und dass einer wegen Vagabundierens ins Gefängnis gesteckt wurde, wie es ihm vor einiger Zeit passiert war, das stand halt so im Gesetz, und vor dem waren alle Menschen gleich …

Wie gut, dass es auch noch Menschen gab, die anders dachten und handelten. Im württembergischen Stuttgart gab es solche Menschen. Henry Dunant erinnerte sich irgendwann einmal wieder an die beiden Pfarrer Dr. Christoph Ulrich Hahn und Dr. Ernst Rudolf Wagner, die seinerzeit als Abgesandte an den

Genfer Konferenzen von 1863 und 1864 teilgenommen hatten. Und er erinnerte sich auch an den Stuttgarter Kaufmann Adolf Graeter, einen früheren Freund von der Tempelgesellschaft. Mit diesen Männern hatte er, nachdem er sie kennengelernt hatte, über einige Jahre hinweg in lockerem brieflichen Kontakt gestanden. Adolf Graeter hatte ihm in seiner Pariser Zeit schon einmal einen größeren Geldbetrag zukommen lassen und ihn durch diese Zuwendung vor dem Schlimmsten bewahrt. Diese württembergischen Pietisten dachten anders als die Genfer Calvinisten. Henry Dunant war sich sicher: Diese Leute erinnerten sich auch an ihn. Bei ihnen würde er Aufnahme finden. Unter diesen Brüdern würde er aufatmen und sich erholen können.

Im späten Frühjahr 1876 reiste der verzweifelte Mann von Paris nach Stuttgart. Dort fand er vor, was er erwartet und was er sich ersehnt hatte. Pastor Dr. Ernst Rudolf Wagner und seine Frau Ida gewährten ihm freundliche Aufnahme und stelltem ihm zwei Zimmer in ihrem Haus im Stuttgarter Westen als Quartier zur Verfügung, und das kostenlos. Für den ruhe- und rastlosen Flüchtling und Wanderer zwischen den europäischen Welten, dem seine Bibel immer noch lieb und unentbehrlich und das Gespräch mit seinem Gott immer noch wichtig war, war das eine echte Gebetserhörung. Gott saß doch noch im Regiment, auch wenn die missliche Realität des Lebens zuweilen anderes vermuten ließ.

Zwei Zimmer im Dachgeschoss der Hasenbergsteige 7! Welch ein Geschenk! Geordnete Tage, ruhige Nächte, regelmäßige Versorgung und neue Aufgaben bei Freunden, die etwas von der Gnade göttlicher Vergebung wussten, die Vergangenes nicht ständig wieder neu hervorholten, die lebten, was sie aus dem Wort Gottes gemäß Matthäus 22,37–40 als Doppelgebot der Liebe kannten. Hatte nicht Jesus auf die Frage eines frommen Schriftgelehrten nach dem höchsten Gebot entsprechend geantwortet?: »›*Du sollst den Herrn, deinen*

Gott, lieben von ganzem Herzen, von ganzer Seele und von ganzem Gemüt.‹ Dies ist das größte und höchste Gebot. Das andere aber ist dem gleich: ›Du sollst deinen Nächsten lieben wie dich selbst.‹ In diesen beiden Geboten hängt das ganze Gesetz und die Propheten.«

Henry Dunant, der bei den Menschen nahezu völlig in Vergessenheit Geratene, tauchte bei seinen schwäbischen Gastgebern aus den Tiefen seiner Depression auf und befreite sich von der inneren Erstarrung, die sich seiner bemächtigt hatte. Endlich hatte er wieder eine Adresse für Leute, die ihm trotz seiner dunklen Vergangenheit wohlgesonnen waren. – Zu denen gehörte auch immer noch Léoni Kastner, die nach wie vor ihren festen Platz in seinem Herzen hatte, und das nicht nur deshalb, weil sie ihm ab und an Aufgaben zuschob und kleinere Geldbeträge zu seinem Unterhalt zukommen ließ. – Endlich konnte er sich wieder konzentrieren auf sinnvolle Arbeiten, die ihm selbst auf der Seele brannten oder ihm von seinem Gastgeber aufgetragen wurden. Endlich konnte er zumindest gelegentlich wieder Aufsätze und Artikel veröffentlichen und damit Geld verdienen, um wenigstens seinem Freund Graeter einen Teil seiner Schulden bezahlen zu können.

Endlich konnte er auch etwas tun, um seine angeschlagene Gesundheit behandeln zu lassen und mit ärztlicher Hilfe gegen ein lästiges Ekzem an den Händen und gegen die rheumatische Lähmung in seiner Rechten vorzugehen, die gelegentlich und dann mit wechselnder Intensität auftrat.

Der Protokollführer der ersten Genfer Konferenz von 1863 und der »Maître de Plaisir« der zweiten von 1864 war dankbar und glücklich, hier im Haus des Dr. Wagner und seiner Frau leben und sein zu dürfen. Der Pfarrer – er hatte 1863 als Erster die »Erinnerung an Solferino« ins Deutsche übersetzt, für ihre Verbreitung gesorgt und in verschiedenen deutschen Zeitungen mehrere Berichte über die Genfer Konferenzen veröffentlicht – sprach übrigens hervorragend Französisch, was das Miteinander im Haus an der Hasenbergsteige leicht machte. Endlich hatte das Leben für Henry Dunant wieder Sinn! Er dankte Gott dafür.

»Sie sind wohl fremd hier?« Die Frage galt Henry Dunant, der in der hellen Morgensonne eines schönen Sommertags auf der Plattform einer Gaststätte auf dem Hasenberg stand. An das Geländer gelehnt, genoss er die Aussicht auf die unten liegende Stadt und die in nördlicher Richtung gelegenen Hügel.

Der Angesprochene wandte sich dem jungen Mann zu, der sich neben ihn gestellt hatte, blickte ihn erstaunt an und fragte in seiner Sprache: »Sprechen Sie Französisch?«

»Sind Sie Franzose?«, fragte der zurück und sprach nun ebenfalls französisch.

»Nein, das bin ich nicht. Oder doch. Ich bin Schweizer mit französischen Papieren.«

»Darf ich es genauer wissen?«

Henry Dunant musste lachen. Ein netter junger Mann, ging es ihm durch den Kopf, und er gab gerne Auskunft: »Ich bin in Genf geboren und habe auch lange dort gelebt. Dann habe ich auch in Paris gelebt und in London und an vielen anderen Orten Europas. Darum spreche ich natürlich Französisch und auch Englisch. Italienisch ist mir auch nicht fremd. Nur mit dem Deutschen habe ich meine Probleme. Zur Sprache Ihres Landes finde ich kaum einen Zugang. Ich verstehe es selbst nicht, warum das so ist. Seit einigen Wochen wohne und lebe ich in dieser Stadt.«

»Arbeiten Sie hier?«

»Nein, mein junger Freund. Oder vielleicht doch. Ich bin im Quartier bei Pfarrer Dr. Ernst Rudolf Wagner weiter unten an der Hasensteige.«

»Verzeihen Sie, Sie meinen die Hasenbergsteige. Ich kenne Dr. Wagner. Ich wohne ganz in der Nähe«, freute sich der junge Mann. »Ich heiße übrigens Rudolf Müller, bin Jahrgang 1856, wohne in der Reinsburgstraße und bin Student der Philogie an der Alma Mater in Tübingen. Zurzeit genieße ich die Ferien bei meiner Mutter.«

Henry Dunant reagierte nicht sofort auf die Vorstellung des Studenten. Sollte er sich auch mit Namen vorstellen? Ob der junge Mann mit seinen Namen etwas anfangen konnte? Aber warum sollte er sich hier ebenso verstecken, wie er es andernorts immer wieder hatte tun müssen? Dieser freundliche Studiosus hatte sicherlich keine Kontakte, die ihm irgendwie schaden konnten. Also sagte er: »Mein Name ist Henry Dunant. Ich bin Philanthrop und achtundzwanzig Jahre älter als Sie. Früher war ich einmal Kaufmann, Bankkaufmann und algerischer Kolonist.«

Rudolf Müller trat bei dieser Vorstellung des Mannes, der sein Vater hätte sein können, einen Schritt zur Seite und schaute den Fremden sichtlich erstaunt und überrascht an. Ihm fiel dabei auf, dass dieser Mann hinter seinem Vollbart blass und leidend aussah und irgendwie ausgezehrt. »Verzeihen Sie«, fragte er vorsichtig, »habe ich richtig verstanden? Nannten Sie vorhin Genf? Und sagten Sie Henry Dunant?«

Jetzt war Henry derjenige, der staunte. Der Student schien seinen Namen tatsächlich zu kennen. Er streckte ihm seine Hand entgegen. »Sie haben richtig gehört, Herr Müller. Ich bin Henry Dunant aus der Calvin- und Rousseau-Stadt Genf in der französischen Schweiz.«

Rudolf Müller ergriff die gereichte Hand und fragte ein wenig ungläubig: »Dann sind Sie der ›barmherzige Samariter von Castiglione‹ und der ›Mann in Weiß‹? Dann sind Sie der Mann, der das Buch ›Eine Erinnerung an Solferino‹ geschrieben hat? Ich habe die Übersetzung von Dr. Wagner mit großem Interesse gelesen.«

Henry Dunant drückte die Hand Rudolf Müllers noch einmal und bestätigte mit hörbarer Freude in der Stimme dessen Vermutung. »Der bin ich, junger Mann. Ein Buch, das die Welt ein wenig in Bewegung gebracht hat.«

»Das kann ich bestätigen. Dann sind Sie auch der Autor der Genfer Konvention und der Gründer des Roten Kreuzes?« Das Staunen stand Rudolf Müller deutlich im Gesicht.

»Auch damit haben Sie recht, junger Freund. Der bin ich tatsächlich«, nickte Henry Dunant und drückte die Hand seines Gegenübers ein weiteres Mal, um sie dann freizugeben.

»Welch ein Tag in meinem Leben«, schwärmte der Student. »Da mache ich einen Spaziergang auf den Hasenberg und begegne ausgerechnet hier in Stuttgart einem der wertvollsten Menschen unserer Zeit.«

»Na ja, wertvoll? Das haben Sie gesagt, Herr Müller«, wehrte der Ältere ab. »Andere denken anders über diesen Mann.«

»Wie muss ich das verstehen, Herr Dunant?«, fragte der Jüngere deutlich interessiert.

Henry Dunant schaute versonnen über die Stadt, als blicke er innerlich auf vergangene Tage zurück. »Das ist eine lange und schwierige Geschichte, mein lieber Herr Student. Vielleicht erzähle ich sie Ihnen später einmal.«

»Die Geschichte würde ich wirklich gern hören, Herr Dunant.« Rudolf Müllers Miene spiegelte aufrichtiges Interesse wider.

Jetzt erst fiel dem Gast im Haus Wagner auf, was er da eben gesagt hatte. »Ich glaube nicht, dass meine Geschichte es wert ist, erzählt und gehört zu werden. Sie ist in vielen Bereichen nicht sehr rühmlich.«

»Aber Ihre Geschichte ist doch die Geschichte des Roten Kreuzes, Herr Dunant. Die muss erzählt werden! Und die muss auch schriftlich festgehalten werden, wenn das noch nicht geschehen ist. Das Rote Kreuz ist eine so wichtige Sache für die ganze zivilisierte Menschheit. Man muss doch in späteren Jahren nachlesen können, wie dieses großartige Werk der Menschlichkeit entstanden ist und wer es hat entstehen lassen.« Rudolf Müller geriet richtig ins Schwärmen.

Wie aus einer spontanen Eingebung heraus fragte sein Gesprächspartner: »Diese Geschichte ist bisher noch nicht festgehalten worden. Würden Sie sie aufschreiben?«

»Nichts lieber als das, Herr Dunant«, begeisterte sich der junge Mann. »Es wäre mir eine große Ehre, das tun zu dürfen.«

»Nun denn, wir werden sehen, was aus unserer Begegnung auf dem Stuttgarter Hasenberg wird«, stellte Henry Dunant fest, als wolle er das Gespräch zunächst einmal abschließen. »Gehen wir noch ein Stück gemeinsam hinauf zur Bürgerallee? Erzählen Sie mir ein wenig aus dem Leben an der Universität. Ich habe lange Zeit nichts mehr mit einem Philologie-Studenten zu tun gehabt. Mit einem deutschen schon gar nicht.«

Die beiden Männer verließen die Aussichtsplattform und betraten wieder den Weg, der hier oben immer noch den Namen Hasenbergsteige trug, um im sonnendurchfluteten lichten Wald weiter den Hügel hinauf zu wandern. Unterwegs unterhielten sie sich über alle möglichen Dinge, die sie selbst und die Welt, in der sie lebten, gerade beschäftigten. Und dann war Henry Dunant doch bald mitten in der Geschichte der Entstehung des Roten Kreuzes. Nach einer guten Weile blieb er plötzlich stehen und sagte: »Warum erzähle ich Ihnen das eigentlich?«

Der junge Rudolf Müller musste lachen. »Weil ich Sie darum gebeten hatte, Herr Dunant.«

»Und warum interessiert Sie diese Geschichte?« Henry Dunant wirkte für den Moment ein wenig zerstreut, so als wisse er nicht so recht, wo er sich denn gerade befand.

»Weil ich tun werde, wovon ich sprach.«

»Und was werden Sie tun?«

»Na, was wohl?« Der junge Mann musste immer noch lachen. »Ich werde die Geschichte der segensreichsten Organisation der Menschheit und die ihres Gründers für die Nachwelt aufschreiben und festhalten. Ich sehe das Buch schon fertig vor mir auf dem Tisch liegen: ›Entstehungsgeschichte des Roten Kreuzes und der Genfer Konvention‹. Das Titelblatt geziert mit einer großen Rot-Kreuz-Fahne und einem Portrait von Ihnen, Herr Dunant.«

Bei dieser Aussage des Studenten war Henry Dunant wieder hellwach. »Sie denken sehr weit nach vorne, junger Freund«, stellte er fest. »Aber das Portrait darf fehlen. Mein Aussehen ist unwichtig. Der Name allerdings nicht. Nein, auf den Namen und seinen Zusammenhang mit dem Buchtitel lege ich großen Wert. Darin bin ich sehr eitel, junger Freund.« Der Mann wirkte plötzlich sehr erregt, und unter Bezugnahme auf ein Zitat aus Jesaja 42 fuhr er fort: »Nein, ich bin Henry Dunant, das ist mein Name, und ich will meine Ehre keinem andern geben noch meinen Ruhm den jetzigen Herren des Internationalen Komitees. Die mögen eine gute Arbeit machen. Aber sie bauen auf meinem Fundament. Auf meinen Grundmauern wächst das Werk des Roten Kreuzes, auch wenn das Kreuz in den muslimischen Staaten ein Ärgernis ist. Was soll's? Sie werden sich hoffentlich an das Emblem gewöhnen. Seit Mai sind die Japaner dabei! Das ist doch herrlich! Andere Staaten werden folgen!«

Henry Dunant brach seinen Redeschwall plötzlich ab, als sei er vor sich selbst erschrocken. Nach einem Moment der Besinnung sagte er in wieder ruhigem Ton: »Verzeihen Sie, junger Freund. Ich ereifere mich und schweife ab. Das tut mir nicht gut. – Sie sprachen doch von dem Buch.« Er hielt erneut für einen Augenblick inne, wischte sich über die Augen, als müsse er einen freien Blick bekommen, und meinte dann: »Nur reichen die wenigen Informationen, die ich Ihnen gegeben habe, noch nicht für ein Buch.«

»Natürlich nicht, Herr Dunant«, gab Rudolf Müller zurück. »Ich schlage vor, wir beide erkennen zunächst einmal an, dass unsere Begegnung nicht zufällig war.«

»Nicht zufällig? Was denn dann?«

»Von Gott gelenkt, Herr Dunant«, sagte der junge Mann voller Überzeugung. »Wir beide sollten und mussten uns heute hier auf dem Hasenberg begegnen, damit ...«

»Damit was?«, unterbrach ihn der Ältere.

»Damit unser beider gemeinsame Geschichte hier ihren Anfang nimmt, und damit als Ergebnis unserer Begegnung Ihre Geschichte und die Ihres Lebenswerkes zwischen Buchdeckel kommt.«

»Sie meinen also, wir beide, der Genfer Philanthrop und der Tübinger Student der Philologie, sollten nach der heutigen Begegnung weiter Verbindung miteinander halten?«

»Das müssen wir, Herr Dunant! Unser gemeinsames Vorhaben zwingt uns quasi dazu. Ich brauche viel mehr Informationen. Ich brauche Einzelheiten und Zusammenhänge. Ich brauche genaue Daten und Ereignisse, Namen und Beziehungen ...« Rudolf Müller redete sich in eine spürbare Begeisterung hinein.

»Sie gefallen mir immer mehr, junger Mann«, gestand sein älterer Begleiter, jetzt wieder völlig ruhig, und lächelte ihn dabei an. »Zwischen uns beiden könnte sich so etwas wie eine Freundschaft entwickeln.«

»Ich würde mich freuen, wenn es so käme, Herr Dunant«, bestätigte Rudolf Müller freudig, »auch wenn ich dafür vielleicht ein wenig jung bin.«

»Ihr Alter sollte nicht stören, Herr Müller. Aber da gibt es noch wenigstens zwei Hindernisse«, wandte Henry Dunant ein.

»Und die wären?«

»Sie müssen zunächst einmal Ihre Studien beenden, Ihre Examina absolvieren und Ihren Doktorhut erarbeiten. Und ich müsste irgendwann irgendwo sesshaft werden, damit ich die Vorleistungen erbringen kann, die Sie für Ihr Buch über mein Werk benötigen. Beides wird Zeit brauchen. Mein unstetes Leben taugt nicht für die Vorarbeiten.«

»Eilt es denn, Herr Dunant? Das Buch muss doch nicht im nächsten Jahr fertig sein. Oder gedachten Sie, in absehbarer Zeit das Zeitliche …?« Rudolf Müller brach seine Frage erschrocken ab. Sie schien ihm plötzlich sehr unangebracht. Wie konnte er nur so fragen?

Das Gesicht des schweizerischen Franzosen in Stuttgart wurde plötzlich ernst, als ärgere ihn die gewagte Formulierung tatsächlich. Der Mann setzte sich wieder in Bewegung, um auf dem Weg den Hasenberg ein Stück weiter hinaufzukommen. Sein Gefährte hielt sich, wie es sich für ihn, den Jüngeren, gehörte, links neben ihm und wartete darauf, wie Henry Dunant jetzt reagierte. Nach einer Weile sagte der: »Meine Zeit steht in Gottes Händen, Herr Müller. So sagt es König David im Psalm 31, und so will ich es für mich festhalten. Wenngleich ich zuweilen geneigt und versucht bin, mein erst oder auch schon neunundvierzigjähriges Leben – sagen wir – ernsthaft zu hinterfragen. Aber lassen wir das.«

Der Sprecher schwieg erneut und schaute beim Gehen für ein paar Momente mit eher nachdenklichem Blick in die Zweige eines Haselgehölzes, in dem sich ein dunkles Eichhörnchen an frischen grünen Früchten zu schaffen machte. »Schauen Sie den Eichkater dort, junger Freund. Der hat seine Versorgung, die Gott ihm wachsen lässt. Der hat irgendwo seinen Kogel, in den er sich zurückzieht, wenn es ihm danach ist. Das Tier muss sich keine Gedanken machen um seine kleine Existenz und um sein Auskommen. Der himmlische Vater versorgt es genauso wie den Eichelhäher, den Sie gerade rufen hören, und wie alle seine gefiederten Waldgenossen, die uns bereits mit ihren Gesängen erfreut haben. – Aber der Gründer des Roten Kreuzes, dieser unstete und rastlose Genfer Bürger Jean-Henry Dunant, weiß nicht, wo und wie er morgen …«

»Aber Herr Dunant!«, unterbrach der Student seinen Begleiter erschrocken. »Verzeihen Sie, dass ich Ihnen ins Wort falle, Herr Dunant, aber sind Sie nicht viel mehr als der Eichkater und der Eichelhäher und das andere Getier dieses Waldes? Wenn denen das Wort Jesu aus Matthäus 6 gilt, das Sie offenbar gerade im Kopf haben, dann gilt es Ihnen doch erst recht! Sagt der Gottessohn in der Bergpredigt seinen Jüngern nicht: ›*Sorgt nicht für morgen, denn der morgige Tag wird für das Seine sorgen*‹? Sie sind doch Christ und ein Jünger Jesu, Herr Dunant. Sie haben vorhin selbst von ihrem christlichen Glauben und den Zeiten der Genfer CVJM-Gründung gesprochen.«

»Habe ich tatsächlich, Herr Müller. Damals war das auch anders. Heute ist mein Glaube zumeist angefochten, sehr angefochten sogar, ein Glaube, der immer wieder von schweren Zweifeln geplagt wird. Ein überzeugter Genfer Calvinist hat es nicht so leicht wie ein württembergischer Pietist, wie Sie es vielleicht sind, Herr Müller. Vor allem dann nicht, wenn er die volle Härte des traditionellen calvinistischen Denkens zu spüren bekommt. Ist einer reich und wohlhabend, dann ist er ein Gesegneter des Herrn. Ist er – warum auch immer – plötzlich arm und mittellos, dann hat er bei Gott und den Menschen sein Ansehen verspielt. So ist das nun einmal, mein junger Freund, freilich ein wenig vereinfacht dargestellt. Dass unser Genfer Reformator den Christen auch ins Stammbuch geschrieben hat, dass sie sich um den Armen, um den Mittellosen, um den Habenichts zu kümmern haben, scheinen die Heutigen vergessen zu haben, zumindest wenn dieser bedauernswerte Mensch aus ihren eigenen Reihen stammt und seinen elenden Zustand durch sein eigenes Unvermögen selbst verschuldet hat. Die reformierte Kirche meines geschätzten Johann Calvin hat mich schwer enttäuscht, Herr Müller.« In den letzten Sätzen des Sprechers schwang eine tiefe Bitterkeit mit.

Rudolf Müller überlegte einige Momente angestrengt, wie er darauf reagieren sollte. Schließlich griff er den Hinweis auf den angefochtenen Glauben seines neuen Bekannten auf. Die letzten Bemerkungen waren ihm ohnehin eher unverständlich. Um sie zu verstehen, hätte er nachfragen müssen, was er jetzt aber für unangebracht hielt. Also sagte er, wobei er seine Hand auf den Arm seines Begleiters legte: »Im ersten Abschnitt des Jakobusbriefes ist in tröstlichen Worten von Anfechtung und von Zweifeln die Rede.«

»Ich weiß. Ich kenne den Abschnitt«, antwortete Henry Dunant und seufzte dabei auf. »Da geht es auch um Geduld und um Weisheit, wie Sie wohl auch wissen. An beidem mangelt es mir immer wieder, und dadurch fällt es mir schwer, meine Lage richtig zu verstehen, sie anzunehmen und nach und nach zum Positiven zu verändern.«

»Dann handeln Sie doch nach dem Rat des Apostels Jakobus und bitten Sie um diese Weisheit, Herr Dunant«, riet der Student. »Wer in dieser bösen Welt die Anfechtung erduldet, gilt als ein seliger Mann. Er empfängt in der anderen, in der besseren Welt, die Krone des Lebens, die Gott denen verheißen hat, die ihn lieben. So steht es geschrieben, Herr Dunant, und so ist es.«

Henry Dunant blieb stehen, wandte sich dem Studenten zu und legte ihm beide Hände auf die Schultern. »Sie dürfen es mir glauben, mein junger Freund, genau das ist es, womit ich in meinem Herzen fortwährend kämpfe, und ich bete inständig zu Gott, dass er mich diesen Kampf bestehen lässt bei allem Widerwärtigen, das dem entgegenzustehen scheint. Dennoch Danke für Ihren Hinweis. Ich nehme ihn gerne neu auf. Wer mag sich auch schon von seinen eigenen Worten strafen lassen?«

»Wie muss ich das verstehen, Herr Dunant?«, fragte der Student ein wenig ratlos.

Er bekam seine Erklärung: »Wissen Sie, junger Mann, ich habe einmal formuliert: ›Lassen wir uns nicht vom Zweifel befallen. Er behindert moralisch gebotenes Handeln.‹ – Dabei geht es ohne moralisch gebotenes Handeln mit unserer Welt nicht vorwärts und nicht aufwärts. – Aber jetzt sollten wir uns für heute trennen, Herr Müller. Ich bin sicher, wir sind uns nicht zum letzten Mal begegnet. Sie wissen, wo Sie mich finden, solange ich in Stuttgart bin. Wie lange das sein wird, weiß ich nicht. Und ich kenne Ihre Adresse ja nun auch. Wir können ja auch korrespondieren. Ich bin sehr zuversichtlich, dass es etwas werden wird mit Ihrem Buch über die Entstehungsgeschichte des Roten Kreuzes und der Genfer Konvention. Sobald ich kann, werde ich mit den Vorarbeiten beginnen.« Henry Dunant ergriff jetzt beide Hände seines Gegenübers und drückte sie fest. »Leben Sie wohl, Herr Müller, und danken Sie Gott, dass er unsere Wege so denkwürdig hier und heute zusammengeführt hat. Ich werde es auch tun. Ich sehe unserer freundschaftlichen Zusammenarbeit erwartungsvoll entgegen.«

Rudolf Müller verstand, dass sein neuer Freund nach dieser Wendung des Gesprächs alleine sein wollte. Er sah ihm ebenfalls noch einmal fest in die Augen und drückte ihm seinerseits beide Hände. »Leben auch Sie wohl, Herr Dunant. Gott gebe Ihnen, worum Sie ihn bitten. Ich freue mich schon heute auf unsere nächste Begegnung.«

Henry Dunant machte in der Folgezeit – je nach seinen finanziellen Möglichkeiten, die immer abhängig waren von freundlichen Zuwendungen und von eigenen journalistischen Leistungen – Reisen nach Paris und London und in andere europäische Städte, um dort Vorträge zu halten über seine Gedanken zur allgemeinen Entwicklung der Menschlichkeit in Kriegs- und Friedenszeiten, um zu werben für seine Vorschläge zur Erweiterung der Genfer Konvention und um die öffentliche Diskussion anderer Ideen zur Förderung von Frieden und Gerechtigkeit anzuregen. Dabei musste er die bittere Erfahrung machen: Wo er sich auch sehen und hören ließ, er fand immer seltener eine beachtens- oder auch nur nennenswerte Zuhörerschaft für die fortschrittlichen und zuweilen gar utopischen Gedanken, die ihn bewegten, für die die Zeit aber offenbar nicht reif war. Die Zahl seiner Freunde hatte deutlich weiter abgenommen, die Zahl seiner Feinde dagegen nicht. Aus seiner Heimatstadt Genf gab es weiterhin keinerlei Signale irgendwelchen Entgegenkommens für den Bankrotteur, der er für die Stadt und ihre Honoratioren nun einmal war und offenbar für alle Zeiten blieb. Lediglich seine Geschwister – die geliebte Mamá war bereits 1868 gestorben, und der Vater war ihm fremd geworden – hielten noch zu ihm und unterstützten ihn auch gelegentlich, um die ärgste Not von dem Bruder, Schwager und Onkel abzuwenden. Zugenommen hatte dagegen die Zahl derer, die den Gründer des Roten Kreuzes nicht mehr kennen wollten, ihn wirklich nicht kannten oder ihn tatsächlich für tot hielten.

Diese Erfahrungen nagten sehr an der ohnehin wunden Seele des bereits alternden Mannes. Jedes Mal, wenn er dann von irgendwoher nach Stuttgart zurückkam, war seine Enttäuschung über das Leben wieder ein wenig gewachsen. Seine schwäbischen Freunde, vor allem die aus den Reihen der Tempelgesellschaft, vermochten es nicht, Henry Dunant nachhaltig aufzumuntern. Der plötzliche Tod seines Stuttgarter Gönners Dr. Ernst Wagner im Januar 1878 erschütterte ihn zusätzlich und ähnlich, wie ihn vor fünf Jahren der unerwartete Tod Seiner Majestät Napoleons III. erschüttert hatte. Dass die Witwe Müller ihm weiterhin die beiden Zimmer unter ihrem Dach zur Verfügung hielt und dass die Stuttgarter Sektion des Roten Kreuzes ihn durch eine Sammlung finanziell unterstützte, vermochte ihm wenigstens ein bisschen äußeren und inneren Halt zu geben. Der Briefwechsel und die gelegentlichen Begegnungen mit seinem jugendlichen Freund Rudolf Müller taten ihm ebenfalls gut.

Dennoch, der große Menschenfreund fühlte sich zunehmend von den Menschen im Stich gelassen, ja gar aus ihrer Gemeinschaft ausgeschlossen. Henry Dunant vereinsamte innerlich. Er verkroch sich mehr und mehr in sich selbst und wurde zeitweise sogar schwermütig. Wenn ihm dann wieder bewusst wurde, dass er dagegen etwas tun musste, raffte er sich auf und begab sich auf Reisen nach irgendwohin, wo er noch Freunde vermutete oder wo er auch nur Linderung seiner seelischen Not erhoffte. Aber auch sein körperlicher Zustand war schlecht und erforderte Hilfe. Seine Schreibhand konnte er wegen des lästigen Ekzems und wegen der mysteriösen Lähmung zeitweilig nicht oder nur sehr schwer benutzen; seine Nerven spielten ihm immer wieder Streiche; Schwindelattacken setzten ihm zu. Henry Dunant war ein kranker Mann.

Deshalb besuchte er mehrfach verschiedene Thermalbäder in den süddeutschen Reichsländern und in den Kantonen der Nord- und der Ostschweiz – zumeist auf Kosten seiner weiterhin verehrten Léoni Kastner, die immer noch an ihm interessiert war und die wohl ebenso wie er darunter litt, dass ihre Beziehung nicht die Erfüllung hatte finden können, die sie sich beide gewünscht hatten.

Lange hielt der Patient es an den verschiedenen Orten allerdings selten aus. Er fühlte sich überall bald von Gegnern und Gläubigern entdeckt, umstellt und bedrängt. Die wollten sein Geld, das er doch gar nicht besaß, und die machten ihm das bisschen Ehre streitig, das ihm geblieben war und um das er immer wieder erneut kämpfen musste. Wie sie ihn anwiderten!

Am häufigsten besuchte der an Leib und Seele leidende Mann Seewis, einen kleinen Kurort in den Bergen des Prättigaus in Graubünden. Hier traf er sich auch verschiedene Male mit Dr. Rudolf Müller, der inzwischen als Sprachlehrer arbeitete, verheiratet war und Familie hatte. Freilich konnte er dem Freund immer noch nicht das Material in die Hände geben, auf das der nun schon einige Jahre wartete, um sein Buch schreiben zu können. Dessen Hauptdarsteller zwang ihn zu großer Geduld.

Verschiedentlich hielt Henry Dunant sich auch im Kurort Heiden im Appenzeller Land auf, um sich dort zu erholen und gesundheitlich stärken zu lassen. Beide Orte, Seewis und Heiden, lagen zwar in der Schweiz, aber sie lagen doch weit entfernt von Genf und den Menschen, die ihrem früheren Mitbürger weiterhin wenig oder gar nicht wohlgesinnt waren. An beiden Orten fühlte sich Henry Dunant wohl und vor allem einigermaßen sicher.

Auf Heiden hatten ihn übrigens seine Stuttgarter Freunde verwiesen. Dieses stille und zugleich vornehme, anmutige Dorf auf der Sonnenterrasse des Appenzeller Vorderlandes hatte durch seine Kurgäste aus vielen Ländern Europas so etwas wie internationales Flair und war auch ein gern besuchter Kur- und Erholungsort für Bürger der württembergischen Residenzstadt, die sich die Reise hierher leisten konnten und denen ein längerer Aufenthalt für die spezielle Molke-, Milch- und Luft-Kur dieses Ortes nicht zu teuer war. Ein schönes Fleckchen Erde war dieses Heiden, etwa 800 Meter über dem Meeresspiegel und 400 Meter über dem Bodensee am Berg gelegen, wenige Kilometer entfernt von Rorschach, dem nächstgelegenen Hafen am Schweizer Ufer des großen Sees und Ausgangspunkt der dampfbetriebenen neuen Zahnradbahn, die seit 1875 ihre Fahrgäste den steilen Berg hinauf- und hinuntertransportierte.

Die Menschen oben hatten bei gutem Wetter einen weiten Panoramablick hinüber zum österreichischen Bregenz am Fuße des markanten Pfänders, nach Lindau und Friedrichshafen am württembergischen Ufer des »Schwäbischen Meeres« und über das hügelige Gebiet des schwäbischen Allgäus, das Hinterland dieser Städte. Heiden mit seiner anmutigen bergigen Umgebung – ein wahres Kleinod des göttlichen Schöpfungswerkes. Hier konnten sich ein kranker Körper und eine leidende und rastlose Seele wahrhaft erholen.

Um diese Erholung dann auch wirklich zu finden, reiste Henry Dunant, der nunmehr neunundfünfzigjährige große, hagere Mann mit dem langen weißen Bart, im Juli 1887 mit dem wenigen, das er besaß, aber mit der Zusage seiner Genfer Familien Dunant und Colladon, ihm eine jährliche Rente von 1200 Franken zu gewähren, zum letzten Mal hinauf nach Heiden, um dort auf dem Boden seiner Schweizer Heimat für den Rest seines Lebens endlich sesshaft und heimisch zu werden. Er wollte endlich dauerhafte Linderung seiner inzwischen zahlreichen körperlichen Leiden erfahren und Ruhe für seine aufgewühlte Seele finden. Die Eisenbahn brachte ihn nach Friedrichshafen. Ein Schiff beförderte ihn über den Bodensee nach Rorschach.

Von dort brachte ihn der Dampfzug hinauf in das freundliche Biedermeierdorf, wie Heiden auch genannt wurde. Unweit des Bahnhofs fand er Aufnahme bei den Stähelins im »Paradies«, in einer Hotel-Pension, die er von früheren Besuchen her bereits kannte. War er nun endlich wirklich zu Hause? Gab es für ihn doch noch einmal einen »paradiesischen« Lebensabschnitt? Das lag in Gottes Hand und würde sich erweisen.

Im Appenzeller Zuhause

Nach und nach richtete sich Henry Dunant an seinem neuen Wohnort »häuslich« ein. Sein monatliches Fixum reichte gerade aus, die Pensionskosten und seine Auslagen für Schreibpapier, Stifte und Porto zu begleichen. Gut so, Ansprüche an das Leben hatte der Mann ja schon lange nicht mehr. Dass eine Nachbarin, die er bei seinen Rundgängen durch den weitläufigen Garten der Pension zunächst gelegentlich und dann mehr oder weniger regelmäßig traf, die französische Sprache beherrschte, machte ihn glücklich.

Bald begab sich der Heidener Neubürger auch in ärztliche Behandlung bei Dr. Hermann Altherr, dem Dorfarzt, mit dem er sich gut verstand und mit dessen Frau Emma er sich ebenfalls in seiner Muttersprache unterhalten konnte. Mit diesen beiden Menschen freundete er sich mehr und mehr an, und er ließ es sich gerne gefallen, wenn er wieder einmal eingeladen wurde, ihnen im Hotel »Freihof«, das Frau Altherr gehörte und auch von ihr geführt wurde, beim Essen Gesellschaft zu leisten und die internationale Atmosphäre des Hauses zu genießen. Dass ihr Gast zum überzeugten Vegetarier geworden war, akzeptierten die beiden Gastgeber gerne. Fleischlose, dafür vitaminreiche Kost konnte der Heilung des hartnäckigen Ekzems an den Händen ohnehin nur förderlich sein.

Der heimgekehrte Schweizer taute an seinem neuen Wohnort allmählich auf. Den Kontakt zu auswärtigen Kur- und Erholungsgästen suchte er, wenn es sich ergab und sich herausstellte, dass er sich mit ihnen unterhalten konnte. Der Kontakt zur dörflichen Bevölkerung gestaltete sich allerdings schwierig. Die Menschen sprachen Appenzeller Dialekt und Henry Dunant nur sehr bruchstückhaft und unvollkommen Deutsch. Da war die Verständigung eher mühsam und immer wieder nur unter Zuhilfenahme von Gestik und Mimik möglich. Dennoch begegneten die Einheimischen dem bärtigen Zugereisten freundlich und zuvorkommend. Das half dem Mann, sein tief sitzendes allgemeines Misstrauen gegen jedermann weiter abzubauen und das Lächeln wieder zu lernen.

Denkmal zu Ehren Henry Dunants in Heiden, inmitten der prächtigen Baumgruppen der Kurpromenade (Abb. 16)

Vor allem hatten es ihm Kinder angetan. Für sie hatte er bald immer ein paar Kleinigkeiten in den Taschen seines Anzugs oder Mantels. Wenn »der Alte mit dem langen weißen Bart und dem Stock« sich bei einem seiner eher seltenen Spaziergänge durchs Dorf auf einer Bank des Kurparks niederließ, um ein wenig auszuruhen, scharten sich bald ein paar Kinder um ihn, mit denen er sich dann gerne »unterhielt«. Dass der Alte die Jungen kaum oder auch gar nicht verstand, wen störte es? Es fiel für jeden etwas dabei ab. Der »Großvater«, wie sie ihn nannten, bekam seine Aufmerksamkeit durch die Zuwendung der Kinder, die bekamen ihre in Form irgendeiner Süßigkeit oder eines Stückchens Obst.

Die Kinder waren es dann, die dem »Großvater« zu einer Begegnung verhalfen, die für einige Jahre sein Leben in Heiden wesentlich bestimmen sollte.

Henry Dunant saß an einem sonnigen Herbsttag wieder einmal auf »seiner« Bank im Kurpark, der in dieser Jahreszeit nur noch von wenigen Gästen besucht wurde. Während der schwarz gekleidete Mann mit dem weißen Bart und der runden Kappe auf dem Kopf das spärliche Treiben im Park beobachtete, näherte sich ihm ein junger Mann, zog höflich seinen Hut und fragte in schlichtem Französisch, ob er sich setzen dürfe.

– Hatte es nicht vor zehn Jahren eine ähnliche Begegnung schon einmal gegeben? –

»Bitte, setzen Sie sich«, lud der Ältere den Jüngeren ein und ergänzte: »Wenn Sie bereit sind, mir zu sagen, wer Sie sind und was Sie von mir wollen.«

»Selbstverständlich, Herr Dunant«, antwortete der Mann. »Ich bin Wilhelm Sonderegger, Unterstufen-Lehrer an unserer Schule. Meine Kinder haben mir vom ›Großvater‹ erzählt, der sich so merkwürdig mit ihnen unterhält und ihnen immer wieder eine Süßigkeit oder ein Obst zusteckt. Diesen ›Großvater‹ möchte ich nun gerne persönlich kennenlernen, nachdem ich mich bereits ein wenig über ihn erkundigt habe.«

»Dann wissen Sie, wer der ›Großvater‹ ist, Herr Lehrer?«

»Wilhelm Sonderegger«, wiederholte der seinen Namen und fuhr fort: »Ich weiß es seit ein paar Tagen, und ich ziehe gerne meinen Hut vor dem Vater des Roten Kreuzes.«

»Das müssen Sie nicht, Herr Sonderegger. Der Vater des Roten Kreuzes, wie Sie mich nennen, ist ein Mensch wie alle anderen auch, vielleicht mit dem Unterschied, dass er sich einen Jünger Christi nennt, was andere nicht tun, der sich aber nicht zur Kirche hält, was andere wiederum tun, und der sein Werk als ein Knecht Gottes getan hat, was andere von sich und ihren Werken wohl nicht sagen können oder auch nicht sagen.«

»Dann *mussten* Sie dieses Werk des Roten Kreuzes auf die Beine stellen? Sozusagen aus einem inneren, einem göttlichen Zwang heraus?«

»Genau so war es, Herr Sonderegger. Ich *musste* damals nach Solferino reisen, und ich *musste* in Castiglione Hand anlegen, um menschliche Not zu lindern, weil Gott es so wollte und für mich bestimmt hatte. Hätte ich sonst mit der ›Erinnerung‹ an diese Ereignisse das Gewissen der wichtigsten und edelsten Gemüter der europäischen Nationen aufrütteln können?«

»Wohl nicht, Herr Dunant«, gestand der Lehrer zu und fragte weiter: »Hat Gott es auch für Sie bestimmt, dass Sie in unserem schönen Dorf die Heimat für Ihren Lebensabend finden?«

»Vielleicht, vielleicht auch nicht, Herr Sonderegger. Vielleicht war es mein eigener Weg, nach Heiden zu kommen. Hier gefällt es mir. Heiden ist ein stilles Dorf fernab der unruhigen Welt. Heiden ist reformiert. Das kommt mir als Reformiertem entgegen. Die Menschen sind freundlich. Die Ruhe und die klare Luft tun mir gut, die Molke ebenso.« Nach einer kurzen Pause wandte er sich dem jungen Mann zu und meinte ein wenig nachdenklich: »Vielleicht wollte Gott ja tatsächlich, dass ich nach hier oben gekommen bin, damit wir beide uns hier begegnen?!«

Nun war es an Wilhelm Sonderegger, nachdenklich zu werden. Er schwieg einen Moment, dann fragte er: »Und was sollte er sich dabei gedacht haben?«

»Nun, mein lieber Herr Lehrer«, versuchte Henry Dunant eine Antwort, »der ›Großvater‹ spricht beinahe kein Deutsch und braucht zuweilen jemanden, einen intelligenten Menschen, wie Sie es als Lehrer sein müssen, mit dem er sich einfach austauschen kann über den guten Gott und die böse Welt, über den Staat und die Kirche, diese großen Feinde der Humanität, die zugleich die geistigen und moralischen Quellen jeder Sklaverei sind. Der ›Großvater‹ braucht jemanden zum Reden über die Rettung der verdorbenen Menschheit aus brutalem, machiavellistischem und heuchlerischem Despotismus, über die Bekehrung aller verstockten Gemüter aus pharisäerhaftem Dünkel und über alles mögliche andere. Der ›Großvater‹ braucht auch zuweilen jemanden, der ihm seine Korrespondenz mit deutschen Partnern übersetzt. Ihre Kenntnisse des Französischen scheinen mir dazu auszureichen. Also was ist, Herr Lehrer Sonderegger?«

Henry Dunant hatte zuletzt in einem Tonfall gesprochen, der beinahe furchterregend war und keinen Widerspruch zu dulden schien. Der junge Lehrer wurde unsicher. Wie sollte er darauf antworten? Wilhelm Sonderegger, gerade einmal fünfundzwanzig Jahre alt, jung verheiratet und seit einem dreiviertel Jahr Vater eines Sohnes, dachte angestrengt nach. In dem bärtigen Mann neben ihm auf der Bank steckte offenbar nicht nur der freundliche und sanfte ›Großvater‹, der sich mit den Kindern unterhielt und ihnen Süßigkeiten zusteckte. In dem steckte offenbar auch ein ganz anderer, einer, der in den Tiefen seines Gemütes sehr verletzt war und geprägt von Widerspruch und Protest, von Enttäuschung und Verbitterung, von Abneigung und Abscheu. Diesem Mann musste das Leben trotz seiner großen Verdienste um die Menschlichkeit übel mitgespielt haben. Der musste schlechte Erfahrungen gemacht haben mit den Menschen und mit ihren Institutionen.

In Wilhelm Sondereggers Kopf überschlugen sich die Gedanken. Sollte er sich diesem offenbar zwiespältigen und zwanghaften Menschen ausliefern? Was tat er sich da an? Was tat er seiner jungen Frau und seiner Familie an? Und was tat er andererseits dem Mann neben sich an, wenn er ihn abwies? Konnte er ihm vielleicht dabei helfen, aus dem Käfig seiner Empfindungen herauszufinden? Konnte er seine innere Dunkelheit zumindest ein wenig aufhellen?

Der junge Lehrer suchte in sich selbst fieberhaft nach einer Antwort auf die letzte Frage seines Banknachbarn. Dann raffte er sich innerlich auf und antwortete: »Besuchen Sie uns im Rütli, Herr Dunant. So heißt unser Häuschen drüben in der Badstraße. Im Seitengiebel hängt das Schweizer Wappen in den Umkehrfarben des Roten Kreuzes. Darunter finden Sie Hirsch und Bär, die Wappentiere unserer Familien. Ich bereite meine Frau auf Ihren Besuch vor. Sie wird sich freuen. Sagen wir morgen Nachmittag um fünf?«

»Morgen Nachmittag um fünf«, bestätigte Henry Dunant, erhob sich abrupt und entfernte sich ohne ein weiteres Wort mit schnellen Schritten in Richtung »Paradies«. Dabei ließ er einen einigermaßen verdutzten Wilhelm Sonderegger zurück. Dem blieb für den Moment nichts anderes übrig, als den Kopf zu schütteln und innerlich zu hoffen, dass sich die soeben geknüpfte Verbindung positiv entwickeln und für ihn selbst und seine Familie nicht zur Belastung werden würde.

Nicht ganz fünf Jahre hielt die Verbindung der ungleichen Menschen, bis sie 1892 als Folge eines Missverständnisses und der übersteigerten Empfindlichkeit des alternden Mannes so plötzlich zerbrach, wie sie im Herbst 1887 begonnen hatte. Die Begegnungen, die Henry Dunant mit den beiden Sondereggers in dieser Zeit in deren »Rütli« hatte, hat niemand gezählt. Auch die nicht, die sich später im Erholungsheim »Lindenbühl« ergaben, das zum wenige Kilometer entfernten Ort Trogen gehörte.

Hierhin war Henry Dunant mit den Stähelins umgesiedelt, als die das »Paradies« aufgegeben und das neue Haus übernommen hatten. Im beschaulichen und idyllischen »Lindenbühl« hatte es dem Dauergast der Stähelins zunächst gefallen. Dann aber war ihm in der Einsamkeit dieses Hauses draußen vor dem Ort mehr und mehr die Decke auf den Kopf gefallen, und seine physische und psychische Gesundheit hatte sich nach kurzer Erholung bald wieder deutlich verschlechtert. In seiner wachsenden Not hatte er einen Hilferuf an die Sondereggers und an Dr. Altherr nach Heiden geschickt. Der hatte den Mann auf seine dringende Bitte in das Biedermeierdorf zurückgeholt und ihm Dauer-Quartier im Eckzimmer Nummer 12 seines Bezirkskrankenhauses an der Ecke Asylstraße/ Schützengasse geboten, das Henry Dunant sofort gerne angenommen hatte.

Die Zahl der Notizen, Informationen und Briefe, die zwischen den jeweiligen Wohnungen hin- und hergingen, waren nur zu Hunderten zu zählen, ähnlich denen, die vom Postamt Heiden hinaus ins schweizerische und europäische Land gingen. Wilhelm Sonderegger war bald zum Privatsekretär des Pensionärs Dunant geworden, sodass ihn die Arbeit für seinen alten Freund zuletzt an die Grenzen seiner Kraft und seiner Möglichkeiten gebracht hatte. Der alte Herr verlor immer mehr den Blick dafür, dass ein Lehrer auch seine Arbeit in der Schule zu leisten hatte. Dass der junge Freund nicht bereit war, hauptamtlich für das Rote Kreuz zu arbeiten, wollte ihm nicht in den Kopf.

Ein irgendwie verloren gegangenes Blatt des Manuskripts der siebten überarbeiteten Auflage der »Erinnerung an Solferino«, um die der Lehrer sich kümmern sollte, brachte den Autor so sehr in Rage, dass er auf der Stelle und völlig unbeherrscht die Verbindung zu Wilhelm und Susanne Sonderegger abbrach. Das war das Ende einer Beziehung, die beiden Seiten viel Freude und Gewinn gebracht hatte. Den ersten vier Sonderegger-Kindern hatte sie einen »Großvater«

geschenkt und diesem die Freude an kleinen »Enkeln«. Dem Dorf Heiden hatte sie eine eigene »Gesellschaft vom Roten Kreuz« beschert, an deren Organisation und Gründung Henry Dunant maßgeblich beteiligt war. Er hatte sich gegen seinen anfänglichen Widerstand dazu bewegen lassen, bei der Gründungsversammlung am 27. Februar 1890 im »Hotel und Pension Eugster zum Sonnenhügel« selbst die Rede zu halten, freilich auf Französisch mit engagierter Übersetzung durch Wilhelm Sonderegger. Er hatte es sich dann allerdings auch nicht nehmen lassen, seine grundsätzlichen Gedanken zu seinem Werk noch einmal deutlich zu machen: Das Rote Kreuz suche einzig »das Gute für die Menschheit, ohne Unterschied der politischen, religiösen oder sozialen Partei«; es dürfe einzig »die Bruderschaft aller Menschen vor Augen haben«, denn das Rote Kreuz sei »ein hervorragendes Werk weltweiter Menschenliebe ... ein Werk echter christlicher Liebe in seiner schwierigsten und zugleich erhabensten Form, handelt es sich doch darum, den Feinden wie Freunden beizustehen. Die vornehmste aller Tugenden ist die Menschenliebe, sagt das Evangelium, die Liebe zu allen Menschen ...« Als Anerkennung für seine großen Verdienste um das Gesamtwerk und für seine Hilfe bei der Gründung der Sektion Heiden hatte der neue Verein Henry Dunant zum Ehrenpräsidenten ernannt, eine Ehrung, die ihm äußerst wohlgetan hatte.

Dem unter seinen wechselhaften Stimmungen leidenden Mann hatten die Jahre immer wieder Licht in seine Dunkelheiten gebracht, Licht, das ihn freier werden ließ für den Umgang mit anderen Menschen und die Furcht vor Intrigen und Verfolgung seitens seiner Widersacher verringert hatte.

Es hätte so gut weitergehen können, wenn sich die innere Verfassung des verstoßenen, verbannten, verfolgten alten Mannes aus der Westschweiz stabilisiert hätte, wie es zuweilen den Anschein hatte. Über die Zeit gesehen war aber leider das Gegenteil der Fall. Das verloren gegangene Manuskriptblatt riss alle alten Wunden wieder auf. Henry Dunant war fest davon überzeugt, dass seine Widersacher ihn auch hier in der Ostschweiz ausfindig gemacht hatten und nun verstärkt ihre Intrigen gegen ihn anzettelten und dass jetzt auch Wilhelm Sonderegger und seine Frau zu ihren Werkzeugen geworden waren.

Dabei hatte sich der Dorflehrer im Frühjahr 1892 noch für seinen alten Freund stark gemacht und dem italienischen Zentralkomitee für die »5. internationale Konferenz des Roten Kreuzes« in Rom einen Aufruf zugesandt, um auf die Situation des Rotkreuz-Gründers aufmerksam zu machen. Den Aufruf hatten dann auch die teilnehmenden Delegationen aus 23 Staaten zur Kenntnis genommen, leider jedoch, ohne darauf zu reagieren. Aber Henry Dunant gehörte nun einmal zu den Vergessenen seiner Zeit. Armer, bedauernswerter alter Mann!

Was blieb ihm nun, dem Dauerbewohner des Eckzimmers Nummer 12 im Bezirkskrankenhaus, der am 30. April 1892 als »Selbstzahler« für 3 Franken pro Tag in das Spital seines befreundeten Leibarztes Dr. Altherr eingezogen war?

Ihm blieb der vormalige Stuttgarter Student und jetzige Ulmer Gymnasialprofessor Dr. Rudolf Müller, der endlich die Gelegenheit bekam, an die Vorbereitung des lange angedachten Buches über die »Entstehungsgeschichte des Roten Kreuzes und der Genfer Konvention« zu gehen. Die Freundschaft mit diesem Mann hatte über die Jahre gehalten. Sie hielt auch noch länger und vertiefte sich sogar weiter, was vielleicht daran lag, dass die beiden ungleichen Männer zumeist nur über weite Entfernungen miteinander Umgang pflegen konnten. Ungezählte Briefe hatten sie bisher ausgetauscht, und die Post hatte auch künftig eine Menge Korrespondenz zu befördern, galt es doch, die Informationen für das Buchprojekt zusammenzustellen und zu bearbeiten.

Rudolf Müller war es auch gewesen, der im Vorfeld zu dem Kongress in Rom am 21. April 1892 einen Appell im »Ulmer

Tagblatt« veröffentlich hatte, in dem er die württembergische Leserschaft an die großen Verdienste des Gründers des Roten Kreuzes erinnerte und zugleich auf dessen armselige und unwürdige Lebensbedingungen aufmerksam machte. Leider blieb dieser Appell, ähnlich wie der Aufruf Wilhelm Sondereggers, ohne nennenswertes Echo. Es waren nicht viele Menschen, die sich an den Mann und sein Wirken erinnerten oder erinnern ließen. Das war wohl eine Konsequenz der Politik des Internationalen Komitees in Genf, das nach wie vor unter der Leitung von Gustave Moynier stand. Der Mann war einfach nicht daran interessiert, sich von dem damaligen Vordenker und Mitstreiter den eigenen Ruhm um die Sache beschneiden zu lassen.

Rudolf Müller gehörte auch zu den wenigen Menschen, die Henry Dunant in seinem Zimmer besuchen durften. Manch anderer, der die Begegnung mit dem Einsiedler suchte, musste unverrichteter Dinge verärgert und enttäuscht wieder abreisen. Für Elise Bolliger, eine resolute und dabei doch warmherzige Diakonisse aus dem Mutterhaus Riehen bei Basel, die als Vorsteherin des Krankenhauses für die Versorgung der Patienten und auch für das Wohl und Wehe des Pensionärs Dunant verantwortlich war, war es immer wieder eine schwierige Aufgabe, besuchswilligen Menschen deutlich zu machen, dass der alte Herr keine Besuche wünsche, »selbst wenn es der König von Preußen wäre«. Der menschenscheue Einsiedler wurde zunehmend zum Eigenbrötler, der nur noch allein sein und in Ruhe gelassen werden wollte. Sein Misstrauen gegenüber fremden Menschen wurde mit der Zeit immer größer und steigerte sich so weit ins Krankhafte, dass Dr. Altherr später für seinen Patienten sogar »Verfolgungswahn« diagnostizieren musste.

Henry Dunant blieb auch seine Bibel, die er immer noch regelmäßig las, intensiv studierte und für sich selbst in vielen Notizen und Niederschriften erklärte und auslegte. Das tat er allerdings nicht nur in schriftlichen Abhandlungen. Nein, schon in Stuttgart hatte er damit begonnen, auf der Basis einer großformatigen graphischen Vorlage auf Packpapier sein Verständnis des Planes Gottes mit der Welt von der Schöpfung bis hin zum biblisch beschriebenen Weltende in eine umfangreiche Text-Grafik umzusetzen. Woher er die Vorlage hatte, ob er sie von einer Reise aus Holland mitgebracht oder bei Begegnungen mit englischen Pietisten erhalten oder auch von schwäbischen Frommen bekommen hatte, wusste er selbst nicht mehr so recht. Er erinnerte sich lediglich daran, dass er sich im Haus von Oberbaurat Neuffer, einem Freund aus der Tempelgesellschaft, mit der ganzen Familie über eine solche symbolische Darstellung der biblischen Geschichte Gottes mit seiner Welt von ihrer Erschaffung bis zu ihrem Ende gebeugt hatte. Jetzt hatte er die Zeit, sich ausführlich und andauernd mit dieser Materie zu befassen und sie in seiner Weise und nach seinem Verständnis in Texte und Bilder umzusetzen. Dieses Verständnis Henry Dunants fußte auf seiner nachhaltigen Prägung durch seinen damaligen geistlichen Genfer Lehrer, Pfarrer Louis Gaussen, und auf dessen Auslegung der Prophetie von den vier Weltreichen nach Daniel 2. Gaussens Buch »Der Prophet Daniel« hatte er schon als junger Mann mit Begeisterung gelesen, und seine Illustrationen hatten ihn schon damals fasziniert. Jetzt im fortgeschrittenen Alter setzte er sich auch mit theologischen und wissenschaftlichen Kommentaren und Deutungen seiner Zeit auseinander und arbeitete sie in seine Zeichnungen ein, ebenso wie die politischen und gesellschaftlichen Entwicklungen in der Geschichte der zivilisierten Welt.

So entstanden im Laufe mehrerer Jahre noch im »Paradies« vier großformatige farbige Tafeln, chronologische Diagramme mit seiner Sichtweise der Erschaffung der Erde in den sechs beschriebenen Schöpfungstagen gemäß 1. Mose 1, mit seinem besonderen Verständnis des Verlaufs der Weltgeschichte von Adam an, die für ihn etwa 4200 v. Chr. begann, bzw. von der Sintflut, die er auf das Jahr 2400 v. Chr. datierte, bis zum Neuen Himmel Gottes, von dem die Offenbarung des Johannes spricht und der seiner Ansicht nach frühestens ab dem Jahre 2900 n. Chr. erscheinen würde. Einfach zu verstehen waren diese Tafeln gerade nicht. Ob die Besucher des Kreises der »positiven kirchlichen Minderheit« Henry Dunants Ausführungen folgen konnten, wenn er seine Diagramme wortreich und mit Hilfe eines Lineals als Zeigestock zu erklären versuchte? Vielleicht einige wenige, die meisten wohl eher nicht. Dafür war die Materie einfach zu kompliziert. – Die Mitglieder der »positiven kirchlichen Minderheit« waren eine den württembergischen pietistischen »Stundenleuten« vergleichbare Gruppe bibel- und christusgläubiger Menschen, die Pfarrer Eduard Frauenfelder im »Vereinshaus« an der Seealleestraße um sich gesammelt hatte. – Jedenfalls brachte Dunants Anliegen, seine Bilder anderen Gläubigen zu erklären, den Mann auch immer wieder einmal mit den Leuten zusammen, die wie er ihre Schwierigkeiten mit der offiziellen Kirche hatten. Das dörfliche reformierte Gotteshaus, unweit vom »Vereinshaus der positiven kirchlichen Minderheit« gelegen, betrat der Heidener Neubürger dagegen nie. Nein, mit der offiziellen Kirche hatte er nichts zu tun! Die war zeitlich und vergänglich; alles in ihr war eitel, irdisch bezogen und ohne irgendeinen Ewigkeitswert.

Denkwürdige »Auferstehung«

Der 7. August 1895 wurde für Henry Dunant zu einem sehr bedeutsamen Tag. Der alte Herr, der nach seinem Einzug ins Bezirkskrankenhaus sein Zimmer fast nur noch verließ, um die Toilette aufzusuchen, bekam es mit einem Mann zu tun, der sehr hartnäckig ein Gespräch mit ihm, dem Einsiedler, erzwang.

»Dieser Mann lässt sich nicht abweisen, Herr Dunant!« Die Stimme von Schwester Elise Bolliger klang ärgerlich und zugleich bittend. Mit dem Dauergast im Eckzimmer 12 war wieder einmal nicht gut Kirschen essen.

»Woher weiß der überhaupt von mir?«, fragte er ungehalten zurück.

»Aus der ›Züricher Freitagszeitung‹ vom 17. Mai, Herr Dunant«, antwortete die Frau und bemühte sich, freundlich zu bleiben. »Dort muss über Sie und über die Genfer Konvention vom Roten Kreuz geschrieben worden sein.«

»Ein Zeitungsartikel über mich in der Züricher Presse?«, wunderte sich der Mann.

»Nach Auskunft des Journalisten, der Sie unbedingt zu sprechen wünscht, hat der Artikel im In- und Ausland großes Aufsehen erregt«, klärte Schwester Elise auf.

»Davon habe ich bisher nicht viel gespürt«, stellte Henry Dunant ein wenig bitter fest. Er überlegte einen Moment. Dann lehnte er sich in seinem Sessel zurück, zog seinen langen weißen Bart durch die Hände, rückte seine schwarze Hauskappe zurecht, ordnete seine Papiere und Stifte auf dem Tisch, schaute sich noch einmal in seinem Zimmer um und sagte dann mit einem leichten Seufzer: »Dann werde ich es wohl machen müssen wie der biblische Freund bei Lukas. Wegen seines unverschämten Drängens lassen Sie den Mann kommen, Schwester. Aber sagen Sie ihm, er möge sich kurz fassen. Er bekäme nur wenige Minuten.«

»Der gute Mann wird Ihnen auch für wenige Minuten dankbar sein, Herr Dunant. Aber begegnen Sie ihm etwas freundlicher als mir. Der Mann hat sicherlich Gutes vor.«

»Es wird sich zeigen, was er vorhat«, brummte der Alte wieder. »Nun gehen Sie schon, Schwester, und holen Sie den Mann herein. Was stehen Sie noch herum?«

Schwester Elise brauchte gar nicht zu gehen. Sie brauchte lediglich die Tür zu öffnen, um den Mann hereinzulassen, der auf dem Gang gewartet hatte. Georg Baumberger brachte sich seinen Stuhl gleich mit, denn im Zimmer 12 gab es als Sitzgelegenheit nur den Sessel seines Bewohners. Das kleine verschlissene Sofa neben dem Stehpult musste als Ablage für alle möglichen Notizen, Schreibhefte und sonstigen Papiere herhalten und war zum Draufsetzen nicht zu gebrauchen.

Henry Dunant war dann doch so höflich, dass er sich kurz erhob, um seinen Gast zu begrüßen. Hatte er mit der Diakonisse in gebrochenem Deutsch geredet, sprach er jetzt wieder in seiner Muttersprache, wohl in der Annahme, dass ein Journalist das Französische beherrschte. »Setzen Sie sich für einen Moment, mein Herr. Kommen Sie gleich zur Sache, und machen Sie es kurz. Sie stören mich bei dringenden Arbeiten.«

Der Gast ließ sich von dieser deutlichen Ansage nicht irritieren. Noch im Stehen stellte er sich vor. Dabei sprach er Französisch, wie sein Gastgeber das erwartet hatte: »Mein Name ist Johann Georg Baumberger. Ich bin Journalist und Redakteur der ›Ostschweiz‹ in St. Gallen. Ich komme zu Ihnen im Auftrag der deutschen illustrierten Zeitung ›Über Land und Meer‹, die in Stuttgart erscheint.«

»Stuttgart?« Henry Dunant horchte interessiert auf. »Was will die Stuttgarter Presse von mir? Gibt es in Stuttgart noch andere Menschen als die Frommen, die sich an mich erinnern?«

»Offenbar, Herr Dunant. Die Zeitung wünscht von mir einen Artikel über Sie, einen möglichst ausführlichen. Den vorzubereiten werden wenige Minuten nicht reichen.« Das Letzte war ein wenig leiser und zögerlich gesprochen. Nur den alten Mann in seinem roten Plüschsessel nicht gegen sich aufbringen, mochte dem Gast dabei durch den Kopf gegangen sein.

»Was hat Stuttgarter Presseleute dazu bewegt, Sie zu mir zu schicken?«

»Ein Artikel in der ›Züricher Freitagszeitung‹, der unter anderem über Ihre Verbindungen nach Winterthur berichtet hat und darüber, dass die älteste Schweizer Rotkreuz-Sektion in dieser Stadt Ihnen die Ehrenmitgliedschaft verliehen hat.«

»Da waren die Stuttgarter früher dran, Herr Baumberger«, lachte Henry Dunant kurz auf. »Die erste Rotkreuz-Sektion im Ausland, der ›Württembergische Sanitätsverein‹ von 1863, wie das Rote Kreuz bei denen heißt, hat mich schon damals zu ihrem Ehrenpräsidenten gemacht. Da dachten die Schweizer noch lange nicht daran, ihrem ›Apostel der Menschlichkeit‹ auch nur ein anerkennendes Wort zu sagen. Die Winterthurer sind eine der wenigen Ausnahmen in unserem Land.«

»Vielleicht ändert sich das ja, wenn mein Artikel im ›Land und Meer‹ erschienen ist«, mutmaßte der Journalist und fragte vorsichtig: »Also sind Sie bereit, mir doch ein paar Minuten mehr zu gewähren, als Sie eigentlich vorhatten?«

»Nicht so schnell, Herr Journalist«, bremste der alte Herr seinen Gast und fragte zweifelnd: »Glauben Sie etwa, Sie könnten diejenigen vom Gegenteil überzeugen, die die Nachricht verbreiten, ich sei längst gestorben, wie kürzlich wieder in einem Genfer Journal geschehen?«

»Wenn ich nicht davon überzeugt wäre, wäre ich nicht von St. Gallen nach hier heraufgekommen, Herr Dunant«, gab der St. Galler Zeitungsmann – immer noch neben seinem Stuhl stehend – zurück. »Ich denke, diese Leute wissen sehr wohl, dass Sie noch leben. Man erklärt Sie doch nur deshalb für tot, um Ihnen die Ehre nicht zukommen zu lassen, die Ihnen gebührt. Die möchte man sich an die eigene Brust heften.«

»Sie überreden mich, Herr Baumberger«, gab Henry Dunant nach. »Ich gebe Ihnen ein paar Minuten mehr in der Hoffnung, dass Sie Recht haben mit ihrer Einschätzung. Setzen Sie sich bitte, und verzeihen Sie meine Unfreundlichkeit zu Beginn unseres Gesprächs. Fangen Sie an und fragen Sie, was Sie wissen wollen.«

Der St. Galler Journalist Georg Baumberger, dessen Artikel über Henry Dunant weltweites Aufsehen erregte (Abb. 17)

Es wurde ein langes und bald sehr angeregtes Gespräch, das die beiden Männer miteinander führten. Sechs Stunden dieses denkwürdigen Sommertages 1895 opferte Henry Dunant seinem Besucher. Sechs anstrengende und reich gefüllte Stunden, die beide Männer dankbar und glücklich machten: den einen, weil es endlich einen Menschen gab, der sich ehrlich darum bemühte und sich leidenschaftlich dafür einsetzte, das traurige Schicksal des anderen zu erfahren, um es öffentlich zu machen, damit es endlich angemessen gewürdigt würde. Der andere, weil er nach diesem Besuch in Heiden die Möglichkeit hatte, den Begründer des Roten Kreuzes aus den düsteren Tiefen der Missachtung und Vergessenheit herauszureißen, ihn wieder »lebendig« werden zu lassen und ins Licht zu stellen, damit ihm die Anerkennung der Welt zukäme, die ihm gebührte, und vielleicht auch die Hilfe, die der Mann dringend brauchte.

Wirklich ein bedeutsamer Tag im Leben des Henry Dunant! Der Pensionär erklärte sich sogar dazu bereit, Portraitfotos von sich machen zu lassen, damit die Menschheit auch ein Bild von ihm bekäme.

In der Ausgabe vom 6. September 1895 der »Deutschen Illustrierten Zeitung – Über Land und Meer« konnten die Leser dieses Wochenblattes dann ein Portrait Henry Dunants bestaunen und sich vergewissern, dass der Begründer des Roten Kreuzes, der »Apostel der Menschlichkeit«, tatsächlich noch lebte und wie er aussah. Dazu hatte Georg Baumberger eine wunderbare Beschreibung dieses Mannes formuliert:

> *»Es ist eine prächtige Figur, dieser bald siebzigjährige Herr mit dem edlen, ausdrucksvollen Kopfe, dem zart inkarnierten Teint, der etwas Verklärtes im Farbenton hat, mit den silberweißen Haaren und dem silberweißen Barte. Die ganze Erscheinung hat etwas patriarchalisch Ehrwürdiges und doch wieder etwas Kavaliermäßiges in jeder Linie, in jeder Bewegung. Selbst im einfachen, braunen Schlafrocke, aus dem Manschetten in tadelloser Weiße hervorgucken, im schlichten Hauskäppchen, verleugnet sich des Mannes vornehme Abkunft und vornehmes Wesen nicht... Die modulationsfähige, weiche, etwas hoch liegende Stimme nimmt... eine sonore, wuchtige Klangfarbe an, der Blick, der sonst lauter Güte zu strahlen scheint, leuchtet in machtvollem Funkeln auf, und an den Nasenwurzeln zeigen sich jene Falten, die eine eiserne Energie verraten, und man begreift, dass dieser Mann eine Weltmission zu erfüllen imstande war. Und dabei ist er von kindlicher Bescheidenheit, von jener durchgeistigten Bescheidenheit, die das eigene Ich vor einer großen Lebensaufgabe und der Ergebenheit an sie vergisst...«*

Nach der ausführlichen Schilderung, wie es zur Genfer Konvention und zur Gründung des Roten Kreuzes gekommen war und wie sich dieses humanistische Werk über Europa und darüber hinaus ausgebreitet hatte, gewährte der Autor den Lesern noch einen besonderen Blick auf seinen Protagonisten, und er schloss seinen Artikel mit einem eindrücklichen Appell an die Welt:

> *»Ich werfe noch einen Blick auf den Tisch mit den Briefen von Kaisern und Königen, von Fürsten und Herzögen, Ministern und Feldherren, Kardinälen und Leuchten der Wissenschaft, mit Ehrendiplomen und Bewunderungsadressen aus einigen Dutzend Ländern, und dann auf die edle Gestalt neben mir, deren Brust Preußen einst mit dem Kronenorden zierte, Baden mit dem Zähringer Orden, Portugal mit dem Christusorden, Frankreich mit dem Kommandeurkreuz der Ehrenlegion, und Württemberg, Bayern, Sachsen, Italien und so weiter ebenfalls mit den vornehmsten ihrer Orden. Und ich sehe die Gestalt in den Zeiten ihres größten Weltglanzes, sehe den Mann das ganze Leben einer großen Weltidee opfern und das halbe Vermögen, damit auf das Glück einer Häuslichkeit und einer Familie verzichten, und dann durch Unglück auch noch die andere Hälfte des Vermögens verlieren. Dann zieht er sich still aus der Welt zurück, wird vergessen und ist verschollen, so verschollen, dass kürzlich ein Blatt seiner eigenen Vaterstadt Genf meldete, Henry Dunant sei ja längst gestorben.*
>
> *In einem ländlichen Krankenhause, in ärmlichen Verhältnissen, sucht Dunant für die Zukunft ein Heim, ein vornehmer Mann auch dort, der zu stolz ist, an sich zu erinnern oder zu betteln, ein verlassener und armer, aber kein gebrochener und verbitterter Mann – trotzdem er Anlass dazu hätte wie wenige. Still arbeitet er an seiner Schöpfung weiter! Dort in der Ecke liegen Hefte eines bald druckfertigen Wer-*

kes: eine Geschichte der Genfer Konvention und des Roten Kreuzes. Und daneben liegen andere Hefte; sie enthalten Studien über den Pauperismus in London, an denen er als jahrelanger Forscher auf diesem Gebiet ebenfalls arbeitet. Von der Welt nichts für sich verlangend, sondern nur von dem Wunsche erfüllt, dass sie sich seiner Schöpfungen zu ihrem Heil widme, erscheint der ehrwürdige Greis heute so groß, wie in Mitte seines edlen Wirkens.
Aber hat die Welt darum keine Pflichten gegen ihn, weil er selbst ihr keine solchen zumutet? Wir glauben doch! Täuscht uns nicht alles, so wird Deutschland, dessen Fürsten und großen Männern ein ausschlaggebendes Verdienst am Zustandekommen der gewaltigen Schöpfung zufällt, auch zuerst auf dem Platze sein, da es gilt, dafür zu sorgen, dass dem Schöpfer derselben ein freundlicher und behaglicher Lebensabend zuteil werde, dass das Rote Kreuz auf der weißen Fahne einen milden Strahlenglanz auf die greise Gestalt niedersende.«

Das Echo auf Georg Baumbergers Artikel in dem Stuttgarter Wochenblatt war gewaltig. Die deutschsprachigen Gebiete Europas horchten auf. Henry Dunant war gar nicht tot? Der Mann lebte? Diese Tatsache verbreitete sich wie ein Lauffeuer bald auch in den Nachbarländern. Die Nachfrage nach Übersetzungen des Artikels und nach Abdruckrechten ausländischer Zeitungen war groß. Bis in die letzten Winkel des Kontinents drang die Nachricht, dass der »Begründer des Roten Kreuzes und Urheber der Genfer Konvention« – so stand es seit einiger Zeit auf seiner schlichten Visitenkarte – lebte und lediglich von der Welt vergessen worden war. Hier und da kam Empörung darüber auf, dass das Internationale Komitee sich nicht um ihn gekümmert hatte, sondern dass es ihn in die Armut und Erbärmlichkeit hatte absinken lassen und ihn dann immer wieder für tot erklärt hatte.

Bezirkskrankenhaus Heiden (Abb. 18)

Gustave Moynier, immer noch Präsident des Komitees und immer noch den gerichtlich verurteilten betrügerischen Bankrotteur vor Augen, und die maßgeblichen Männer in seiner Umgebung freuten sich überhaupt nicht über die überraschende Botschaft. Im Gegenteil, sie betrachteten die Nachricht gar, wenn sie denn überhaupt der Wahrheit entsprach, als eine Schande für ihre Stadt, für ihr Land und für die ganze Zivilisation. Hätte sich eigentlich nicht sofort ein schlechtes Gewissen melden müssen, das anerkennen musste, dass es für das inhumane Verhalten dem Wieder-Entdeckten gegenüber in den vergangenen fast dreißig Jahren keine wirkliche Begründung gab? Dafür meldete sich wohl eher die Angst, der eigenen Verdienste um das Rote Kreuz – die selbst Henry Dunant nie in Abrede gestellt hatte – beraubt zu werden. Die Gläubiger freilich, die immer noch wach waren, witterten die Chance, das vor Jahren verlorene Geld oder wenigstens einen Teil davon nun doch noch zurückzubekommen.

Unzählige andere wichtige und weniger wichtige Menschen aus aller Welt, denen der Rotkreuz-Gedanke am Herzen lag, reagierten dagegen freudig und dankbar mit begeisterten Grüßen und Glückwünschen in amtlichen Schreiben, in persönlichen Briefen und Telegrammen, mit der Übersendung kleinerer und größerer Geldbeträge und anderer Geschenke. Das Postamt Heiden kam schier nicht mit, die zusätzliche Arbeit zu erledigen, und im Eckzimmer 12 des Bezirkskrankenhauses fehlte bald der Platz, die Stapel der freudigen Anteilsbekundungen aufzunehmen. Der Hausherr sah sich gezwungen, seinem Dauergast ein zweites Zimmer zur Verfügung zu stellen, damit der sich zwischen den vielen Sympathiebezeugungen überhaupt noch bewegen konnte.

Unter der ausländischen Post war auch ein Brief des früheren Elsässer Freundes Jean Jacques Bourcart, der den Kontakt zu Henry Dunant ebenso verloren hatte wie viele andere. Aus diesem Brief erfuhr der Wiedergefundene, dass Kaiser Napoleon III. sich seinerzeit bereit erklärt hatte, die Hälfte der Schulden des Bankrotteurs Dunant zu übernehmen, wenn seine Freunde bereit wären, die andere Hälfte zu tragen. Die entsprechende Nachricht müsse wohl verloren gegangen sein oder aber aus anderen Gründen ihren Empfänger nicht erreicht haben.

Welch eine Tragik der Geschichte, die sich nach Jahren in dieser Mitteilung offenbarte! Wie anders hätte das Leben des glücklosen Kaufmanns verlaufen können, wenn er von diesem Hilfsangebot seines Kaisers erfahren hätte ...

Die wunderbare Auffindung Henry Dunants hatte auch eine Fülle weiterer Folgen. Manch eine Rotkreuz-Sektion ernannte ihn spontan zu ihrem Ehrenmitglied oder gar Ehrenpräsidenten und lud ihn ein, die entsprechende Urkunde persönlich in Empfang zu nehmen. Andere veranstalteten Sammlungen zu seinen Gunsten. Die Stuttgarter Freunde, allen voran die Herren Müller und Graeter, gründeten eine »Henry-Dunant-Stiftung« und erließen deutschlandweit einen Aufruf, eine »Ehrengabe für den Begründer des Roten Kreuzes« zusammenzutragen, um »die Lage Henry Dunants zu verbessern« und »ihm zu ermöglichen, im Geiste des von ihm geschaffenen Werkes weiterzuwirken«. Den Aufruf unterzeichneten neben vielen anderen Honoratioren und ihren Frauen auch Oberbürgermeister Dr. Rümelin und seine Gattin. Welch eine Würdigung des vormaligen Mitbürgers ihrer Stadt!

Der Aufruf erbrachte erstaunliche 24 492 Goldmark. Eine riesige Summe, die Henry Dunant allerdings nicht für sich selbst verwendete. Er brauchte doch Geld, um Rudolf Müllers Arbeit an der »Entstehungsgeschichte des Roten Kreuzes und der Genfer Konvention« und die Drucklegung und Verbreitung dieses Buches zu finanzieren. Dessen Veröffentlichung war ihm wichtiger als alles andere auf der Welt, wie er gegenüber dem schwäbischen Freund immer wieder betont hatte. Jetzt standen ihm die Mittel dazu zur Verfügung, und er war einer großen Sorge enthoben. Auch von den anderen Zuwendungen, die ihn erreichten, verwendete er kaum etwas für sich. Er leistete sich einen neuen Schlafrock und eine neue Leselampe. Er gönnte sich eine bessere Kost aus der Krankenhausküche. Das war es dann aber auch schon. Das meiste legte der »Erste Rotkreuzler« beiseite für Zwecke, die sich ergeben mochten und die dem Werk dienlich waren. Freilich durfte es künftig ab und an auch einmal ein Trinkgeld geben für die Menschen, denen sein Wohl im Bezirkskrankenhaus am Herzen lag.

Über Henry Dunant ging so etwas wie eine neue Sonne auf. Seine seelische und nervliche Verfassung verbesserte sich. Er sah wieder Licht und Weite, wo zuvor häufig nur Dunkelheit und Enge waren. Er öffnete sich auch wieder für Leute, die ihm ihre Ehrerbietung persönlich mitteilen wollten. Er ging wieder vor die Tür und machte Spaziergänge hinüber in den

Kurpark und hinauf auf die Promenade, von der aus er den weiten Blick über den Bodensee genoss. Das konnte er wieder, denn mit der psychischen Besserung verringerten sich seine physischen Probleme, wohl auch deshalb, weil deren Ursachen zu einem großen Teil in den seelischen Verwundungen des alten Mannes begründet waren.

Das weltweite Interesse, das für ihn und sein Schicksal geweckt war, tat ihm unwahrscheinlich gut. Es war ja auch kein kurzlebiges Strohfeuer, das der Artikel von Georg Baumberger entfacht hatte. Es war eher ein andauernder Flächenbrand, der sich in der Folgezeit auch noch ausweitete und Regionen erreichte, an die die Hauptperson dieser Geschichte wohl nie gedacht hätte. So bot ihm der XII. Internationale Medizinische Kongress in Moskau die Ehrenmitgliedschaft an, die verbunden war mit einem Preisgeld von 5000 Franken. Maria Feodorowna, die russische Kaiserin-Witwe, sagte ihm eine Jahrespension von 3000 Franken zu. Fürst Otto von Stolberg-Wernigerode, preußischer Kanzler des Johanniterordens, veranlasste eine Sammlung für eine »Ehrengabe der Deutschen Nation«. Papst Leo XIII. ließ Henry Dunant ein handsigniertes Bild zukommen – der Vatikan war übrigens doch bereits 1868 dem Genfer Abkommen beigetreten –, und erfüllte ihm damit einen lange gehegten Wunsch.

Inzwischen sprach auch die Schweiz von »ihrem« Henry Dunant. Der Mann wurde zum Tagesgespräch, und ihn erreichten eine Fülle von Sympathiebekundungen aus allen Landesteilen und Kantonen. Das schweizerische Rote Kreuz ernannte ihn zum Ehrenmitglied; der Schweizerische Bundesrat verlieh ihm den wertvollen Binet-Fendt-Preis, der mit einem Geldbetrag von 1750 Franken verknüpft war; die St. Galler Sektion des Schweizer Vereins vom Roten Kreuz ließ eine Dunant-Münze prägen mit der lateinischen Umschrift: »Johannes Henricus Dunant – Promotor Conventionis Genevensis – Fundator Operis Crucis

Rubrae – Natus 1828«. »Promotor« – Urheber, »Fundator« – Gründer, Begriffe, die endlich öffentlich wurden und dazu anerkannt und die auf der Zunge schmeckten wie die Schokolade des Herrn Suchard, der sich in seinem Glückwunschschreiben gerne daran erinnerte, dass sein Vater Philippe Suchard seinerzeit auf dem Schlachtfeld von Solferino dem »Samariter von Castiglione« zur Seite gestanden hatte. Erstaunlich! Herrlich! Zum Loben und Danken! Henry Dunant war wieder jemand! Und es bewegte den alten Herrn ganz besonders, dass sogar eine Zeitung in Genf an den »Urheber« und »Gründer« und ehemaligen Bürger der Stadt erinnerte. In ihrem Artikel war zu seiner großen Freude über ihn zu lesen:

»… Er hat den großen Gedanken seines Lebens seine Kräfte, seine Aktivität und viel Geld geopfert, trat dort, wo er hätte glänzen können, zurück, er behielt die Arbeit, die Sorgen, die Mühen für sich und überließ den anderen Belohnungen und den Ruhm. Charaktere dieser Art sind so selten, dass es sich lohnt, sie unsern Mitbürgern als Beispiel vorzuhalten.«

Zur höchsten Anerkennung

»Wie freue ich mich, Henry Dunant, dem bekanntesten Menschen Europas endlich persönlich begegnen zu dürfen.« Die so sprach und sich dabei vor dem alten Herrn im neuen Schlafrock verbeugte, war keine geringere als die bekannte Pazifistin und Schriftstellerin Baronin Bertha von Suttner, Tochter des österreichischen Feldmarschalls Graf von Kinsky, Autorin des bekannten Romans »Die Waffen nieder« und Herausgeberin der gleichnamigen Zeitschrift in Wien.

»Die Freude ist ganz auf meiner Seite, gnädige Frau«, antwortete Henry Dunant und begrüßte seinen Gast in bester Kavaliersmanier. »Nehmen Sie gerne Platz, aber schauen Sie sich bitte nicht allzu sehr um in meiner Junggesellenklause. Ich weiß bald nicht mehr wohin mit all der Post und den vielen Zeitungen, die mir zugeschickt werden, weil sie einen Bericht über mein Werk und auch über mich enthalten.«

»Und es wird so weitergehen, Herr Dunant, seit das Buch von Professor Müller im Umlauf ist und die Welt die Wahrheit erfährt über die Geschichte der Genfer Konvention und des Roten Kreuzes«, sagte die Baronin. »Ich habe es mit derselben großen Begeisterung und Anteilnahme gelesen wie seinerzeit die ›Erinnerung an Solferino‹.«

»Wie ich das Ihre ›Die Waffen nieder‹, gnädige Frau«, gab Henry Dunant das ausgesprochene Lob zurück. »Ich habe bei der Lektüre des Romans eine große Seelenverwandtschaft der beiden Autoren der Bewegung des Friedens festgestellt.«

Das war für Bertha von Suttner das Stichwort, das sie ohnehin gerne eingebracht hätte. »Wir sollten in unserem Anliegen, unsere Welt humaner zu machen und den Krieg zwischen Menschen und Völkern zu ächten, zusammenarbeiten.«

»Wie stellen Sie sich das vor, gnädige Frau?«

»Meine Zeitschrift hat einen guten Namen, Herr Dunant. Ich stelle sie Ihnen als Podium zu Verfügung. Teilen Sie der Welt Ihre Gedanken mit und rütteln Sie weiterhin an den Stühlen des Militarismus und der Kriegstreiberei. Artikel in meiner Zeitschrift finden breites Interesse. Sie werden in der internationalen Presse gerne nachgedruckt und finden so eine weit gestreute Leserschaft. Die Presse hat einen unschätzbaren Einfluss auf das Denken der Menschen.«

Bertha von Suttner, Pazifistin, Schriftstellerin und Freundin Alfred Nobels (Abb. 19)

Henry Dunant schaute seine Besucherin einen Moment erstaunt an. Dann sagte er: »Frau Baronin, unsere heutige Begegnung muss der Himmel eingeleitet haben. Ich glaube nicht an Zufälle, es sei denn an die göttlichen, die denen zuteil werden, die vor allem anderen nach seinem Reich trachten und nach der Verwirklichung dieses Reiches auf Erden. Ich will sagen, Sie treffen bei mir auf offene Türen und eine große Bereitschaft, meine durch meine ›Auferstehung‹ – so will ich die Ereignisse der vergangenen Monate einmal zusammengefasst nennen – zurückgekommenen inneren Kräfte erneut für die Verbreitung des Friedensgedankens einzusetzen. Ich werde für Sie schreiben. Ich habe einen Text bereits in Arbeit und in meinem Kopf, den ich ›Ein Feuerwort‹ nenne. Ein Appell an die Weltpresse. Sie nannten das Stichwort soeben selbst. Ich werde ihn in den nächsten Tagen fertigstellen und Ihnen zukommen lassen.«

»Wunderbar, Herr Dunant«, freute sich Bertha von Suttner. »Darf ich wissen, worum es Ihnen dabei genau geht?«

»Sie dürfen es gerne wissen«, antwortete der Gefragte und angelte ein Manuskript von der Platte seines Stehpultes. »Der Text wird ganz in Ihrem Sinne sein. Ich lese ein paar Sätze, Frau Baronin.« Henry Dunant fuhr mit dem Finger an den Zeilen entlang, bis er die Stelle gefunden hatte, die er suchte. Dann las er:

»... Die öffentliche Meinung ist der mächtigste aller Herrscher. Es ist daher natürlich, an jene eine Bitte zu richten, welche die öffentliche Meinung machen, an alle jene, welche sich für berufen halten, diese Meinung zu bilden, zu führen, zu lenken, damit sie den Freunden des Friedens und des Schiedsgerichts in allen Ländern der zivilisierten Welt zu Hilfe kommen ... Wenn man bedenkt, dass die Presse, wenn sie will, auf Millionen denkender Menschen in einem Augenblick, an einem Tage – und das durch 300 oder 350 Tage im Jahre – einwirken kann, muss man wohl über eine solche Macht staunen. Warum aber sollte sie nicht einmal auch über internationale Schiedsgerichte und gegen den Nationalitätenhass predigen? Warum sollte sie nicht die Idee des Weltfriedens mit dem ganzen Herzen aufnehmen? ... Wollte die Presse sich vereinigen und sich entschlossen ans Werk machen, den Krieg streng zu tadeln – ohne Übertreibungen, aber auch ohne falsche Scham – müsste sie ein wahrer Wohltäter werden und nicht wenig zur Abschaffung dieser Plage beitragen. Das, was heute das Äußerste der Torheit scheinen mag, kann in wenigen Jahren die höchste Wahrheit sein ... Der Krieg gebiert die Anarchie, und die Presse wird unter denen sein, die zuerst getroffen werden. In der Stunde des Schiffsbruchs hofft jeder, auf seinem Stückchen Planke, auf seinen Balkentrümmern schwimmen zu können; man denkt leider nicht daran, aus all diesen vereinten Balken ein Floß zu zimmern,

eine Arche, die alle Welt retten könnte. Die Flut – ach, sie wird eine Flut von Blut sein!... Welch edle Mission der Presse wäre es doch, dahin zu wirken, dass alle Vorurteile der Völker beseitigt würden...«

Hier brach Henry zunächst einmal ab und schaute seinem Gegenüber ins Gesicht. Er sah es Bertha von Suttner an, dass sie von diesen Gedanken sehr angetan war, und er erwartete eine Reaktion. Die blieb aber noch aus. Also fragte er: »Möchten Sie den Schluss des ›Feuerwortes‹ noch hören? Den habe ich bereits formuliert. Der Text dazwischen fehlt noch.«

»Lesen Sie, Herr Dunant«, bat die Frau. »Bitte!«

Henry Dunant nahm ein zweites Papier von seinem Stehpult und las:

»Warum unternehmen es nicht jene, die so trefflich Geist und Herzen der Menschheit zu bewegen verstehen, die die Macht haben, die Einbildungskraft wachzurufen, die Tatsachen spannend zu gestalten, die Großen und Kleinen mit Zaubergewalt des Wortes hinzureißen – warum unternehmen sie es nicht, ein Bild von den Gräueln des Krieges darzustellen, um vor diesem Abscheu zu erregen? Warum sammeln sie nicht alle, aus allen Nationen, aus allen Sprachgebieten zu einem heiligen Kreuzzug der Menschlichkeit, um den Völkern zu zeigen, in welchen Abgrund von Unglück sie sich blind stürzen, indem sie bis zur Unmöglichkeit den fördern, der wie eine steigende Meeresflut ganz Europa überschwemmt? Noch einmal: Gibt es ein edleres Ziel menschlicher Bestrebungen? Handelt es sich doch darum, den Untergang ganzer Länder zu verhindern – denn wer kann die Zukunft voraussagen? Handelt es sich doch darum, einen Ausbruch von Gräueln hintanzuhalten, welche in furchtbarer Weise die arme Menschheit bedrohen – und das Unwetter abzulenken, das jeden Augenblick über die Christenheit losbrechen kann, ein Unwetter,

das den Boden des alten Europas mit Ruinen bedecken wird!«

»Wahrlich ein Feuerwort an die allgemeine Presse, Herr Dunant!«, begeisterte sich die adelige Dame. »Ich bin überzeugt, der Aufruf wird seine Wirkung haben! Schicken Sie mir den fertigen Text möglichst bald. Er wird meine eigene Vision unterstreichen.«

»Ihr eigene Vision?« Henry Dunant schaute Bertha von Suttner fragend an.

»Ich habe die Vision, dass das kommenden Jahrhundert nicht zu Ende gehen wird, ohne dass die menschliche Gesellschaft die größte Geißel, den Krieg, als legale Institution abgeschafft haben wird.«

»Ihre Vision in Gottes Ohr, gnädige Frau! Unbedingt! Ich bin allerdings davon überzeugt, dass daraus nichts werden wird, wenn der Allmächtige sich nicht höchstpersönlich darum kümmert. Der gefallene Mensch steht dem entgegen. Der Welt, in der wir leben, ist dieser Frieden auch gar nicht verheißen. Ich denke, es kann in allem pazifistischen Bemühen, in dem wir beide uns erfreulich einig sind, nur um die Linderung der Kriegsnot und seiner Folgen gehen. Ihre vollständige und endgültige Abschaffung wird uns kleinen, irdischen Geschöpfen nicht gelingen.«

Bertha von Suttner schüttelte den Kopf. »Es wäre schlimm, wenn Sie recht hätten, Herr Dunant. Ich möchte Ihren Pessimismus nicht teilen.«

»Dann liegen sie dem großen Gott entsprechend in den Ohren, wie ich es täglich tue, Baronin«, forderte Henry Dunant seinen Gast auf. »Gott ist ein Gott des Friedens. Er will den Frieden auf Erden bei den Menschen seines Wohlgefallens. Dazu braucht er aber völlig andere Menschen als die, die derzeit seine Erde bevölkern.«

»Klingt das nach Resignation?«, wunderte sich die Frau.

»Überhaupt nicht, meine Gnädigste«, widersprach der Mann nachdrücklich. »Dass sich die Flut eindämmen lässt durch notwendige Erweiterungen der Genfer Konvention, durch die Schaffung eines Internationalen Gerichtshofes und ähnlicher Institutionen, davon bin ich sehr überzeugt. Und daran will ich mit allen Kräften arbeiten, die mir von meinem Gott noch gegeben werden.«

»Gut so«, bestätigte die Pazifistin, »arbeiten wir also gemeinsam an derselben Sache, wenngleich unsere Zielpunkte unterschiedlich aussehen. – Aber jetzt noch zu einem anderen Thema.«

»Bitte, gerne, gnädige Frau«, nickte Henry Dunant, offen für das, was sein Gast noch auf dem Herzen hatte.

»Sie kennen meinen Arbeitgeber aus meiner Pariser Zeit?«, begann Bertha von Suttner den zweiten Teil des Gesprächs.

»Wenn Sie Alfred Nobel meinen, dann weiß ich, dass Sie für Ihn als Sekretärin und Hauswirtschafterin gearbeitet haben, gnädige Frau«, antwortete Henry Dunant und fuhr fort: »Er hat von sich reden gemacht durch seine Erfindung des Dynamits. Ob diese Tat allerdings zu seiner Ehre gereicht, bleibt meines Erachtens dahingestellt. Hat man ihn nicht schon ›Kriegstreiber und Profitgeier im Todesgeschäft‹ genannt?«

»Zu Unrecht, Herr Dunant, zu Unrecht!«, widersprach Frau von Suttner. »Das war 1888 und betraf in Wirklichkeit einen seiner Brüder und dessen Wirtschaftsimperium, das leider auch Gewehre produziert. Nein, Alfred Nobel war anders. Aber was kann dieser Mann dazu, wenn die Bosheit der Menschen seine an sich gute Erfindung missbraucht?«

»Ein Argument für meinen Pessimismus, wie Sie das soeben nannten«, griff ihr Gastgeber diesen Gedanken auf. »Leider ist es so, Baronin: Was dem Guten dienen sollte, hat der Mensch leider Gottes immer wieder missbraucht. Das Dichten und Trachten des menschlichen Herzens ist nun einmal böse von Jugend auf. Ich stelle mir vor, dass der Schöpfer nach dem Ende der Sintflut bei dieser traurigen Feststellung über seine irdischen Geschöpfe, wie sie im Buch Genesis nachzulesen ist, geweint hat, mindestens aber geseufzt. – Aber Sie wollten mir wohl noch etwas über Herrn Nobel sagen.«

»Das wollte ich«, antwortete die Baronin und griff ihren Faden wieder auf. »Herr Nobel versucht posthum gutzumachen, was die Menschen mit seiner Erfindung verdorben haben. Ich konnte den reichen Junggesellen dazu bewegen – wir trafen uns zuletzt beim Weltfriedenskongress in Genf 1894 –, ich konnte ihn bewegen, zusätzlich zu den vier Preisen für Physik, Chemie, Physiologie oder Medizin und Literatur, die er zur Verwendung der Zinsen seines immensen Vermögens gestiftet hatte, sich der Idee des Pazifismus zu öffnen und auch noch einen Friedenspreis zu stiften.«

»Alfred Nobel, der geniale Erfinder und Produzent des mörderischen, zerstörerischen, kriegstreiberischen Dynamits, stiftet einen Friedenspreis? Höre ich da richtig?«, wunderte sich der alte Herr.

»Sie hören richtig. Alfred Nobel war dem pazifistischen Gedanken sehr zugetan. Dass sein Dynamit missbraucht wird …, aber davon sprachen wir bereits, und vielleicht sind Ihre Bedenken gegen meine Vision von daher ja wirklich berechtigt. Also, es wird diesen Friedenspreis geben, jährlich, wie die anderen Preise auch. Alfred Nobel hat das in seinem Testament vom November 1895 noch so festgelegt. Ab welchem Jahr, das ist bisher ungewiss.«

»Und wer soll den Friedenspreis jeweils bekommen?«

»Derjenige, der ›*am meisten oder besten für die Verbrüderung der Völker gewirkt hat*‹. Wörtlich heißt es wohl so: ›*… dessen Zins alljährlich als Preise unter diejenigen zu verteilen sind, die im vergangenen Jahr der Menschheit zum größten Nutzen gereicht haben*‹.«

»Und wer befindet über die Verleihung?«

»Ein Fünferrat, den das norwegische Parlament, der sogenannte Storting, beruft, ist zum Vollstrecker des letzten Willens des Herrn Nobel bestimmt worden. Warum der Schwede Nobel das so geregelt wissen will, weiß ich allerdings auch nicht.«

»Das ist wirklich interessant und hört sich gut an, Frau Baronin. Aber warum erzählen Sie mir das?«, fragte Henry Dunant.

Bertha von Suttner zögerte einen Moment mit der Antwort. Dann blickte sie ihrem Gegenüber in die Augen und sagte: »Ich bin der Ansicht, Sie sollten der erste Anwärter auf diesen Preis sein. Ihr siebzigster Geburtstag im nächsten Mai wäre ein guter Anlass.«

Die Antwort kam prompt und aus einer spontanen inneren Erregung, und sie klang vielleicht sogar ein wenig ärgerlich: »Da gibt es andere, die würdiger sind als ich, gnädige Frau!«

»Ich wüsste im Augenblick keinen, werter Herr Dunant«, widersprach Bertha von Suttner und blickte den Mann immer noch an, »und ich kenne inzwischen einige wichtige Herren, die ebenso denken wie ich.«

»Und wer könnte das sein?«, fragte Henry Dunant mit ungläubigem Staunen.

»Der norwegische Sanitätshauptmann Dr. Hans Daae zum Beispiel. Er hat mir gesagt, dass Sie mit ihm korrespondieren. Er ist ein großer Verehrer von Ihnen. Er wird Sie demnächst besuchen. Dazu wirbt Ihr Freund Professor Dr. Müller in Vorträgen und Artikeln intensiv für Ihre Nominierung. Er steht mit Herrn Daae in Kontakt«, wusste die Frau. »Dann gibt es noch den Literaten und Verfasser der norwegischen Nationalhymne, den Herrn Björnstjerne Björnson, der ein wichtiges Mitglied des norwegischen Nobel-Komitees ist. Björnson kennt Dr. Müllers Buch über ›Die Entstehungsgeschichte des …‹ – Sie wissen schon – und weiß von dem hervorragenden Echo, das es im ganzen Europa verursacht hat.«

Henry Dunant hatte sich wieder gefasst. »Ich weiß nicht«, meinte er nachdenklich. »Zugegeben, der Gedanke nährt durchaus meine Eitelkeit und meinen Stolz. Ich weiß von meiner Leistung für eine humane Zivilisation und bin einfach glücklich über die Wendung der Dinge in den vergangenen Monaten. Endlich Genugtuung! Endlich Anerkennung! Ich bezweifle dennoch, dass ich würdig bin, einen solchen Preis zu erhalten. Außerdem gibt es sicherlich eine ganze Reihe von Leuten, die sich alle Mühe geben werden, eine solche Entscheidung zu verhindern. Das Preisgeld würden ohnehin andere beanspruchen.«

»Warum nur wieder dieser Pessimismus, Herr Dunant? Wer sollten diese Leute sein? Sie, verehrter Herr Dunant, Sie sind inzwischen als Gründer des Roten Kreuzes unbestritten. Da mögen sich die noblen Herren des Genfer Komitees noch so ereifern und aufregen. Ich weiß davon. Überlassen Sie die Entscheidung doch dem Höchsten, wie Sie es vorhin formuliert haben. Wenn der will, dass Sie den Preis bekommen, dann bekommen Sie ihn.«

»Dem vermag ich nun nicht zu widersprechen«, gestand der alte Herr ein. »Gott hat mir noch immer gegeben, was er meinte, mir geben zu sollen. Freud und Leid, Reichtum und Armut, Freunde und Feinde, Empfangen und Loslassen, Licht und Finsternis. Aber zu jeder Zeit wusste ich mich von seiner Liebe umfangen und von seinem Glanz umgeben – na ja, mal mehr und mal weniger, das war schon zuweilen sehr stark wechselnd. Zurzeit überwiegt das Licht. Gott sei Dank! Wenn er es dann noch heller strahlen lassen möchte, werde ich ihm nicht in den Arm fallen.«

»Dann will ich mit Ihnen gespannt sein, Herr Dunant, wie sich diese Sache entwickelt«, stimmte Bertha von Suttner zu. »Noch arbeitet das Fünferkomitee nicht, zumindest nicht offiziell. Noch sind die Überlegungen zu den möglichen Empfängern im Gange. Bis die Entscheidung gefallen ist, werden wir uns alle noch ein wenig gedulden und derweil mit größtem Einsatz für den Frieden arbeiten – danach hoffentlich auch noch –, jeder an seinem Platz und in seiner Weise, und wo es geht, gemeinsam. Der Höchste möge seinen Segen dazu geben.«

»Amen, Frau Baronin, Amen!«, bestätigte Henry Dunant. »Der Einsatz für den Frieden auf Erden wird immer gesegnet sein. Sie wissen doch, wie es in der Bergpredigt Jesu heißt: *Selig sind die Friedfertigen* – das sind die, die Frieden stiften! –, *denn sie werden Gottes Kinder heißen.*«

Nach diesem Besuch der Baronin von Suttner in Heiden verging noch eine Menge Zeit, bis das norwegische Komitee seine Arbeit offiziell aufgenommen und dann auch seine Entscheidung getroffen hatte. Henry Dunant erlebte in den folgenden Monaten Wechselbäder sowohl bezüglich seines gesundheitlichen Zustandes als auch bezüglich seiner Hoffnung auf einen positiven Ausgang der Diskussion um den rechten Kandidaten. Sein siebzigster Geburtstag ging ohne diese erhoffte Ehrung vorbei, auch wenn die Zahl der Ehrungen anderer Art groß war. Dann ging es in der Diskussion plötzlich weniger um ihn als um Frédéric Passy, den Gründer der »Französischen Friedensunion« und Präsidenten der »Französischen Gesellschaft für Schiedsgerichtsbarkeit zwischen den Nationen«. Mit diesem Mann hatte er seinerzeit in Paris die »Fürsorgegesellschaft« neu ausgerichtet und aus ihr die »Allgemeine Allianz für Ordnung und Zivilisation« gemacht. Hatte der Mann nicht tatsächlich mehr für den Frieden getan als er? Zumindest schien die Baronin von Suttner inzwischen zu dieser Ansicht gekommen zu sein, denn sie favorisierte neuerdings den Franzosen vor ihm, dem Schweizer. Dann war auf einmal von insgesamt dreizehn Bewerbern um den Friedenspreis die Rede, unter denen sich der russische Graf Leo Tolstoi befand, der Verfasser des berühmten Romans »Krieg und Frieden«. Die

Sache wurde immer spannender und die Diskussion immer gespannter.

Dr. Hans Daae und Dr. Rudolf Müller setzten sich derweil persönlich und in Veröffentlichungen unbeirrt für ihren Favoriten Henry Dunant ein und dafür, dass der verfängliche Passus »... im vergangenen Jahr ...« geändert wurde. Selbst Herr Björnson als Mitglied des entscheidenden Komitees hielt diese Formulierung für »dumm und lästig«, aber so lautete nun einmal die Bestimmung. Deshalb müsse er leider von Henry Dunant als einem möglichen Kandidaten für den Preis abrücken. So schrieb er in einem Brief an Rudolf Müller, der seinerseits seinen alten Freund in Heiden über die Dinge auf dem Laufenden hielt. Ob für den die besonders ruhmvolle, weil lediglich einmalige Verleihung der »Ehrenmitgliedschaft der norwegischen militärärztlichen Vereinigung« ein Ersatz sein konnte, für den Fall, dass das Fünferkomitee sich tatsächlich gegen ihn entscheiden würde? Wohl doch eher nicht! Der erste Empfänger und Träger des Friedensnobelpreises zu sein, würde den immer noch aktiven Genfer Neidern und Widersachern wohl endgültig die Mäuler stopfen. Ach, wenn es doch nur so käme ...

Am 10. Dezember 1901, am fünften Todestag des Alfred Nobel, hatte das Warten dann endlich ein Ende. Der Gründer des Roten Kreuzes erhielt ein Telegramm aus der norwegischen Hauptstadt Kristiania. Das Papier wurde bei Dr. Altherr, dem Leiter des Bezirkskrankenhauses, abgegeben und der Empfang von ihm quittiert. Der Mann ließ sofort seine Arbeit liegen und begab sich mit seiner Oberschwester in die zweite Etage des Hauses.

»Behalten Sie Platz und fassen Sie sich, Herr Dunant«, sagte Dr. Altherr, nachdem er mit Schwester Elise das Zimmer seines Dauergastes auf dessen eher mürrische Aufforderung hin betreten hatte. »Ich habe eine besondere Nachricht für

Sie. Möchten Sie selbst ..., oder darf oder soll ich Ihnen das Telegramm vorlesen?«

»Lesen Sie, Doktor. Ich fühle mich matt und übel. Es ist einmal mehr dunkel in mir. Mir fehlen Lichtgedanken«, klagte der alte Mann. »Die neuerlichen Attacken aus Genf und die widerlichen Behauptungen dieser französischen Zeitung machen mich fertig. Immer wieder diese alte Leier, ich sei nicht der Gründer des Roten Kreuzes und erst recht nicht der Urheber der Genfer Konvention. Wenn ich über solche Borniertheit lachen könnte, würde ich es gerne tun. War denn alles Bemühen meiner Freunde umsonst? Christian Haje in Holland? Hans Daae in Norwegen? Rudolf Müller in Deutschland? Pfarrer Dr. Jordy hier in der Schweiz? Sind diese ehrenwerten Männer denn allesamt Spinner und Idioten?« Der alte Mann ereiferte sich und wurde dabei immer unruhiger. Seine Augen begannen zu flackern, seine Hände zu zittern.

Schwester Elise versuchte, den Mann zu beruhigen. »Nun fassen Sie sich doch, Herr Dunant. Ihre Erregung ist ja verständlich, aber ...« Vorsichtshalber stellte sie sich neben den Sessel des aufgeregten Alten, wohl um sofort zufassen zu können, wenn ... Dann fuhr sie aufmunternd fort: »Die Genfer und die französische Presse werden bald eines anderen belehrt sein, und die Nachricht, die wir für Sie haben, wird Ihr Gemüt sofort aufhellen, Herr Dunant. Hören Sie gut zu!«

Der Pensionär hob der Diakonisse für einen Moment sein Gesicht entgegen, das nach diesem Ausbruch noch blasser und leidender aussah als eben noch. »Ich höre«, sagte er leise, senkte den Kopf wieder, legte die zitternden Hände auf die Armlehnen seines Sessels und schloss die Augen.

»Also hören Sie, was Ihnen das norwegische Nobelkomitee mitteilt«, begann Dr. Altherr ein wenig feierlich, wobei der betonte Hinweis auf den Absender des Telegramms den Empfänger deutlich aufhorchen ließ.

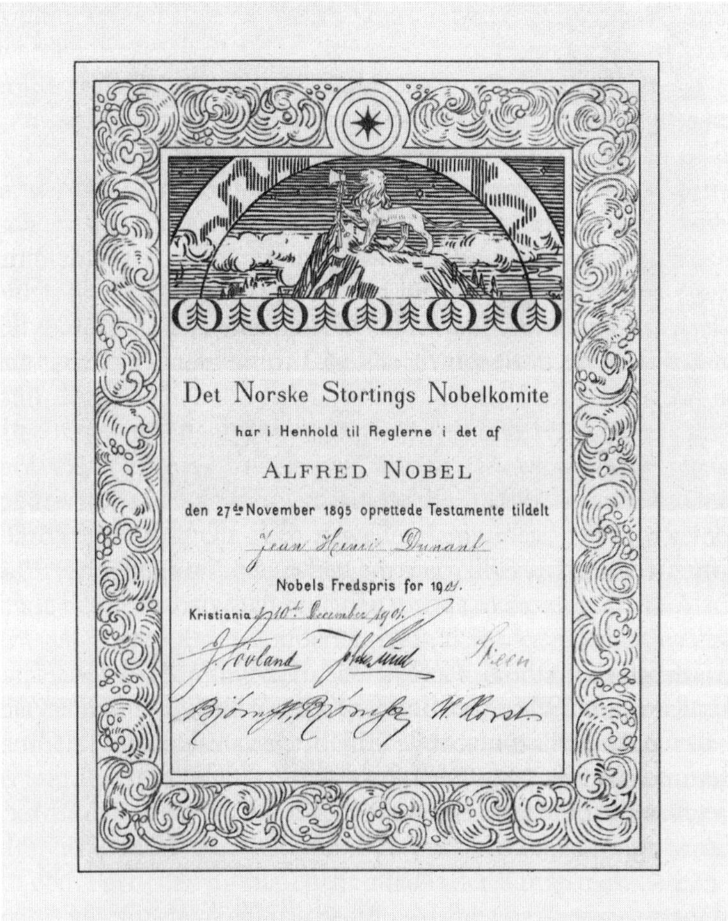

Die Urkunde anlässlich der Verleihung des Friedensnobelpreises (Abb. 20)

Henry Dunant als alter Mann, etwa zum Zeitpunkt der Preisverleihung (Abb. 21)

»Norwegisches Nobelkomitee?«, wiederholte der alte Mann, und sein ganzer Körper begann jetzt vor Erregung zu zittern. »Lesen Sie, Doktor, lesen Sie!«, forderte er mit Nachdruck und mit jetzt weit aufgerissenen Augen.

Der Arzt kam der Aufforderung umgehend nach und las:

»Henri Dunant, Heiden

Das Nobel-Komitee des norwegischen Parlaments hat die Ehre, Sie zu benachrichtigen, dass es den Nobel-Preis für den Frieden von 1901 den Herren Henri Dunant und Frédéric Passy zugesprochen hat, jedem die Hälfte, also ungefähr hunderttausend Franken. Das Komitee spricht gleichzeitig seine Hochachtung und seine aufrichtigen Wünsche aus.

Der Präsident J. Loeveland.«

Für einen Moment war es still im Raum, sodass man eine Stecknadel hätte fallen hören. Kaum ein Atemgeräusch war zu hören. Die drei Menschen im Raum hielten wohl alle die Luft an, um die Tragweite der soeben verlesenen Nachricht recht einzuschätzen. Arzt und Schwester wohl auch deshalb, um dem Empfänger dieser bedeutenden Nachricht die Gelegenheit zu geben, als erster zu reagieren. Henry Dunant atmete schließlich ein paarmal tief ein und aus. Dann sagte er mit deutlich bewegter Stimme: »So ist es nun doch geschafft, wenngleich nur zur Hälfte! Dennoch, Gott sei Dank! Ihm allein die Ehre!« Und dann rollten dem greisen Mann vor innerer Bewegung Tränen über die Wangen und verloren sich in seinem weißen Bart. Welch ein überwältigender Moment!

Dr. Altherr und Schwester Elise warteten noch ein paar Augenblicke. Dann reichten sie ihrem Hausgast nacheinander die Hände. Dr. Altherr nahm das Wort: »Herzlichen Glückwunsch, Herr Dunant! Wir freuen uns mit Ihnen, dass Ihnen nun endlich die Gerechtigkeit widerfahren ist, die Ihnen zusteht. Dass Sie den Preis mit Herrn Passy teilen müssen, sollte Sie nicht bekümmern. Aus dreizehn bedeutenden Kandidaten den einzig richtigen herauszufinden, muss für das Komitee wohl zu schwer gewesen sein. Zwei gleichwertige Personen zu bedenken, war offenbar die leichtere Entscheidung. Aber nun liegt Ihnen die Welt zu Füßen, Herr Dunant! Die Organisation des Roten Kreuzes ist vor aller Welt endgültig als Ihr Werk gewürdigt! Sie erhalten für Ihr Werk die irdische Unsterblichkeit! In Genf und anderswo sind damit auch den letzten Zweiflern an Ihrer Unbescholtenheit die Mäuler gestopft. Noch einmal herzlichen Glückwunsch, Herr Dunant. Freuen Sie sich von Herzen! Danken Sie Gott! – Und verzeihen Sie, wenn ich Sie jetzt schon wieder verlassen muss. Meine Arbeit und die anderen Patienten warten.« Mit einem Zeichen an seine Oberschwester, noch für eine Weile zurückzubleiben, verließ der Hausherr den Raum.

Elise Bolliger kam dem Hinweis gerne nach. Die Diakonisse legte dem alten Mann mit dem Telegramm in seinen zitternden Händen einen Arm um die Schultern und sagte in sanftem Ton: »Ist das nicht eine äußerst lichtvolle Nachricht, Herr Dunant?« Ein wenig energischer fügte sie an: »Nun freuen Sie sich doch auch! Oder ist dieser Tag etwa kein Freudentag, Herr Dunant? Sie sind undankbar gegen Gott, wenn Sie sich nicht sofort freuen! Gott will mit dieser Würdigung Ihre Klage in einen Reigen verwandeln, Herr Dunant!«

Bei diesem Satz rang sich der alte Herr nun doch ein dünnes Lächeln ab. »Ich und tanzen?«, sagte er und entzog sich der Umarmung. »Damals in Genf, als ich ein junger Mann war, war das etwas anderes. Aber als ein rheuma-steifer alter Greis, der ich jetzt bin?«

»Na ja, Herr Dunant«, lächelte die Oberin, »Sie müssen das mit dem Reigen ja nicht so wörtlich nehmen, wie es David in seinem Psalm wohl gemeint und ja auch zuweilen tatsächlich gemacht hat. Aber innerlich dürfen Sie fröhlich hüpfen wie ein Mastkalb.«

Über Henry Dunants Gesicht ging nun doch endlich ein Lachen. »Sie haben recht, Schwester Elise! Sie haben ja recht! Mit dieser Botschaft geht mir die Sonne der Gerechtigkeit auf, wie es in Maleachi drei steht. Und in Gedanken springe ich wie ein Mastkalb. Dabei gebe ich zu, dass ich lieber den gesamten Preis erhalten hätte. Durch die Wahl von Frédéric Passy für den anderen Teil des Preises bleibt mir nur die Hälfte. Aber gut, ich will mich fügen. Passy hat es auch verdient, geehrt zu werden. Ich erinnere mich gerne an ihn, und ich gratuliere dem Mann für seine Ehrung. Ich bin sicher, er gratuliert mir auch.« Nach einem Moment der Besinnung fuhr er bestimmt fort: »Aber das andere, was bei dem Propheten Maleachi steht, wird auch geschehen: Gott wird die Gottlosen zertreten, und sie sollen Staub unter unseren Füßen sein, denn diesen Tag hat der Herr gemacht.«

»Amen!«, sagte die Frau darauf und musste schmunzeln über diese Art, den Propheten zu zitieren und zu deuten. Sie ahnte, dass der Mann dabei an seine Widersacher dachte, die es leider immer noch im Lande gab und die sich sicher auch in und nach diesen Tagen wieder melden würden. »Endlich haben Sie es begriffen, Herr Dunant! Ich gratuliere noch einmal herzlich und frage: Zur Feier des Tages heute Ihre Lieblingsspeise? Darf ich Emma Rubeli den Auftrag geben?«

»Gerne, Schwester«, freute sich der Geehrte über diesen Vorschlag, ihm heute seine geliebte Käsesuppe kochen zu lassen. »Eilen Sie nur, und lassen Sie ihre emsige Nichte ans Werk gehen. Und bitte auch ein wenig gedünstetes Gemüse und vielleicht ein Obst zum Nachtisch. Mir läuft bereits das Wasser im Mund zusammen.«

Die Nachricht von der Nobelpreis-Verleihung an den Gründer des Roten Kreuzes verbreitete sich in ganz Europa und auch jenseits der Meere wie ein Lauffeuer, und es erging dem Geehrten ähnlich wie seinerzeit nach der Veröffentlichung des Artikels von Georg Baumberger. Das vor allem im Winter und besonders in der Adventszeit so beschauliche Heiden wurde für ein paar Wochen wieder zu einer Art Mittelpunkt der Welt. Über die ganze weitere Vorweihnachts- und Weihnachtszeit bis hinein ins Jahr 1902 brachte der Heidener Posthalter täglich eine große Menge von Glückwünschen und freudigen Anerkennungen aus aller Herren Ländern, aus hohen und niedrigen adeligen Häusern und von schlichten Bürgern, von hohen Militärs und von einfachem Fußvolk, von Professoren und Lehrern mancher Universitäten und aus den Reihen ihrer Schüler und Studenten, von namhaften Würdenträgern und von völlig unbekannten Leuten. Dass eine große Zahl der Briefe bereits auf dem Umschlag das Zeichen des Roten Kreuzes trug und dass in den Glückwünschen immer wieder der Hinweis auf verliehene Ehrenmitgliedschaften und Ehrenpräsidentschaften in verschiedenen Vereinen und

Sektionen zu lesen war, machte ihren Empfänger stolz und glücklich und dankbar.

Henry Dunant kam mit dem Lesen der Telegramme, Karten und Briefe kaum nach. Mit den Antworten und Dankschreiben darauf schon gar nicht. Das war auch gut so, hatte der kranke alte Mann doch dadurch keine Zeit, auf seine vielen körperlichen Wehwehchen zu achten und auch nicht darauf, wie denn sein Gemüt gerade gestimmt war.

Einige der Schreiben legte er auf einen besonderen Stapel, um sie jederzeit griffbereit zu haben und erneut lesen zu können. Da gesellte sich der Brief der Baronin von Suttner, die sich darüber freute, dass der Nobelpreis an ihre beiden Favoriten zugleich gegangen war, zu dem der Clara Barton aus den USA, die 1881 in ihrem Land aus eigener Initiative das Rote Kreuz gegründet hatte, dessen Präsidentin sie immer noch war. Da lag das Glückwunschschreiben vom russischen Zarenhof zusammen mit dem des deutschen Kaiserhauses. Da hatte der Brief der Witwe Basting aus Holland seinen Platz bei dem der Tochter seines Elsässer Freundes Bourcart und dem seines eigenen Bruders Pierre. Dass auch der geschrieben hatte, war wunderbar!

Der Brief seines norwegischen Freundes Dr. Hans Daae war dem alten Herrn neben dem des deutschen Freundes Professor Dr. Rudolf Müller der liebste. Diese beiden ihm so wertvollen Männer hatten den größten Anteil daran, dass er neben Frédéric Passy aus der Liste der dreizehn ausgewählt worden war. Henry Dunant las ihn eine Zeit lang beinahe täglich:

»...Ich vermag Ihnen nicht zu sagen, wie glücklich ich in diesem Augenblick bin, einer Nation anzugehören, die der Menschheit die Möglichkeit gegeben hat, Sie zu bewundern, und ich bin stolz darauf, dass der Nobelpreis Ihnen zuerkannt worden ist. Ich möchte Ihnen doch nicht verbergen, dass ich gehofft hatte, der ganze Preis würde

Ihnen anstatt der Hälfte zuerkannt werden. Aber alles in allem, glaube ich, dass man mit dem erreichten Resultat zufrieden sein muss. Die Hauptsache ist, dass Sie Ihre Wiederanerkennung gefunden haben in einer internationalen Konkurrenz als der größte Wohltäter der Menschheit auf dem Gebiet des Friedens und der Brüderlichkeit ...«

Auch der herzliche Brief von Florence Nightingale hatte seinen besonderen Platz. Der Empfänger nahm ihn immer wieder zur Hand. Es tat ihm gut und stimmte ihn dankbar, dass die von ihm hoch verehrte englische Samariterin, die einst sein großes Vorbild gewesen war, geschrieben hatte:

»... Immer wieder habe ich mir an Ihrer Größe Kraft geholt, wenn ich kleinlaut wurde oder gar mit meinem Leben nicht fertig werden konnte. Ich habe Sie täglich in mein Gebet eingeschlossen. Ihr Vaterland kann stolz auf Sie sein ...«

Gerne hätte der greise Mann wohl auch einen Glückwunsch von Leoni Kastner in den Händen gehalten. Hätte diese edle Dame, diese hochverehrte und geliebte Freundin und Gönnerin einiger Jahre, diesen 10. Dezember 1901 erlebt, wie sehr hätte sie sich gefreut! Leider war sie bereits 1888 gestorben. Wenn Henry Dunant an Leoni Kastner erinnert wurde, ging ihm immer noch ein leichter Stich durchs Herz. Wären da doch nicht die gesellschaftlichen Schranken im Weg gewesen, wäre sie doch nicht so reich gewesen und er so arm, wäre ..., hätte ..., wenn doch ... Jedes Mal schob Henry Dunant diese Erinnerungen dann mit einem Seufzer wieder beiseite. Es hatte damals einfach nicht sein sollen!

Die besonderen Wochen nach dem 10. Dezember 1901 hatten für den glücklichen ersten Träger des Nobel-Friedenspreises etwas ungemein Leichtes und Beschwingtes; alle körperlichen und seelischen Beschwerden schienen wie weggeblasen. Das entsprach zwar nicht der Wirklichkeit, wurde aber von Henry Dunant doch so empfunden. Der alte Mann vermochte in diesem Jahr die Weihnachtsbotschaft von der Geburt des Heilandes der Welt in dem Elendsquartier von Bethlehem ganz anders zu genießen, als das in den vergangenen Jahren der Fall gewesen war. Gott, der Vater im Himmel, hatte sich in dem Kind in der Krippe nicht allein seiner Welt und seiner Menschheit zugewandt, sondern ihm ganz persönlich. Welch eine Botschaft! Und dieses erste Kommen Gottes in die Welt gemahnte deutlich daran, dass er eines Tages wiederkommen würde, wie er selbst es verheißen und Henry es in seinen Tafeln beschrieben hatte.

Eine Sorge beschäftigte ihn allerdings doch: Was geschah mit dem Preisgeld? Das Komitee hatte ihn mit der normalen Post davon informiert, die Summe würde demnächst in die Schweiz überwiesen, es sei denn, er, der Empfänger, käme persönlich, um seine 104 000 Franken abzuholen und den von allen Preisträgern erbetenen öffentlichen Vortrag zur nachträglichen Rechtfertigung der Wahl zu halten.

Beides aber war Henry Dunant nicht möglich. Dazu war er doch zu krank und zu schwach, auch wenn er sich zurzeit nicht so fühlte. Zudem riet ihm Dr. Altherr unbedingt davon ab, auch nur an die weite Reise nach Kristiania zu denken. Er habe doch Freunde, die sich sicher gerne um das Preisgeld kümmerten. Und den erwünschten Vortrag zur Rechtfertigung der Wahl müsse er nun wirklich nicht halten.

Der Dauerpatient im Zimmer 12 des Bezirkskrankenhauses gab seinem Arzt recht. Er sei wirklich durch seine zahlreichen Fürsprecher gerechtfertigt genug. Und das Geld würde er auf ein norwegisches Konto überweisen lassen. Nein, es in die Schweiz überweisen zu lassen, das kam nicht infrage! Er wollte den Gläubigern von damals keine Gelegenheit bieten, sich doch noch an dem Preisgeld schadlos zu halten.

Umgehend ließ der alte Mann ein Telegramm an Dr. Daae schicken, er möge sich um das Geld kümmern und es bei der norwegischen Staatsbank einzahlen. Er werde demnächst verfügen, was er mit der Summe anfangen wolle. Er werde auch in den nächsten Tagen eine amtlich beglaubigte Vollmacht schicken, die dem Freund seine Arbeit legitimiere und erleichtere. Zudem möchte er, Hans Daae, sich bei dem Komitee dafür einsetzen, dass Urkunde und Medaille mit der Post nach Heiden geschickt würden.

Dr. Altherr nahm seinem nunmehr weltberühmten Dauergast die Mühe ab, sich selbst um die Vollmacht kümmern zu müssen. Der Vollmachtgeber brauchte den Text nur aufzuschreiben und zu unterzeichnen. Sein Arzt, der gute Beziehungen zur Heidener Gemeindekanzlei hatte, kümmerte sich zunächst um die amtliche Beglaubigung und dann auch um die postalische Versendung, sodass der Freund in Kristiania wenige Tage später das wichtige Papier in seinen Händen hielt:

»Ich erkläre durch diese Urkunde Herrn Dr. Hans Daae in Kristiania, Norwegen, als bevollmächtigt, für meine Rechnung den Betrag des Nobel-Preises von 1901 im Dezember abzuheben, der mir vom Komitee Nobel des Norwegischen Parlaments zugesprochen worden ist. Ausgefertigt in Heiden, Kanton Appenzell, Schweiz, am 15. 01. 1902

J. Henri Dunant
Gründer des Werkes vom Roten Kreuz
Stifter der Genfer Konvention
Ritter des königlichen Ordens Wasa und anderer hoher Orden

Ich bescheinige, dass die obige Unterschrift wirklich diejenige von Herrn J. Henri Dunant ist.

Heiden, den 15. Januar 1902
C. Graf, Gemeindekanzlei Heiden«

Erst als er die Antwort seines norwegischen Freundes in Händen hatte und sicher sein konnte, dass hinsichtlich des Kontos sowie der Urkunde und Medaille nach seinen Wünschen verfahren werden würde, wurde Henry Dunant innerlich ruhiger. Erst jetzt konnte er wirklich danken für den gnädigen Weg, den Gott ihn schließlich doch geführt hatte. Er war nun ganz amtlich vor aller Welt und für alle Zeiten als Urheber der Genfer Konvention und Gründer des Roten Kreuzes anerkannt und bestätigt. Gott sei Dank!

Ob Gustave Moynier und die anderen Widersacher und Neider in Genf nun endlich Ruhe gaben? Ob der doch auch inzwischen fünfundsiebzigjährige Präsident des Internationalen Komitees sich wohl gelegentlich mit einem Glückwunsch meldete? Ob der Genfer CVJM sich an seinen Gründer erinnerte und Vergebung übte oder auch Buße tat? – Henry Dunant wartete vergeblich auf eine Geste der Versöhnung aus diesen Gremien. Über seinen norwegischen Freund erfuhr er später, dass das Internationale Komitee des Roten Kreuzes in der Stadt am Lac Léman sich für die Ehrung des Werkes bedankt habe. In seinem Brief zitierte Hans Daae ein paar Sätze aus dem Schreiben, das lediglich vom Sekretär des Komitees, von einem Mann namens M. Des Gouttes – der Preisträger kannte den Mann nicht –, unterschrieben worden war:

> »*... Obgleich wir uns vor 35 Jahren gezwungen sahen, Herrn Dunant aus unserem Kreis auszuschließen, verkennen wir dennoch nicht den Dienst, den dieser der Menschheit durch die Veröffentlichung seines Erinnerungsbuches an Solferino erwiesen hat, das die Herzen zugunsten der Verwundeten bewegt und in nützlicher Weise den Boden dafür vorbereitet hat, dass unser Komitee das Rote Kreuz gründen und fördern konnte ...*«

Vom eigentlichen Gründer war in dem Schreiben also keine Rede, und dass es lediglich die Unterschrift des Sekretärs trug, diente auch nicht gerade dem Ansehen Gustave Moyniers und dem der Männer in seinem Gremium. Henry Dunant ärgerte sich für Momente, nahm dann aber dazu eine Äußerung Jesu für sich in Anspruch, die er aus der Bergpredigt kannte: »*Selig seid ihr, wenn euch die Menschen um meinetwillen schmähen und verfolgen und reden allerlei Übles gegen euch, wenn sie damit lügen.*« Sei's drum! Mit ihrer bornierten selbstgerechten Haltung mussten diese Leute selbst fertig werden. Wenn sogar der Schweizerische Bundespräsident aus Bern einen Glückwunsch schickte, war ihm, dem Geehrten, das ein deutliches Signal dafür, dass die offizielle Schweiz begriffen hatte, wem sie ihr derzeitiges Ansehen und ihren neuen Ruhm in der Welt zu verdanken hatte. Die anderen wollten das wohl auch gar nicht begreifen.

Eine schöne Geste aus Genf gab es dann aber doch noch: Henry Dunant erhielt zu seiner großen Freude und erneuten Genugtuung einen freundlichen Brief des Präsidenten der Gemeinnützigen Gesellschaft der Stadt, der Gesellschaft, die sich Jahrzehnte zuvor unter der Leitung von Gustave Moynier seines Anliegens angenommen hatte:

> »*... Es gibt keinen Mann, der diese Ehre mehr verdient, denn Sie waren es, der vor vierzig Jahren die internationale Organisation zur Betreuung der Verwundeten auf dem Schlachtfeld ins Leben rief. Ohne Sie wäre das Rote Kreuz, die höchste menschliche Einrichtung des neunzehnten Jahrhunderts, wahrscheinlich nie entstanden ...*«

Wie hatte doch dieser ihm ebenfalls unbekannte Mann aus seiner Heimatstadt recht! Ohne ihn, den gescheiterten frommen Genfer Kaufmann und Bankier, dem man sein Scheitern immer noch übel nachtrug, wäre die höchste menschliche Einrichtung des neunzehnten Jahrhunderts wohl wirklich nie entstanden. Und ob ohne ihn, den derzeit berühmtesten Sohn von Genf, der jetzt in einem Atemzug mit Johann Calvin und Jean Jacques Rosseau genannt wurde, diese Stadt ein solch hohes Ansehen in der Welt genießen würde, schien ihm durchaus einer Untersuchung wert. Dieser Gedanke kitzelte tatsächlich zuweilen die Eitelkeit des alten Mannes, und er schaffte ihm wenigsten für Momente beste Empfindungen, wohingegen das Bewusstsein, als alter Mensch nun ein reicher Mann zu sein, ihm völlig abging. Das Konto bei der norwegischen Bank blieb nahezu unangetastet. Er würde schon noch rechtzeitig darüber befinden, gab er zur Antwort, wenn er danach gefragt wurde.

Die letzte Wegstrecke

Die folgenden Jahre nahmen für den Nobelpreisträger einen sehr wechselhaften Verlauf. Es gab Wochen, in denen er intensiv seine vielfältigen Briefkontakte ins In- und Ausland pflegte, eifrig Artikel für Zeitungen und Zeitschriften verfasste oder an seinen persönlichen Lebenserinnerungen schrieb. Dann wieder gab es Zeiten, in denen der alte Mann nicht aus seinem Bett herauskam und zu keiner Arbeit fähig war. Gesundheitlich ging es auf die Länge der Zeit gesehen stetig bergab, schwanden die Kräfte mehr und mehr. Lichtlose, depressive Phasen traten in immer kürzeren Abständen auf. Hartnäckiger Husten plagte ihn manchmal wochenlang, rheumatische Beschwerden mehrten sich, und er hatte gegen Wasser in den Beinen zu kämpfen. Momente, in denen er mit seinem Arzt, der Oberschwester oder einem Besucher lachte und scherzte, wurden immer seltener. Manchmal mochte er über viele Wochen überhaupt niemanden in seiner Nähe sehen, der nicht zum Personal des Hauses gehörte. Und selbst diese Leute hatten dann mit dem Sonderling, zu dem sich der Greis entwickelte, kaum ein Auskommen. Als Besucher von außerhalb des Hauses duldete er bald nur noch Maurice Dunant, einen seiner Neffen aus Genf, und seinen deutschen Freund Dr. Rudolf Müller aus Stuttgart, der nach wie vor immer wieder in Heiden zur Erholung weilte und der sich in solchen Wochen auch um seinen alten Freund und um die Ordnung in dessen zahlreichen Manuskripten und seiner umfangreichen Korrespondenz kümmerte.

Zu den wenigen »Günstlingen« gehörte allerdings noch die Verwalterin des kleinen Postamtes von Wolfhalden, einem wenige Kilometer unterhalb von Heiden abseits der Zahnradbahn nach Rorschach gelegenen Dorf. Catharina Sturzenegger war eine außergewöhnliche Frau. Sie war eigentlich Lehrerin, wegen der Folgen eines Unfalls konnte sie ihren Beruf aber nicht ausüben und war so zur Posthalterin ihres Dorfes geworden. Bei einem Aufenthalt der Frau im Bezirkskrankenhaus – sie hatte sich ein Bein gebrochen – war Henry Dunant ihr zum ersten Mal begegnet, und »Jungfer Catharina« hatte es ihm sofort angetan. Danach begegneten die beiden Menschen sich immer dann, wenn der Dauerpatient seine Post persönlich hinunter nach Wolfhalden brachte, weil er auch an seinem Wohnort wieder einmal eine Phase tiefsten Misstrauens gegen jedermann durchlebte. Die Heidener Poststellen-Bediensteten waren dann keine Ausnahmen. Damit diese Herrschaften keine Karten lesen und Briefe öffnen konnten, nahm der empfindliche Absender den beschwerlichen Weg ins Nachbardorf auf sich, um dort seine Post aufzugeben.

An Catharina Sturzenegger hatte Henry Dunant nie einen Zweifel. Die Frau war eine gebildete Dame. Sie sprach leidlich französisch, hatte eine »Kurzgefasste Schweizergeschichte« geschrieben und veröffentlicht und war in allen Dingen äußerst zuverlässig. Sie war eine Frau, die es den Männern zeigte, wenn es um die Förderung des Fremdenverkehrs ihres Ortes und der näheren Umgebung ging oder auch um Schießübungen mit dem Gewehr. Dabei war sie eine erklärte Kämpferin für den Frieden unter den Menschen und unter den Völkern. Sie war für Henry Dunant eine echte Seelenverwandte, die er, der um ein Vierteljahrhundert Ältere, in sein Herz geschlossen hatte und mit der er sich immer wieder gerne unterhielt. Als er sein Zimmer und das Haus nicht mehr verließ, durfte sie ab und an beides betreten und mit dem Greis die neuesten Nachrichten austauschen und diskutieren.

So geschah es auch wieder einmal im Februar 1904. Die beiden ungleichen Menschen hatten sich länger nicht gesehen und hatten sich deshalb eine Menge zu erzählen. So ging es im angeregten Gespräch um so manche Ehrungen, die den alten Mann seit der Verleihung des Nobelpreises erreicht hatten und die durch Urkunden und besondere Schriftstücke dokumentiert waren. Bei der Durchsicht der unlängst von Dr. Müller aufgeräumten Mappe blieb Catharina Sturzenegger an einer bestimmten Urkunde hängen und fragte: »Haben Sie die Reise nach Heidelberg eigentlich noch gewagt, Herr Dunant?«

»Wo denken Sie hin, Jungfer Catharina!? Was hätte ich in Heidelberg gesollt?«, fragte der alte Freund beinahe heftig zurück.

Die Besucherin erschrak ein wenig. »Verzeihen Sie, Herr Dunant, hätte ich nicht fragen sollen?«

Henry Dunant wirkte plötzlich ungehalten. Er rutschte unruhig in seinem Sessel hin und her. »Sie wissen wohl nicht, wem ich dort begegnet wäre?«

»Verzeihung, Herr Dunant«, antwortete die Frau, bemüht, die Situation nicht zu verschärfen, »ich weiß es nicht.«

»Ich wäre dem ehrenwerten Herrn Gustave Moynier begegnet, Gnädigste«, antwortete Henry Dunant mit deutlichem Sarkasmus in der Stimme. »Der edle Herr hat es bis heute nicht für nötig erachtet, mir zum Nobelpreis zu gratulieren. Er lässt seinen Sekretär einen Brief an das Nobelkomitee schreiben. Unwürdig! Lächerlich! Diesem Mann hat die Universität Heidelberg in Unkenntnis der wahren Geschichte des Roten Kreuzes gleich mir die medizinische Ehrendoktorwürde verliehen. Als hätte es Dr. Müllers Buch nicht gegeben und auch nicht den Nobelpreis. Eine völlig unberechtigte Ehrung! Nein, diesem Mann wollte ich nicht begegnen. Ich konnte ihm nicht begegnen, Catharina!«

»Ich bitte noch einmal um Verzeihung, Herr Dunant«, beschwichtigte Catharina Sturzenegger. »Es lag mir fern, Ihren Unmut zu wecken. Jetzt aber doch meinen herzlichen Glückwunsch zu dieser Ehrendoktorwürde. – Aber lassen Sie uns über anderes reden.«

»Gerne, Catharina«, atmete der alte Mann auf. »Über anderes rege ich mich zwar auch auf, aber doch nicht so sehr. Mich beschäftigt der neuerliche Krieg im fernen Osten.«

»Sie beklagen die Auseinandersetzungen zwischen Russland und Japan um Korea!?«

»Es ist entsetzlich, dass hier wieder Menschen zweier Völker aufeinander schießen! Warum muss da nur wieder Blut fließen? Hätten sie es nicht machen können wie die Vereinigten Staaten und Mexiko in ihrer Meinungsverschiedenheit neulich? Hätten sie sich nicht auch vor dem Haager Schiedsgerichtshof einigen können? Da wurde tatsächlich und endlich einmal eine zwischenstaatliche Auseinandersetzung friedlich und ohne Blutvergießen beigelegt! Der Unterlegene hat sich dem Spruch des Gerichts gebeugt. So kann es gehen, liebe Catharina, wenn die Menschen vernünftig miteinander umgehen! Das ist auch eine Frucht meiner Mühen. Wenn das doch nur Schule machte!«

»Und, werden Ihre Bemühungen auch in dem Konflikt im fernen Osten Erfolg haben?«, fragte die Frau ihr Gegenüber.

»Sie werden den Fortgang des Krieges nicht aufhalten, Catharina. Dafür ist es zu spät. Aber die Beachtung der Genfer Konvention kann seine Folgen lindern, wenn es jemanden gibt, der den Japanern sagt, wie die Verwundeten nach den Grundsätzen des Roten Kreuzes zu behandeln sind«, antwortete der Gefragte und schaute seine Besucherin mit einem leidvollen Blick an.

Catharina Sturzenegger stutzte für einen Moment. Dann meinte sie: »Aber die Japaner haben doch eine nationale Rotkreuz-Gesellschaft und Russland auch.«

»Seit 1877 die einen und bereits seit 1867 die anderen«, bestätigte Henry Dunant. »Aber weiß ich denn hier in der Schweiz, ob sich die Streitparteien daran halten, ob sie nicht in der theoretischen Diskussion stecken geblieben sind? Man muss sie wahrscheinlich an die praktische Umsetzung erinnern.«

Wieder schaute der Mann seine Besucherin mit einem merkwürdigen Augenausdruck an. Was wollte er wohl mit diesem Blick sagen? Die Frau dachte angestrengt nach. Dann ging es wie ein jäher Ruck durch sie. Sie richtete sich auf und sagte voller Entschlossenheit: »Herr Dunant, wenn Sie mich dazu autorisieren, reise ich nach Japan und kümmere mich darum. Ihr Wunsch ist mir Befehl.«

»Das würden Sie tun, Catharina?« Dem Rotkreuz-Gründer verschlug es fast die Sprache. Er streckte der Frau beide Hände entgegen, als wollte er die ihren umfassen. Dabei ging ein Leuchten über sein Gesicht, und er fragte mit bewegter Stimme noch einmal: »Das würden Sie wirklich tun?«

»Ich sagte es, Herr Dunant«, gab die Frau mit fester Stimme zurück. »Ich meine, was ich sage!«

»Aber in Japan spricht man nicht Französisch und erst recht kein Appenzeller Deutsch«, gab der Mann zu bedenken.

»Aber sicher Englisch, und das lässt sich lernen. Die Zeit, bis ich in Japan bin, wird dazu reichen.« Sie blickte ihn erwartungsvoll an. »Geben Sie mir nun Ihre Vollmacht oder nicht? Lassen Sie mich reisen, Herr Dunant!?«

Der alte Herr dachte ein paar Momente nach. Dann schaute er seiner Besucherin in die Augen und sagte: »Gut, Catharina Sturzenegger, so sei es denn! Ich schreibe Ihnen sogleich die Vollmachten, und dann befehle ich Sie für alles, was Sie in die Hände nehmen, der Gnade Gottes. Der wird mit Ihnen sein und Ihr Werk gelingen lassen.«

Damit war der Auftrag besiegelt. Eine halbe Stunde später verließ die soeben ernannte Botschafterin des Anliegens des Roten Kreuzes für Japan ihren Auftraggeber. In ihrer Tasche trug sie mehrere Empfehlungsschreiben an hochgestellte Persönlichkeiten in dem ostasiatischen Kaiserreich. Nach zwei Wochen hatte sie durch das Entgegenkommen einiger Zeitungen, für die sie gelegentlich arbeitete und dann auch aus Japan berichten sollte, ihr Reisegeld beieinander. Nach weiteren zwei Wochen befand sie sich auf der Überfahrt in das fünf Reisewochen entfernte Land – bereits versehen mit den Grundkenntnissen der englischen Sprache, die sie auf dem Schiff zu erweitern und zu vertiefen gedachte –, um dort ihren Dienst für die Menschlichkeit anzutreten.

Im Juni 1908 kam die streitbare Dame zurück. Sie hatte erfahren, dass sich der Gesundheitszustand ihres verehrten Auftraggebers weiter verschlechtert hatte, und sie wollte dem Greis doch gerne noch einmal begegnen. Ihren Auftrag in Japan hatte sie zwar nicht an der Kriegsfront ausführen können. Das hatten die Japaner nicht zugelassen. Dennoch hatte sie durch ihre Mitarbeit in Lazaretten und Gefangenenlagern an den Rotkreuz-Gedanken im Land erinnern und ihn überzeugend vertreten und verbreiten können. Für Henry Dunant war es wie ein nachträgliches Geschenk zu seinem 80. Geburtstag, von Catharina Sturzenegger zu hören, dass sein Werk selbst im fernen, schintoistischen Japan Früchte trug und Segen bewirkte. Wie wunderbar war das! Bei dieser Nachricht kamen dem alten Mann vor Freude und Dankbarkeit die Tränen. Dankbarkeit auch dafür, dass die Japaner mit dem Kreuz als Symbol offenbar nicht solche Probleme hatten wie die muslimischen Staaten, die bei der Diplomatischen Konferenz in Genf vor zwei Jahren den Roten Halbmond als ihr eigenes Emblem durchgesetzt hatten. Das Kreuz war ihnen doch zu christlich erschienen. Was sollte es, wenn sie sich dabei nur an die Konvention hielten!?

Tränen der Freude und der Ergriffenheit hatte Henry Dunant schon in den Tagen um den vergangenen 8. Mai mehrfach geweint. Die internationale Presse hatte zu seinem besonderen Geburtstag wieder ausführlich über ihn geschrieben und ihm gratuliert. Viele Zeitungen hatten über Rotkreuz- oder auch Henry-Dunant-Gedenkfeiern berichtet, die vielerorts im In- und Ausland veranstaltet worden waren. Die halbe Welt hatte an ihn gedacht und den Jubilar erneut mit einer Menge Anerkennungen und Ehrungen überhäuft. Von überallher waren Glückwünsche und Geschenke eingetroffen, und die Reihe der Gratulanten reichte von bedeutenden Regierungsmitgliedern bis hin zu Schulkindern aus unbekannten Dorfschulen. Eine Fülle Post aus aller Herren Ländern hatte sich wieder gestapelt.

Aus Genf waren zwei seiner Neffen gekommen, um ihrem alten Onkel eine würdige Feier zu gestalten – ein Zeichen dafür, dass der Familienfrieden endgültig wiederhergestellt war. Diese erfreuliche Tatsache wurde in geselliger, lockerer Runde mit einem Glas Champagner begossen, den der Jubilar sogar zu genießen vermochte. Der alte Herr hatte sich dabei in einem neuen, blütenweißen Schlafrock aus gutem Flanell präsentiert, dessen Ärmel mit dem Zeichen des Roten Kreuzes geziert war. Schwedische Verehrerinnen hatten ihm dieses edle Kleidungsstück zur Erinnerung an den »Mann in Weiß« geschickt, und er fühlte sich so richtig wohl darin. – Ob diese Stunden in fröhlicher Leichtigkeit und tiefer Zufriedenheit vielleicht ein letztes Aufflackern einer tiefen Dankbarkeit für ein letztlich doch sehr erfülltes Leben war, das sich deutlich auf sein Ende zu bewegte?

Wie gut, dass auch sein deutscher Freund Rudolf Müller den Jubilar besucht und ihm geholfen hatte, ein wenig Ordnung in die Menge der Geburtstagspost zu bringen. Der treue Mensch hatte doch anlässlich des besonderen Ereignisses durch die Stuttgarter Metallwarenfirma Meyer und Wilhelm eine Gedenk-Medaille prägen lassen. Ein wunderschönes

Stück, das auf der einen Seite ein Portrait des Jubilars trug mit der Umschrift: »JOANNES HENRICUS DUNANT natus 8. V. 1828«. Auf der Rückseite stand: »JOANNES HENRICUS DUNANT FUNDATOR OPERIS CRUCIS RUBRAE 1863 PROMOTOR CONVENTIONIS GENEVENSIS 1864«. Die Medaille konnte sich durchaus mit der zum Nobelpreis von 1901 verliehenen messen, auf deren Vorderseite sich ein Portrait des Stifters mit Namen und Lebensdaten befand und auf dessen Rückseite drei männliche Figuren geprägt waren, die sich an den Händen hielten, in Großbuchstaben umschrieben mit den Worten »PRO PACE ET FRATERNITATE GENTIUM«. Beide Medaillen gaben jeweils auf ihre Weise – wie schon die der Rot-Kreuz-Sektion St. Gallen von 1895 – der Wahrheit die Ehre und beschrieben in kürzester Form das Lebenswerk des greisen Mannes.

Für diesen gehörten die Tage um seinen Geburtstag zu den letzten Höhepunkten in seinem langen Leben. Als die freudige Spannung der besonderen Ereignisse nachließ, begannen seine Kräfte wieder merklich abzunehmen. Zu den schon seit Langem vorhandenen körperlichen Gebrechen und seelischen Schwächen gesellte sich ein gesteigerter Verfolgungswahn. Er vertraute zeitweilig nicht einmal mehr seinem Arzt und seiner Diakonisse, sodass er tagelang jegliche Behandlung und Medikation verweigerte und mit ihnen nur schriftlich verkehrte, häufig mit dem Vermerk auf dem Papier: »Nach dem Empfang zu verbrennen oder zurückzugeben!« Sein Essen musste Schwester Elises Nichte Emma Rubeli in seinem Zimmer anrichten, damit er sicher war, dass nicht jemand etwa Gift hineinmengte.

Henry Dunants Gedanken wurden immer düsterer. Auf die Menschheit sah er eine »blutige Zukunft« zukommen. Er verstieg sich zu der Prophezeiung, es werde in naher Zukunft »... Revolutionen und Anarchie geben, gefolgt von neuer Tyrannei ...«, der Hass der Rassen untereinander werde »Verfolgung und Willkürherrschaft und schließlich eine weltweite soziale Revolution auslösen …«. Dabei sei »der wirkliche Feind nicht die Nachbarnation, sondern die Kälte, das Elend, die Unwissenheit, die Gewohnheit, der Aberglaube, das Vorurteil.«

Immer dunkler wurde es um den armen Mann. Auch das Licht des Glaubens, der Zuversicht und der Hoffnung auf eine bessere Welt, von der er auf seinen Tafeln so ausführlich geschrieben hatte, wurde immer schwächer. Zuweilen verkümmerte es zu einem glimmenden Docht, und er selbst, der dahinsiechende Henry Dunant, kam sich oft vor wie das geknickte Rohr, von dem bei Jesaja im 42. Kapitel zu lesen war. Aber hatte der Prophet nicht auch geschrieben, dass das geknickte Rohr nicht zerbrochen und der glimmende Docht nicht ausgelöscht würde? Durfte er sich in seiner Schwäche an diese Verheißung halten oder galt die nur dem Gottesknecht Jesus, dessen Diener er, der anerkannte Wohltäter der Menschheit, doch nur hatte sein wollen? Henry Dunant klammerte sich an dies prophetische Versprechen, als stünde es nur für ihn in der Bibel, damit er nicht gänzlich am Leben verzweifelte.

Dennoch verfügte er im Herbst des Jahres in einer Notiz, es sei sein ausdrücklicher Wunsch, dass seine sterblichen Überreste einmal in Zürich eingeäschert und auch dort begraben werden sollten, und zwar ohne jegliche Zeremonie. Das entsprach in etwas abgemilderter Form dem, was er bereits einige Jahre zuvor in einer stark depressiven Lebensphase an seinen inzwischen verstorbenen Freund Wilhelm Sonderegger geschrieben hatte: Damals hatte er verfügt, man möge ihn wie einen Hund beerdigen, dessen Grab ohnehin keinen Menschen mehr interessiere.

Noch war es allerdings nicht so weit. Der Tod schickte zwar seine Vorboten, er selbst hielt sich aber noch eine Weile fern. Henry Dunant schien die Signale zu verstehen, und er stellte sich ihnen. Er wurde innerlich ruhiger und trug seine Leiden mit größerer Geduld. Er wurde seinen beiden Betreuerinnen und seinem Arzt gegenüber milder, umgänglicher und freundlicher. Besucher von außerhalb des Hauses mochte er nun überhaupt nicht mehr empfangen. Er wünschte nur noch, Ruhe zu haben und sich seinen eigenen Gedanken hinzugeben und den Überlegungen, wie er seinen Nachlass recht ordnen konnte. Die hielten ihn allerdings eine Zeit lang in Anspannung. Er wollte es richtig machen und so, dass er selbst seinen Frieden damit hatte und auch die Welt, die er zurückließ.

Einige Tage vor seinem zweiundachtzigsten Geburtstag bestellte er seinen Neffen Maurice Dunant und den Genfer Notar Dr. Charles Cherbuliez an sein Krankenlager. Solange er sich selbst bei geistiger Gesundheit wusste, wollte er sein Vermögen verteilt wissen, das immer noch zum allergrößten Teil auf der Bank in Norwegen lagerte und das er kaum angetastet hatte. Dabei sollten alle die Menschen und Einrichtungen bedacht werden, die ihm in seinen Heidener Jahren oder auch schon früher etwas bedeutet hatten. So diktierte er in Anwesenheit seines Neffen und seines ärztlichen Freundes Dr. Altherr dem Notar seinen letzten Willen in die Feder:

> *»Ich, der unterzeichnete Jean Henri Dunant, Genfer Bürger, geboren in Genf am 8. Mai 1828, Gründer der Weltorganisation des Roten Kreuzes, körperlich und geistig gesund, bestätige, dass das, was folgt, mein Testament und mein letzter Wille ist. Ich beauftrage Herrn Charles Cherbuliez, Notar in Genf, mein Testament alsbald nach meinem Tode vollstreckbar zu machen. Ich ernenne meinen Neffen, Herrn Maurice Dunant in Genf, zu meinem Testamentsvollstrecker und bitte ihn, sich mit Herrn Charles Cherbuliez wegen der Ausführung der nachfolgenden Klauseln zu verständigen …«*

Im Folgenden vermachte der Erblasser dann dem Ehepaar Altherr *»zehntausend Franken in Erinnerung an ihre liebevolle*

Betreuung während meines langen Aufenthalts in Heiden«. Die Oberin im Hospital, Schwester Elise Bolliger, sollte die Summe von viertausend Franken erhalten als Dank *»für die guten und treuen Dienste während so vieler Jahre.«* Fräulein Emma Rubeli, die Köchin, wurde mit zweitausend Franken bedacht und das Heidener Bezirkskrankenhaus mit der Summe von dreizehntausend *»zur Einrichtung eines kostenfreien Bettes für mittellose Kranke aus Heiden und Umgebung.«* In *»Erinnerung an sein schönes Buch, das 1897 erschien«*, wurde Dr. Rudolf Müller die Summe von tausend Mark zugeschrieben. Dieselbe Summe erhielt Dr. Hans Danae *»in Anerkennung der Dienste, die er mir geleistet hat.«* Danach bedachte der Erblasser Oberst Murset, den Chefarzt des schweizerischen Bundesheeres »in Anerkennung seiner Veröffentlichungen«, die Witwe Graeter in Stuttgart »als Zeugnis der Dankbarkeit für die von ihr und ihrer Familie geleisteten Dienste«, ein Blindenheim in Lausanne und eine soziale Einrichtung des Ehepaares de Gasparin. Unter Punkt 11 des Testaments hatte der Notar dann zu schreiben:

> *»Ich vermache meinem Neffen, Herrn Maurice Dunant in Genf, meine Bücher, Broschüren, Urkunden, Medaillen, Briefe usw. Die oben erwähnten Summen stammen aus den aufgelaufenen Zinsen des Nobel-Preises und sind mit dem Preis selbst in Kristiania, Norwegen, deponiert ... Dies ist mein letzter Wille, erklärt und niedergelegt in Heiden am zweiten Mai Neunzehnhundertzehn.*
>
> *Jean Henri Dunant«*

Nach dieser Amtshandlung lehnte Henry Dunant sich zufrieden in seinen Sessel zurück. Die Anspannung der vergangenen Tage war verflogen. Jetzt mochte Gevatter Tod kommen. Jetzt war alles Irdische geregelt. Oder doch nicht? Die Genfer Besucher waren kaum abgereist, da erfasste den Greis eine innere

Unruhe, die ihm signalisierte, dass er doch wohl noch nicht alles geregelt hatte. Er wurde sich plötzlich bewusst, dass er bisher ja nur die Zinsen seines Vermögens verteilt hatte. Das Preisgeld selbst musste doch auch noch sinnvollen Zwecken zugeführt werden. Gab es da noch Gläubiger, die ein Anrecht auf Befriedigung hatten, auch wenn sein mehr als vierzig Jahre zurückliegender Bankrott nach gängigem Recht wohl verjährt war? Henry Dunant wusste es nicht, und es war auch niemand da, mit dem er über diese Dinge hätte reden können. Wer kannte hier im Appenzeller Land schon die Gesetze des Kantons Genf? Er würde seinen Neffen betrauen, sich darum zu kümmern. So verfasste der Zweiundachtzigjährige einige Wochen später eine Ergänzung seines Testaments:

»Nachdem alles, was ich schulden könnte und was nicht bis zu meinem Todestage verjährt ist, bezahlt worden ist, nachdem die in meinem voraufgegangenen Testament enthaltenen Vermächtnisse ausgezahlt worden sind, bestimme ich, dass der Rest meines Vermögens zur Hälfte an philanthropische Werke in der Schweiz und zur Hälfte an philanthropische Werke in Norwegen verteilt wird. Mein Testamentsvollstrecker, auf den ich den Nachlass übertrage, ist bevollmächtigt, diese philanthropischen Werke zu bezeichnen. Ich bestimme und erwarte, dass meine Erbfolge nach den gesetzlichen Vorschriften des Kantons Genf, meines Geburtskantons, geregelt wird.

Heiden, den 27. Juli 1910.
Jean Henri Dunant«

Während einer schlaflosen Nacht erinnerte sich Henry dann an ein Schreiben, das er vor etwa zwei Jahrzehnten Wilhelm Sonderegger zur Übersetzung und zum Verbleib ausgehändigt hatte, eine Textvorgabe, die der Lehrer nach seinem Tod als Nachruf veröffentlichen sollte. Der alte Mann erinnerte sich genau an das, was er damals geschrieben hatte, und das war nicht gut gewesen. Es machte ihn unruhig, dass dieser Text noch existieren und nach seinem Ableben Mühe machen könnte. Er vermutete, nein, er hoffte sogar, dass sich das vertrauliche Schreiben noch im Nachlass des verstorbenen Lehrers und späteren Regierungsrats befand. Ob seine Witwe, die gute Frau Susanna, es wohl verwenden würde, wenn er demnächst …? Nein, das musste nicht sein, das durfte nicht sein! Die düsteren Gedanken von damals durften nach seinem Tod nicht an die Öffentlichkeit. Diese harten und vorwurfsvollen Worte an seine Feinde brauchte die heutige Öffentlichkeit nicht mehr zu hören. Feinde gab es zwar wohl immer noch, auch wenn er ihren Widerstand in der letzten Zeit kaum noch gespürt hatte. Die Antwort des Nobel-Komitees auf ihren angemeldeten Anspruch auf das Preisgeld vor ein paar Jahren hatte sie wohl endgültig zum Schweigen gebracht, und gegen das, was die Presse über ihn schrieb, mochte wohl auch keiner mehr Einwände erheben. Dennoch, Henry Dunant wollte auch in dieser Sache seinen Frieden haben. Gleich am Morgen bat er Schwester Elise darum, umgehend Frau Sonderegger aufzusuchen. Die Witwe möge ihm das besagte Schreiben bitte zurückgeben.

Die Oberin kam dem Wunsch ihres Pflegeschützlings gerne nach und brachte bei ihrer Rückkehr von ihrem Besuch im Rütli-Haus den Umschlag tatsächlich mit. Er war verschlossen und unversehrt, wie damals abgegeben.

»Lesen Sie mir den Text vor, Schwester«, bat Henry Dunant. »Ich möchte hören, wie hart und unversöhnlich ich damals gedacht habe, damit ich diesem Denken noch lebend und vor Gott und wenigstens vor Ihnen widersprechen kann. Ich möchte nicht als Nachtragender von dieser Erde scheiden.«

Schwester Elise öffnete den Umschlag, nahm das Original und die Übersetzung heraus, überflog den deutschen Text kurz, rückte ihre Brille noch einmal zurecht und begann dann zu lesen. Die Übersetzung Wilhelm Sondereggers zu verstehen, dazu reichten die Deutsch-Kenntnisse des alten Mannes inzwischen aus, die er sich in den Jahren des Umgangs mit den Menschen in Heiden und in diesem Haus angeeignet hatte.

> *»Wenn Sie jemals einen Nachruf auf mich schreiben, so sagen Sie bitte, dass es wohl nur wenige Menschen gegeben hat, die unter der Bosheit der Feinde, der verkehrten Schlechtigkeit der Neidischen, wie auch der Feigheit und Dummheit der Pharisäer und Heuchler so gelitten haben wie ich, wie auch von Seiten derjenigen, die mir hätten dankbar sein sollen für das Werk, das ich unter Mühe und Arbeit in 40 Jahren geschaffen habe. Oh diese Heuchler, voll Hass und Neid, ohne Freimut, ohne vornehme Triebe, Verkünder von Schmähungen, die der Hass erfunden hat, die den Nächsten nach sich selbst beurteilen, welche die besten Absichten, die edelsten Gedanken fälschen, Lügner, welche andere der Lüge bezichtigen. Das Opfer derjenigen, die mich betrogen haben, bin ich geworden, der ich niemals einen Menschen betrügen wollte. Einmal vollständig zugrunde gerichtet, habe ich während zwanzig Jahren mit äußerster Kraft und Ausdauer gearbeitet, um meine Schulden zu erstatten, habe Entbehrungen erduldet, in den einfachsten Verhältnissen gelebt, öfters Hunger gelitten. Meine Feinde aber haben alles getan, um mich zu hemmen und den Erfolg meines Werkes zu verhindern. Das sind die Gedanken, die mir jede Nacht während Stunden den Schlaf rauben. Und ich hätte noch so viel zu sagen.«*

Schwester Elise legte das Blatt auf ihren Schoß. Für einige Minuten war es still zwischen den beiden Menschen im Eckzimmer 12. Henry Dunant lag mit geschlossenen Augen in seinem Bett. Seine Wangen waren leicht gerötet, sein Atem ging flach und kurz. Was mochte in seinem Kopf vorgehen? Schwester Elise fragte danach: »Rauben Ihnen solche Gedanken immer noch die Nachtruhe, Herr Dunant?«

Der alte Herr öffnete die Augen, atmete einmal tief und antwortete dann: »Es raubt mir den Schlaf, dass ich sie gehabt habe. Ich möchte sie abgeben, endgültig abgeben. Ich möchte frei sein von solchen Gedanken, ehe ich sterbe.«

Nach kurzer Bedenkzeit fragte die Diakonisse: »Können Sie ihren Feinden und Widersachern vergeben, den Pharisäern, Heuchlern und Lügnern, wie Sie die Leute genannt haben?«

Der Angesprochene hob ein wenig seinen Oberkörper und wandte sein Gesicht der Frau neben seinem Bett zu. Mit leiser, etwas zitternder Stimme sagte er: »Ich muss es können, Schwester. Ich muss es wollen, und ich muss es tun! Sagte Jesus nicht: ›*Liebt eure Feinde und bittet für die, die euch verfolgen*‹? Heißt es nicht im Herrengebet: ›*Vergib uns unsere Schuld, wie auch wir vergeben unseren Schuldigern*‹? Das hängt damit zusammen, dass wir Kinder sind unseres Vaters im Himmel. Das steht auch in der Bergpredigt.«

»Und sind Sie es, Herr Dunant, ein Kind des Vaters?«

Der alte Mann dachte einen Moment nach. Dann antwortete er: »Vor Jahren habe ich es Wilhelm Sonderegger geschrieben, und es hat sich nichts daran geändert.«

»Was haben Sie damals geschrieben?«

»›Ich bin ein Jünger Christi des ersten Jahrhunderts, und nichts weiter.‹ Das waren damals meine Worte. Ich erinnere mich genau. Und es ist immer noch so.«

»Dann leben Sie also selbst von der Vergebung Christi?«

Henry Dunant setzte sich mühsam in seinem Bett auf und hielt sich dabei mit seinen Händen an der Bettdecke fest. Dabei schaute er mit verklärtem Blick in irgendeine leuchtende Ferne. Dann sagte er mit fester Stimme: »Ja, Schwester, ich lebe von der Gnade Gottes und sage es mit dem Apostel Paulus: Nur durch seine Gnade bin ich, was ich bin. Und ich befehle sie alle derselben Gnade an, alle, die mir im Leben zugesetzt haben durch ihr Pharisäertum, ihre Heuchelei und ihre Lügengeschichten. Ich vergebe ihnen allen, wie mir alles vergeben ist, was Gott gegen mich vorzubringen hätte.« Ein wenig leiser fügte er an: »Auch all diejenigen, denen ich Schaden zugefügt habe und denen ich mit meiner Art Unrecht getan habe, will ich der Gnade Gottes anbefehlen.«

»Und Wilhelm Sonderegger, den Sie damals so unsanft...?«

»Das ist lange vergeben und vergessen, Schwester. Hätte ich sonst seiner Witwe, der lieben Frau Wilhelm, wie ich sie gerne genannt habe, nach seinem so plötzlichen und tragischen Ableben freundlich kondoliert? Hätte ich sonst den Kindern als bescheidenes Zeichen meiner Anteilnahme jenen Korb Äpfel geschickt?«

»Was ist mit den Brüdern vom CVJM?«

»Der CVJM war mein Werk, Schwester. »Ich war damals dankbar für das, was in Genf und von Genf aus möglich war, und ich war auch ein wenig stolz, als die so genannte Pariser Basis angenommen war. Sie gilt heute noch unverändert, soweit ich weiß. 1855 in Paris sah ich meine Aufgabe als erfüllt an. Ich habe mich danach nicht mehr sehr um das fromme Werk gekümmert. Es war in Gang gebracht, lief und wuchs. Dass die Genfer Brüder mich aus ihren Reihen ausgeschlossen hatten, hat mir sehr wehgetan. Aber sie konnten doch als Genfer und als treue Calvinisten nicht anders. Ich habe ihnen eine Weile gegrollt, trage ihnen aber schon lange nichts mehr nach. Gott hat das Werk gesegnet auch ohne meine Mitarbeit.«

»Und die Kirche, der Sie einmal angehört haben?«

Der Greis überlegte ein paar Momente, bevor er antwortete. Dann sagte er: »Der Herr der Kirche möge sich ihrer erbarmen, allem Menschlichen in ihr wehren und alles Göttliche in ihr segnen.«

»Darf ich ein Letztes fragen?«

»Bitte, fragen Sie, Schwester«, erwiderte Henry Dunant mit einem Seufzer. Ihm schien das Gespräch allmählich Mühe zu machen.«

»Was ist mit Gustave Moynier?«

Bei diesem Namen zuckte der alte Mann ein wenig zusammen. Gustave Moynier, sein Erzfeind! Henry Dunant legte sich in sein Kissen zurück und schloss die Augen. Gustave Moynier!? Musste die Diakonisse ihn auf diesen Mann ansprechen? Ihn durchströmte eine Flut von Erinnerungen und Gedanken. Wie aus weiter Ferne hörte er die Schwester ihre Frage wiederholen: »Was ist mit Gustave Moynier, Herr Dunant?«

»Lebt der alte Mann noch?«, fragte der zurück.

Schwester Elise zögerte einen Moment mit der Antwort. Dann gab sie sie doch: »Gustave Moynier ist Ihnen vorausgegangen. Er ist am 21. August gestorben. Hegen Sie immer noch Groll gegen ihn?«

Der Mann im Bett brauchte wohl ein paar Momente, um diese Nachricht zu begreifen. Dann sagte er: »Nein, Schwester, Gott ist mein Zeuge. Ich hege keinen Groll mehr gegen ihn. Ich bin und bleibe zwar der Gründer des Roten Kreuzes und der Urheber der Genfer Konvention. Aber was aus dem Roten Kreuz geworden ist, ist doch auch dem rastlosen Einsatz dieses Mannes zu verdanken. Die Haager Friedenskonferenz von 1899 und die Neufassung der Konvention von 1906 wären ohne ihn nicht möglich gewesen. Ich muss und will es anerkennen: Gustave Moynier hat sich um die Humanität in der Welt verdient gemacht. Ich vergebe ihm seine Ignoranz und seine Hybris und hoffe zugleich, dass er selbst im Frieden gestorben ist.«

»So ist es gut, Herr Dunant. Nichts mehr muss Sie jetzt noch anfechten. Sie dürfen tiefen Frieden haben nach innen und außen. – Darf ich Sie jetzt allein lassen?«

»Sie dürfen, Schwester. Ich fühle mich sehr müde. Danke für Ihre Hilfe.« Der Greis schloss seine Augen, als wolle er schlafen. Dann hängte er aber doch noch eine Bitte an: »Sie denken daran, was ich verfügt habe, Schwester?«

Die Diakonisse schien nicht sofort zu verstehen, was der Kranke ihr sagen wollte. Der erinnerte also mit leiser Stimme noch einmal an seinen Willen, der irgendwo auf einem Zettel festgehalten war: »Feuerbestattung in Zürich, Begräbnis ohne

Zeremoniell. Bitte denken Sie daran, Schwester. Mir bleibt nicht mehr viel Zeit. Wenn es nur rasch ginge. Ein langsames Sterben wird schwer.«

Wenige Tage später, am Abend des 30. Oktober 1910, einem Sonntag, starb Henry Dunant. Nach den Worten »Wie finster wird es um mich her« schlief er in Anwesenheit von Schwester Elise und von Dr. Altherr still und friedlich ein. Sein ärztlicher Freund drückte ihm die Augen zu und füllte als seine letzte Pflicht den »Krankheits- und Sterbeschein« aus. Todesursache: »Altersschwäche«. Dann schickte er die traurige Nachricht ins Land hinaus, damit die nahe und ferne Welt vom Ableben des großen Mannes und auch von seinem Wunsch bezüglich seiner Beerdigung erfahre und damit sie sich bereit mache, ihm in Anzeigen, Nachrufen und Gedenkartikeln die letzte Ehre zu erweisen.

Das Grabmahl Henry Dunants auf dem Friedhof Sihlfeld in Zürich (Abb. 22)

Der Ort Heiden erwies ihm diese Ehre, indem Mitglieder der örtlichen Rotkreuz-Sektion den Leichenwagen zum Bahnhof der Zahnradbahn geleiteten, wo der schlichte, mit Kränzen bedeckte Sarg auf einen mit Tannengrün geschmückten Wagen gestellt wurde, damit er hinunter nach Rorschach und von dort nach Zürich transportiert würde. Dort wurde auf dem Friedhof Sihlfeld am Mittwoch, dem 2. November, das Gefäß mit der Asche nach dem Wunsch des Verstorbenen in aller Stille und ohne jede Zeremonie in der Urnen-Nische 1174 Abteilung A. beigesetzt.

Die beiden Genfer Neffen Maurice und Pierre Dunant, sein Arzt Dr. Hermann Altherr, sein Stuttgarter Freund Professor Dr. Rudolf Müller und die wenigen Vertreter des Roten Kreuzes werden den Toten im Stillen der Gnade Gottes anbefohlen haben. Und sie werden noch einmal gedankt haben für diesen Menschen, der zu den größten seiner Zeit gehörte und dessen Lebenswerk als Vermächtnis für die Menschheit weit in die Zukunft hineinreichen würde.

Anmerkungen

1 Übertragung von Rolf Mayr in La Fontaine: Die Fabeln – Gesamtausgabe, Eugen Diederichs Verlag, Düsseldorf-Köln 1964

2 Übersetzung des gesamten Liedes: Ambrosius Lobwasser, 1579; Evang. Gesangbuch, Nr. 459

3 Ab hier folgt der Autor der von Dunant gewählten Schreibweise seines Vornamens: Henry statt Henri.

4 Da dies die damals gebrauchte Bezeichnung war, hat der Autor sich entschlossen, diesen heute etwas altmodisch anmutenden Ausdruck beizubehalten.

5 Hiermit sind auch und vor allem die Verletzten selbst gemeint, und ihre auf diesem Weg erreichte »Neutralisierung« bedeutet, dass sie nicht länger als Feinde betrachtet und angegriffen werden dürfen (Anm. d. Verf.).

Lothar von Seltmann

Hudson Taylor

Pionier im Reich der Mitte –
Eine Romanbiografie

Gebunden, 13,5 x 20,5 cm, 260 S.
Nr. 394.795,
ISBN 978-3-7751-4795-8

Die bewegende Romanbiografie des China-Missionars

Sturm peitscht übers Wasser. Meterhohe Wellen greifen nach dem kleinen Dreimastsegler. Die »Dumfries« droht zu kentern. Schon wieder ist der gottgeweihte Erstgeborene in Lebensgefahr. Was wird aus seinem Auftrag, China die Botschaft des Lebens zu bringen? Sollte seine geistliche und medizinische Vorbereitung vergeblich gewesen sein? Am 1. März 1854 betritt der Mann des Glaubens und des Gebets chinesischen Boden, um bald trotz vieler Widerstände ins Reich der Mitte vorzustoßen. Der Spross einer gläubigen Apotheker-Familie trägt landesübliche Kleidung und einen künstlichen Zopf. Als »Chinese« verkündet er den Chinesen das Evangelium. 1865 gründet er durch ein besonderes Gotteselebnis die China-Inland-Mission (CIM), die heutige Überseeische Missions-Gemeinschaft (ÜMG). Atemberaubende Abenteuer begleiten Hudson Taylor. Und er trifft die Liebe seines Lebens …

Bitte fragen Sie in Ihrer Buchhandlung nach diesem Buch!
Oder schreiben Sie an: SCM Hänssler,
D-71087 Holzgerlingen; E-Mail: info@scm-haenssler.de

Lothar von Seltmann

Die Chali

Paperback, 13,5 x 20,5 cm, 504 S.
Nr. 226.264,
ISBN 978-3-417-26264-3

Doppelband: 1) Es ist 1936, Stolp in Pommern. Gertrud erledigt gelangweilt ihre Hausaufgaben, als ihr Blick auf ein paar dunkelhaarige Kinder und deren Mutter fällt. »Zigeunerpack!«, denkt sie verächtlich. Doch an die Stelle von Verachtung tritt Liebe: Gertrud findet ihren Weg nach Hamburg und dort zu einem der Plätze, wo die Sinti leben. 2) Die »Chali« (Deutsche), wie sie liebevoll von den Sinti genannt wird, findet auch den Weg zu den Herzen dieser Menschen. Jahre später, als die Sinti-Missionarin schon längst pensioniert ist, zeigt Gott ihr ein neues Arbeitsfeld: Die russischen Soldaten, die auf dem Gebiet der ehemaligen DDR stationiert sind, brauchen auch das Evangelium.

Lothar von Seltmann

Miluscha

Paperback, 13,0 x 20,6 cm, 464 S.
Nr. 224.828,
ISBN 978-3-417-24828-9

Lothar von Seltmann erzählt in diesem Doppelband Miluscha Beers ereignisreiche Lebensgeschichte. Miluscha wächst mit sechs Geschwistern in einem idyllischen Dorf auf. Mitten in diese friedliche Welt bricht in den 1930er Jahren die Bedrohung durch das kommunistische Regime herein ...
Der Autor versteht es, diese wahre Geschichte einfühlsam und authentisch zu beschreiben. Besondere Lesemomente sind garantiert.